U0864611

International Conference
Transformative Global Governance: China and the United Nations

与会嘉宾合影

大会现场

联合国训练研究所执行所长Sally Fegan-Wyles 致辞

中国联合国协会会长卢树民致辞

外交部国际司副司长腊翊凡致辞

上海市政协副主席周汉民致辞

联合国副秘书长Jeffrey Feltman主旨发言

联合国开发计划署亚太局局长徐浩良主旨发言

全国政协委员、外文局原副局长黄友义主旨发言

分议题总结发言

卢树民会长和Sally所长主持闭幕式

会议组织方

联合国训练研究所与上海联合国研究会签订战略合作协议

议题一　全球治理的挑战

议题二　中国与联合国的领导作用和相互合作

议题三　清洁能源与全球治理

议题四　食品安全与全球治理

议题五　南北对话

议题六　南南合作

议题七　2015年后发展议程

议题八　公私伙伴关系

复　旦　联　合　国　研　究　丛　书

# 中国、联合国与全球治理

## China, the United Nations and Global Governance

张贵洪　郭峰钺◎主　编
石晨霞　周　怡◎副主编

时事出版社

本书的出版得到中导集团和教育部
《联合国发展报告》项目的大力支持

# 总序

什么是联合国？谁代表联合国？联合国是一个什么样的机构？联合国有什么作用？中国与联合国的关系如何？这是每一个对联合国有兴趣的读者都想知道的。

我的回答是：联合国是一个“不独立的多元体”。所谓不独立，就是说联合国没有独立的主权，它的权力来自于它的成员国。所谓“多元体”，就是说在联合国的所有机构中，没有一个能够完整地、全面地或在任何时候都代表联合国。很多人会认为联合国秘书长是代表联合国的。那么，是不是就是说联合国秘书长在任何时候、任何地点、任何问题上都可以代表联合国讲话呢？其实不然，《联合国宪章》对联合国秘书长的职权规定有两段话：第一段话是讲联合国秘书长是联合国的chief administrative officer，即首席行政长官，所谓行政的概念就是“办事”，而不是“决策”；第二段话是讲秘书长可以将他认为威胁到国际安全与和平的问题提交到安理会，以引起安理会的注意。这两条规定，第一条把秘书长的职权局限到了“非决策”的范围；第二条规定似乎又放宽了一点，让他可以就有关国际和平与安全的问题发表自己的意见。

在成立后的六十多年里，联合国究竟起了怎样的作用呢？综合起来看，它的作用主要有五点：一是作为一面镜子，反映了国际形势的变化，折射了国际格局的演变；二是作为一个论坛，反映了世界上各种各样的声音；三是作为多边外交最活跃的舞台；四是一个国际合作的平台；五是国际行动合法性的象征。

联合国是多边外交的论坛，联大每年都云集了各国的元首、首脑和外长，这是任何一个国际机构都无法比拟的。联合国是集团外交博弈的舞台，许多重大谈判都是在集团之间进行的，集团外交在联合国里面有很重的分量。集团外交有优势也有弱点，它的优势在于增加了弱小者的谈判分量，有利于在这个强弱不等、力量失衡的世界里面为弱小国家争得一份发言权、一份决策权；缺点在于增加了谈判的复杂性和难度，联合国常常议而不决，决而不行。

联合国是国际合作的平台，二战以后其发挥这个平台作用主要体现在以下几个方面：一是完成了非殖民化的进程，使得一大批亚非拉国家取得独立并参加了联合国；二是开展了历史上最广泛、最持久的发展援助，联合国里面有三大机构专门从事援助工作，即联合国开发计划署、联合国人口基金以及联合国儿童基金；三是缓和了国际冲突，通过军控、预防外交、维和、建设和平等手段解决了一系列地区冲突，更重要的是避免了大战的发生；四是规范国际行为，确立行为准则，并通过一系列决议、宣言、行动纲领以至于法律文件如条约、公约等形式，确立战后国际社会应该共同遵行的游戏规则。

联合国还有一个作用是过去人们很少意识到的，就是其已成为某一国际行为是否合法的象征，这从两次伊拉克战争就能看出来，有无联合国的授权是行动合法还是非法的一个依据。

同时，联合国还是一面镜子，反映了国际形势的变化，折射了国际格局的演变。联合国成立到现在大概有这样几个时期：联合国成立初期，只有51个成员国，当时联合国是美国操纵的工具；20世纪60年代开始，情况逐步发生变化，到70年代就发生了质变，发展中国家成为联合国里的多数；1971年中国代表权的恢复是一个分水岭，标志着美国操纵联合国的时代一去不复返了；70—80年代，联合国折射出来的是两对矛盾的交叉，一是南北矛盾，二是东西矛盾，既对抗又对话；进入90年代，苏联解体、冷战结束，联合国进入了一个新的时期，这个时期的特点是两极争雄消失、南北矛盾缓和，使得联合国能够在政治、安全、经济、社会、人权等各个领域全面发挥作用。安理会在经历冷战时期的瘫痪之后恢复工作，被称为联合国的黄金时代。世界人民对联合国的期望值也大大提高。但是好景不长，第二次伊拉克战争使联合国陷入空前危机，联合国在世界民众心中的形象大为受损。在这样的背景下，要求联合国改革的呼声在世界范围内响起。

从现在来看，联合国将来会怎样？这里人类再次面临需要和可能的矛盾。需要是因为国际关系格局发生了重大的变化，从两极格局向多极格局迈进，但多极化是一个漫长的过程，又是一个充满变数的过程。

进入新世纪以后，联合国在变化，中国也在变化。中国的实际利益已经不局限在国门以内，中国的影响也已经超出了地区。所以，有很多全球问题都事关中国的切身利益，这就要求中国以更积极的态度来参与联合国的事务，维护自身的利益。可以预见，中国将在财政、维和等方面作出更大贡献，同时也需要利用联合国这个平台来拓展自身利益。联合国需要中国、中国需要联合国这样一个时代即将到来。

近年来，国内对联合国问题的研究越来越重视。现在，复旦大学联合国研究中心与时事出版社合作推出“复旦联合国研究丛书”，这是一件非常有意义的事，可喜可贺。相信本丛书的出版必将推动我国的联合国研究上升到一个新的水平。

今天是《联合国宪章》生效和联合国成立六十五周年，此总序也是对“联合国日”的一种纪念。

（前联合国副秘书长、中国联合国协会会长）

2010 年 10 月 24 日

于北京和平里

# 目录

# “变革中的全球治理——中国与联合国”国际会议综述

石晨霞*

由联合国训练研究所、中国联合国协会和复旦大学共同主办，中国浦东干部学院、中国和平发展基金会、中国外文局、北京大学、中国发展研究院与中国和文化研究院协办，上海联合国研究会和中导集团承办的“变革中的全球治理——中国与联合国”国际会议于2014年1月13—14日在上海举行。

联合国负责政治事务的副秘书长Jeffrey Feltman，联合国秘书长2015年后发展议程特别顾问Amina J. Mohammed，联合国秘书长执行变革特别顾问Kim Won-soo，联合国助理秘书长、联合国开发计划署亚太局局长徐浩良，联合国助理秘书长、联合国训练研究所执行所长Sally Fegan-Wyles，奥地利驻华大使Irene Giner-Reichl，以及联合国亚太经社理事会、联合国贸发会议、联合国开发计划署、世界知识产权组织、联合国粮农组织、联合国大学、国际贸易中心和南方中心等联合国系统与国际组织的30多名官员和学者出席了会议。中联部、外交部、中国外文局、中国联合国协会、上海市有关单位的领导，以及来自多所高校和研究机构的专家学者等60多位国内嘉宾参加了会议。

会议开幕式由中国联合国协会副会长兼总干事张小安主持，中国联合国协会会长卢树民，联合国助理秘书长、联合国训练研究所执行所长Sal-

* 石晨霞，复旦大学联合国研究中心博士后。

ly Fegan-Wyles，外交部国际司副司长腊翊凡，上海市政协副主席周汉民分别致辞。随后，在 Sally Fegan-Wyles 女士的主持下，联合国负责政治事务的副秘书长 Jeffrey Feltman，联合国助理秘书长、联合国开发计划署亚太局局长徐浩良，全国政协委员、中国外文局原副局长黄友义分别做了主旨演讲。

在会议的分议题讨论中，与会专家、学者分别就“全球治理面临的挑战”、“变化中的全球治理”、“清洁能源与全球治理”、“食品安全与全球治理”、“21 世纪变化中的南北对话”、“21 世纪变化中的南南合作”、“塑造 2015 年后的发展议程”以及“公私伙伴关系与全球普遍可持续发展的未来”等议题进行了广泛对话和深入研讨，特别是就中国与联合国如何在全球治理中相互合作发挥领导作用提出了许多建设性意见和建议。

## 领导致辞

联合国助理秘书长、联合国训练研究所所长 Sally Fegan-Wyles 指出，联合国成员国正在考虑 2015 年后国际发展的议程，为了实现这样的议程，我们需要有新的全球合作伙伴关系，这样的合作伙伴关系使我们能够更好地落实有关议程，而且这样的议程应该是包容性的，不仅包括发达国家、发展中国家，还包括公民社会，我们可在共同的利益、不同的需求，以及有分别的责任框架下进行更好的合作。

中国联合国协会会长卢树民指出，目前的全球秩序实际上同时面临着很多重要的制约因素，包括如何很好地管理全球转移，如何提供全球的公共产品，如何缩小联合国的宗旨和实际行动之间的差距，如何管理好一些非国家行为体，尤其是在原来以国家为中心的概念下如何处理好这样的问题，当然还包括如何在联合国内部和联合国之外进行很好的协调和配合。因此，全球治理机构必须具有充分的包容性和有效性，这要求利益相关方能够参与进来，包括非国家行为体。全球治理结构必须体现出公正、民主，不管是在我们的议程设定还是决策过程中都应该这样，让所有人的意见都融入到过程当中。

中国外交部国际司副司长腊翊凡对新形势下的全球治理提出了以下几点看法：第一，要塑造以联合国为核心的全球治理体系。联合国是全球治理的最佳平台，但距离国际社会的期待还有差距，我们支持联合国与时俱进，增强应对新威胁、新挑战的能力，以便更好地履行其职责。第二，要增强发展中国家的代表性和话语权。国际社会已经普遍认识到新兴市场国家和发展中国家崛起是历史的潮流，也认识到增加广大发展中国家在国际组织中的代表性和话语权势在必行，关键就在于如何将共识转化为行动。第三，2015 年后发展议程应该被确立为全球治理的优先方向。发展是硬道理，是解决一切问题的关键，也是全球治理的首要。国际社会应该在全面评估国际发展合作现状的基础上制定 2015 年后发展议程。2015 年后发展议程应该继续以发展为主题，以非洲国家为重点，以消除贫穷为核心，统筹考虑各国不同的国情与发展阶段，尊重各个国家自主选择的发展道路。应该加强全球发展伙伴关系，坚持共同但有区别责任的原则，坚持南北合作在国际发展合作中的主渠道地位，以及南南合作是有益的补充。第四，随着中国的不断发展，其将进一步积极参与国际事务，发挥负责任大国的作用，共同应对全球性的挑战。中国将更加坚定地支持联合国，真心实意地支持其在国际事务中发挥更大的作用。

上海市政协副主席周汉民认为，中国和联合国的合作源远流长，不仅在于中国是联合国创始国之一，不仅在于中国是联合国安理会五大常任理事国之一，对于世界的和平与发展肩负重要的责任，还在于全体中国人民始终认为和平与发展是世界的潮流，而且是中国人民实现民族伟大复兴的前提。2010 年上海世博会充分体现了我们与联合国的合作。上海世博会的主题是“城市，让生活更美好”，世界博览会是全世界发展中国家首次举办的一届世博会，也是首次以城市作为主题所举办的世博会，我们在上海通过了《上海宣言》。《上海宣言》提出倡议，“将 10 月 31 日上海世博会闭幕之日定为世界城市日”。在 2013 年 12 月 6 日联合国大会第二委员会的会议中，193 个成员国共同同意，从 2014 年起将每年的 10 月 31 号定名为“世界城市日”。由此，由中国人提议的一个日子，首次成为联合国指定的一个国际日；由中国人主办的一次国际盛会，可以每年有这样的国际日来予以纪念并弘扬其精神。这其实就是中国对世界作出的一点贡献，我们期望能够对世界作出更大的贡献。

## 主旨演讲

联合国负责政治事务的副秘书长 Jeffrey Feltman 在主旨发言中提出了以下观点：首先，联合国将加强与中国的合作。中国在联合国机构内发挥着越来越重要的作用，双方在促进和平、稳定、繁荣等方面拥有共同的理念。其次，应赋予联合国更多的资源。联合国以及秘书长本身并不拥有特定的资源，但联合国也需要组织更多的资源，带着整个国际社会的支持和资源来介入问题的解决，因此赋予其适当的资源是必要的。最后，联合国将加强与相关机构的合作。在应对全球性问题上，联合国只有与相关机构合作，才能更好地完成使命。

联合国助理秘书长、联合国开发计划署亚太局局长徐浩良在主旨发言中提出了几点非常有价值的建议。第一，随着中国的崛起，国际社会对中国的期待也发生了变化，期待中国发挥更加积极的作用。第二，在提升中国发展援助的有效性方面，中国应该逐步通过联合国发展系统这样的多边机制来提升双边援助的有效性。此外，在发展援助方面，应该由几个核心机构负责运行，避免过多机构参与其中而影响实效。同时，还要区分发展援助和贸易投资援助的区别。第三，加强与联合国、联合国开发计划署的合作。中国应该把联合国发展系统作为一种重要资源，借助其专业的技能和丰富的经验去应对经济社会方面的发展问题。第四，中国急需建立一支熟悉多边合作、多边机制的专业人才队伍，加强与联合国在人才培训方面的合作，为中国政府培养新一代的青年才俊，以此来提升中国的影响力和软实力。

全国政协委员、国家外文局原副局长黄友义围绕中国梦与全球治理发表了以下观点。第一，全球治理面临三大挑战：一是中国等新兴经济体崛起后，全球力量地缘分布的改变；二是全球性问题的增加；三是全球性公共产品需在合理与公平方面得到进一步提升。第二，联合国在全球治理中无可替代，但也无法单打独斗。联合国不能把人类带到天堂，但是可以避免让人类走向地狱。第三，中国梦为全球治理增添正能量。中国梦倡导开放包容，推进全球治理价值的和而不同；中国梦倡导和平发展，有助于全球治理在安全稳定的环境中推进。走在圆梦道路上的中国，将以更加积极的姿态参与国际事务和全球治理，中国梦的实现与世界梦的实现共通共享，也将为全球治理发挥积极的建设性作用。

## 议题一　全球治理面临的挑战：改革联合国

会议第一议题围绕“全球治理面临的挑战：改革联合国”这一主题展开。与会专家认为：第一，进入 21 世纪以来，面对日新月异的新形势，联合国面临着新的挑战，其在结构和功能方面都显得相对滞后，因此推动联合国的改革是必然趋势。第二，集体行动是国际社会共同应对全球问题的现实选择。对于当前面临的气候变化、人权、可持续发展、安全、健康等问题，联合国都应该在国际谈判中继续发挥作用。第三，增强联合国的能力，使之更好地服务于全球事务。具体来看，首先，联合国要充分吸纳富国和富人的力量、资源，使其承担起帮助最底层的国家和人们的责任，不让任何一个国家和个人掉队；其次，联合国应该加强与区域组织、公民社会等非政府组织的合作；再次，联合国安理会的改革，从目前来看不可能一蹴而就，对此应该抱以现实的态度，立足于现有的机构和制度来进一步增强联合国大会、安全理事会的能力，包括维护和平与稳定、促进共同发展的能力等；最后，联合国秘书长应该拥有更大的权力、更多的资源来应对国际间的重大问题，化解国际上的冲突。

# 议题二 变化中的全球治理：中国与联合国的领导作用和相互合作

会议第二议题主要围绕“变化中的全球治理：中国与联合国的领导作用和相互合作”展开讨论。专家们认为：第一，全球治理的重要性越来越突出。近年来，随着全球形势的发展，加强全球治理变革的重要性进一步凸显，主要体现在三个方面：(1) 新的议题不断出现；(2) 传统治理机制不符合形势需要；(3) 国际上一些新的平台正在日渐发挥积极作用，如G20、金砖国家峰会等，这些平台需要与联合国进行有机的结合。正是基于这些原因，我们需要积极地去推动全球治理的变革。第二，联合国在全球治理中的作用。与会专家认为，没有一个组织可以替代联合国，联合国应该发挥主导作用，并且也有能力和义务发挥主导作用。第三，中国在全球治理中的作用。与会代表对中国在国际事务中发挥的作用给予了高度评价，在未来的全球治理机制变革中，一些代表希望中国能够发挥更加积极和重要的作用，同时与联合国密切合作，为推动全球和平发展、公平发展、可持续发展贡献力量。第四，制约中国在全球治理中发挥作用的因素。与会代表提出了以下几个因素：(1) 中国自身经济仍很落后，能力不足；(2) 中国缺乏人才，尤其是缺乏高端的技术人才，缺乏国际化的人才；(3) 中国的政治体制与西方国家和其他发展中国家不同，这使得中国模式很难被复制，阻碍了中国与世界分享发展经验；(4) 中国参与全球治理受到了来自既得利益集团的排斥，一些现有国际规则的制定者不愿意看到中国在全球治理中发挥主导作用；(5) 国际社会对中国也有着过高的期望，这些期望甚至超过了中国自身的能力。

## 议题三　清洁能源与全球治理

会议第三议题的主题是“清洁能源与全球治理”，发言的专家、学者对清洁能源的发展背景、现有清洁能源的生产与运用中遇到的问题，以及中国在该领域的进展情况等进行了介绍和分析。具体内容如下：第一，能源问题已经超越其本身，成为一个与可持续发展相关的问题。在过去的几十年中，国际社会在能源问题上建立了很多多边平台、机制，希望能真正实现“人人享有可持续能源”的目标。第二，在全球范围内，不同国家在清洁能源的生产、利用方面存在着很严重的失衡现象。第三，在清洁能源的生产和利用中存在知识产权、技术转让、贸易制度等方面的问题，尤其是在技术转让方面，发达国家控制着大量新能源技术，而多数发展中国家却由于缺乏先进的技术，无法有效利用清洁能源。第四，中国在清洁能源的开发与利用方面取得了比较突出的成绩，形成了良好的政策框架，同时也拥有相应的技术和金融方面的能力来推动清洁能源的开发利用，因此中国有潜力成为清洁能源方面的领军者。

## 议题四　食品安全与全球治理

会议第四议题的主题是“食品安全与全球治理”，参与该主题发言的几位专家认为：第一，食品安全与粮食安全紧密相关，目前粮食安全也是人类面临的重要问题，如何以一种可持续的方式为不断增长的人口提供有效的粮食保障，值得国际社会关注。第二，在应对全球粮食安全问题上，国际社会在消除饥饿人口方面设定了一些目标，但是就目前来看，目标并没有实现，现在的 2015 后议程也在讨论该问题，建议联合国应该综合考察各种因素，设定一个有时间限制的、切实可行的、一致消除饥饿人口的目标。第三，应对粮食安全方面的措施。发达国家应该为发展中国家提供相关的援助。如：进一步降低粮食进出口关税，让更多国家获得廉价的粮食；加强相关科研工作；联合国应该制订相关的指南，加强各国在农业方面的合作，合理配置农业资源；WTO 等相关组织应该规范农业补贴。第四，中国在食品安全方面的情况。中国政府强调，在任何情况下必须坚持自给自足。中国也会持续加强与联合国的关系，以及提升与其他一些重要的国际机构的关系，而且会不断向发展中国家提供支援，特别是非洲国家。当然，中国在食品安全方面也存在很多问题，还需要努力克服。

## 议题五　21 世纪变化中的南北对话

会议第五议题围绕“21 世纪变化中的南北对话”这一主题进行，主要观点如下：第一，在南北对话中，现有的对话机制应该继续保持，没必要另起炉灶，但是南北对话也需要有一些新的发展。第二，中国与南北对话。中国是和平的中坚力量，由于中国的存在，西方在处理苏丹和伊朗问题上也更具建设性，中国显然在全球地缘政治当中扮演着非常重要的角色。第三，南北关系中出现的新因素。随着全球化的发展，移民问题对于南北对话既有非常积极的影响，但也存在一些问题；另一个新因素是教育问题，教育可以在南北伙伴关系当中发挥重要的作用。第四，南北对话应该加强不同文化与文明间的交流。第五，南北对话的新平台。在南北沟通中，我们需要建设一些新的平台。一方面，无论是八国集团，还是二十国集团，这些机制都需要加强；另一方面，我们也需要建设新的平台让发展中国家有更大的参与权，使他们也能够更好地提出自己的议程、立场和观点，能够进行很好的协调。

## 议题六　21 世纪变化中的南南合作

会议第六议题围绕“21 世纪变化中的南南合作”展开讨论。在南南合作问题上，专家们的观点主要集中于：第一，南南合作的新发展。发展中国家在经济、贸易等领域获得了长足的发展，但与此同时，南方国家之间的发展不平衡也在不断加剧，南方国家应该自己寻求一些解决方案，建立合理的合作机制，使富的发展中国家能够和穷的发展中国家更好地协调起来，这样才有利于实现整个发展目标。第二，应该重新审视发展中国家之间的关系，进一步提升南南合作。发展中国家内部也出现了分化，彼此的利益需求也千差万别，南南合作越来越困难。第三，南南合作与全球治理。南方国家必须通过合作来进行全球治理，发展中国家必须团结、合作和相互尊重，同时要提升国家能力。另外，南方国家应该摒弃富国与穷国的差异，合作建立一个发展中国家的广泛平台。第四，中国在南南合作中始终坚持平等互利、注重实效、长期合作、共同发展的原则。现实中，我们在南南合作中的合作内容不断丰富，合作规模不断扩大，合作形式日益多样。

## 议题七　塑造 2015 年后的发展议程

会议第七个议题围绕“塑造 2015 年后的发展议程”这一热点问题展开，专家们建议在制定 2015 后的发展议程中应注意以下几个问题：第一，2015 年后的发展议程与联合国千年发展目标是联系在一起的，但是 2015 年后的发展议程更多地强调可持续发展这个问题。第二，在落实议程的过程中，应该与各国的国内发展议程相结合，这样才能有效推动它的落实。另外，新的发展议程不仅应包括经济、社会方面的问题，还应包括环境方面的问题，这样才能构成一个综合性的发展议程。第三，中国政府在该问题上的立场非常明确，强调2015年后的发展议程应该立足于原来的千年发展目标，同时应该尊重国家主权，也尊重不同的发展模式。中国强调经济、社会和环境要统筹发展，强调共同但有区别的责任，在此基础上，中国作为发展中国家愿意承担应有的责任，并愿意作出应有的贡献。第四，中国在2015年后发展议程中坚持议程的指导性和包容性、目标与执行手段挂钩、公平发展的环境，这是全球治理非常重要的原则。

## 议题八　公私伙伴关系与全球普遍可持续发展的未来

会议第八议题主要围绕“公私伙伴关系与全球普遍可持续发展的未来”这一主题进行讨论。专家们认为：第一，联合国框架下的公私伙伴（PPP）模式是促进公私合作的重要途径之一。联合国的有关决议将公私伙伴关系定义为：在一些专门的项目中，政府组织和私营部门通过达成协议，共同享有收益和利益，同时也共同承担风险和责任。这种非公有部门一般是指企业，同时也包括企业协会、慈善组织、个人。第二，中国的公私合作伙伴关系。PPP在中国开展得非常成功，其主要集中在能源、电信、水利等领域，共获得世界银行超过1000亿美元的资金支持，中国政府非常积极地制定了相关政策，鼓励公共部门能够与私营部门开展PPP合作，地方政府也出台了相应的细则和鼓励政策，这些都为整个PPP模式在中国落地开花创造了有利的环境。第三，关于加强PPP的几点建议。中国政府与联合国组织应该在企业中推广联合国契约。另外，中国应该将中国的商会、民营企业家协会、工商协会等加以有效组织，开展合作，共同探讨公私伙伴关系。第四，把企业的社会责任项目转型为可持续的商业模式，这样就不仅是企业责任而已，还能够转化成商业上的动力。

最后，会议对八个议题的讨论进行了总结，分别由一名报告人对各自议题的主要观点进行了汇报。此后，会议举行了闭幕式，由中国联合国协会会长卢树民主持，联合国训练研究所执行所长Sally Fegan-Wyles女士致闭幕辞，宣布会议结束。

此次会议围绕当前全球治理中的重大议题进行了深入的探讨，对联合国在推进发展治理方面取得的成就、面临的挑战以及未来议程的制定等方面都进行了讨论和分析，提出了很多有价值的建议和意见。另外，此次会议也重点讨论了中国在全球治理，包括能源、环境、食品安全、发展议程、南南合作、南北对话、公私合作关系等多个领域的角色和作用，并就未来急需改善和提升的方面提出了许多建设性建议，会议总体上实现了预期目标。

会议期间，联合国分管政治事务的副秘书长 Jeffrey Feltman 专程赴京与外交部王毅部长进行了会晤。与会的中国与联合国的官员和学者开展了多种形式的对话与交流，达成了很多合作意向与交流项目。联合国开发计划署将在上海加大投入、深化合作，南方中心、联合国大学、哈马舍尔德基金会等机构表示将积极开展在上海的合作。联合国训研所与上海联合国研究会签署了战略合作备忘录，双方将在共同培训发展中国家的外交官和国际职员、网上课程学习、选派优秀学生赴联合国机构实习、年度会议、联合出版等方面开展实质性合作。

# 主旨演讲

## 一、变革中的全球治理：中国与联合国

Jeffrey Feltman*

各位来宾，女士们，先生们，朋友们：

首先允许我向各位转达联合国秘书长潘基文的诚挚问候和良好祝愿。我还要祝贺中国外交部、复旦大学、中国联合国协会和联合国训练研究所成功主办了这次会议，这是一次从中国和联合国合作角度探讨全球治理难题的独特机会。

我很高兴作为联合国负责政治事务的副秘书长第二次来到中国。

联合国欢迎中国在国际和平与安全等众多工作领域里扮演越来越重要的角色，也欢迎中国和联合国一道推进对全球治理核心的改革。我们把奉行和平发展、改革开放长期战略的中国视为我们在这方面努力中的天然伙伴。

2013 年 9 月，中国外交部部长王毅在联合国大会上发言说，中国“将更加主动、建设性地参与处理国际和地区热点问题，劝和促谈，消弭战端，维护世界的和平、稳定与安宁”。这不仅鼓舞人心、极其重要，而且是我这个部门使命的核心所在，也是我们与中国日益增长的伙伴关系及

* Jeffrey Feltman，联合国负责政治事务的副秘书长。

变动中的全球治理的关键所在。

因此，我今天发言的重点是如何通过与各成员国和地区性组织合作，增强联合国预防和解决武装冲突的能力，这也符合中国的“3C安全观”，即“全面安全、合作安全、共同安全”。我会告诉大家我们怎样在实际工作中开展预防外交，并和大家分享我们积累的一些经验。我很高兴我的前任和朋友林恩·帕斯科大使今天也在场，他曾领导了我们部门预防冲突方面的工作。我衷心感谢他把我们这个部门从过去主要搞分析研究转变为在我们今天将要讨论的领域里搞实际运作。

女士们，先生们：

在我们看来，“3C安全”的开端是预防冲突。这是联合国之所以存在的原因，是联合国宪章的核心。宪章起草者们预想，创建联合国是为了“使以后几代人免受战争的痛苦”，联合国要起到很强的预防作用。2011年，中国国务委员、当时的外交部长杨洁篪阁下在一次有关预防外交的安理会高级别辩论中提醒我们，联合国“应该真正改变重治轻防的观念”，“致力于预先警报、预防冲突、和平调解”。

这正是我们政治事务部门一直在努力从事的工作，是我们希望通过与中国合作进一步加强的工作。我们预防和解决冲突的工作有各种不同的形式，但我今天要强调联合国秘书长及其特使们的斡旋调停在预防冲突爆发和停止战争方面所起的关键作用。不过，我也要讲清楚，我们没有办法全靠自己。历史表明，只有当我们与各成员国和地区性组织紧密合作时，我们才有成功的机会。我们的特使们可能是秘书长斡旋使命中最显眼的表现。在全球各种情况下，从缅甸到阿拉伯世界，特使们正在帮助各方预防、平息或解决冲突。大部分情况下，他们需要安理会提供支持和赋予使命，有时还需要联合国大会提供支持和赋予使命，他们在工作中始终尊重国家主权和所有权。

在也门，到目前为止，秘书长特使帮助也门各方维持了“阿拉伯之春”当中唯一的协商过渡。虽然我不想低估也门体制的脆弱性或也门面临挑战的严重性，但是目前进行中的全国对话是也门空前未有的广泛协商，是包容性的一个鲜明例证，特别是妇女团体。也门国内分歧很深，包括历史的、地区的、部落的、政治的甚至宗教的各方面分歧，其是世界上国民武装程度最高的国家之一。但是，在地区和国际合作伙伴的帮助下，也门人民有决心继续推进和平协商过渡的进程。

在非洲大湖地区，尽管在刚果民主共和国驻扎着世界最大规模的联合国维和部队，但自从20世纪90年代中期以来该地区形势一直不稳定，联合国及其地区合作伙伴帮助其达成了一项史无前例的协议。该协议由11个非洲国家签署，目的是给该地区人民带来和平。联合国秘书长特使、爱尔兰前总统玛丽·罗宾逊女士一直与该地区领导人、国际行为者和民间团体紧密合作，努力推进该协议的贯彻执行，以扭转局势，由暴力转向希望。该协议叫作“希望框架”，包括各国、地区和国际层面的自愿承诺，用于解决治理、发展和人权等方面的问题。“希望框架”的基础是地区和国际领导人士的坚定信念，即大湖地区的安全问题不能单靠安全手段来解决。

理想的情况是，预防措施应该在看不到的状态下就开始了。有时，低水平紧张形势如果任其发展，时间长了会变得更加严重，我们就会应有关国家政府的要求，与发展伙伴携手合作，帮助当地提升预防冲突和解决争端的能力。最佳的情况是，我们与当地及国际合作伙伴一起努力，把问题解决在萌芽状态，而不是等到冲突已经引起媒体关注时才开始行动。

如果选举进程有可能加剧紧张和不稳定局势，我们就和有关国家政府配合，预防发生与选举相关的暴力行为。例如，在几内亚，秘书长2013年针对暴力增长和号召抵制选举的情况任命了一位国际协调者。在一个联合国选举和调解技术专家小组的配合下，协调者协助有关各方克服分歧、同意参选竞争并接受最后选举结果。几内亚新国会于2014年1月13日在科纳克里宣布正式成立，表明选举创造了推进民主政体巩固进程的政治空间。大家可能没听说联合国起了什么作用，也没有读到选举因暴力而失败的消息，在我们看来，这标志着我们调停的成功。

在很多情况下，预防措施就是通过特使们耐心和艰苦的努力对世界上一些最难解决的问题保持关注，使它们不至于进一步恶化。尽管为推进中东和平进程、解决塞浦路斯或西撒哈拉争端而作出的几十年努力到现在还没有什么重大进展，但毋庸置疑，为保持对话，让各方坐到谈判桌旁而作出的日常努力有助于抑制紧张局势的加剧。

我还要特别提到东北亚和亚洲。全世界对这一地区的人民和国家期望很高，这一地区总体平静且有办法自己解决可能会出现的问题，但是这一地区并不是没有严重挑战。我们同样将完全尊重国家主权，恪守联合国宪章作为我们工作的依据，愿意和你们及其他有关国家克服相互信任和理解不足的困难，让这一地区能够继续发挥其创造潜力。

令人遗憾的是，预防措施并不总是奏效。但即使在显然已经失败的情况下，例如在叙利亚或中非共和国，斡旋仍然提供了一种有可能成功回到安全和解上的路径，外交努力必须持续不断地让各方摆脱困境并重新回到谈判桌边。政治挑战是大多数冲突的核心，也是预防和解决这些冲突的关键。只有找到政治解决方案，我们才能保证长久的和平。

我下周计划和秘书长一起去日内瓦参加叙利亚和平会议。我们尽了很大努力把各方召集到日内瓦，还不知道能不能成功。但我们认为这是实现政治解决的最好希望，可以促使结束暴力行为，有助于在叙利亚恢复和平。我们一直都说，结束叙利亚危机不能靠军事解决方案，叙利亚政府和反对派势力指望强制实行一项军事解决方案已经造成了一场人道主义灾难。各方都应认清，单靠军事解决的代价实在太大了。我们感谢中国支持2012年6月30日的日内瓦公报，这份公报提供了政治解决的希望。

女士们，先生们：

这么多年得来不易的经验给了我们一些教训，告诉我们在预防外交和调解工作中哪些是有用的关键元素，可以带来“全面合作和共同安全”。我知道，中国在这方面也积累了宝贵经验，包括在亚洲和亚洲以外。我们很愿意听取你们的看法，学习你们的经验，互相交流磋商。

我们学到的第一点就是，及早介入情况很重要。这不仅指在冲突早期就获得必要信息，还指要在一有机会的情况下就采取快速、有效和统一的外交行动。中国是安理会常任理事国，在这方面的作用很关键。我们及早介入需要得到安理会的支持。

第二，及早介入只是事情的一部分，我们还要做得巧妙。预防外交和调解工作是复杂而又越来越专业的领域，需要各个方面的专长，有些具有很高的技术性和复杂性。因此，我们强调要加强这些专长，可供快速调用，也可提供给联合国特使、地区组织和各成员国使用。

第三，合作伙伴关系是关键。我们面对的各种危机非常复杂，只靠一个组织或成员国没法解决。世界上的冲突性质在变，恐怖主义和国际犯罪经常与政治积怨交织在一起，合作伙伴关系就显得更加重要。联合国越来越紧密地与地区和次地区行为者合作，例如在叙利亚问题上与阿拉伯国家联盟合作，在索马里和马里与非洲联盟合作。我们与上海合作组织的合作为与该地区接触打下了坚实的基础，我们准备开展更进一步的密切合作。和中国一样，我们正在与东盟建立强有力的合作伙伴关系，这也符合东盟在 2015 年建立东盟经济共同体的目标。

第四，预防外交要取得成功，或许最重要的元素是影响力。联合国秘书长不掌控兵力和财力，他能支配的工具主要是说服力和联合国宪章的各项原则。这些工具本身就很有力量，反映了各成员国之间的共识，且经过几十年谈判和实践的磨练，具有普世意义。但为了实现其效力，要求国际社会特别是各个世界大国紧密联合，让秘书长能够代表一个共同的声音讲话。

在叙利亚，我们看到，因为没有这种共同目标，很难取得进展。而在马里和也门，国际社会行动比较快，防止了迅速恶化的局势变得更不稳定。我们现在正试图在中非共和国和南苏丹作出同样的努力。

有些国家可能因看到联合国支持预防冲突或维和行动就认为某个政府垮台了，其实不然。我们的任务是支持各国的努力，我们在所有情况下都配合各国行为者一起工作。

女士们，先生们：

为了实现“全面安全、合作安全、共同安全”，外交努力必不可少，最好是预防外交，我们知道它很管用，虽然不是在所有情况下都管用。但我们的经验说明，如果我们及早并巧妙地在动荡地区开展外交行动，再加上国际社会立场一致，以及各项必要资源作为后盾，我们就可以成功地预防冲突或控制住局面。

中国在这方面起着关键作用，不管是针对各种具体情况，还是关于如何在 21 世纪处理全球治理这些重大问题方面的一般性辩论，中国的声音都十分重要。正因为如此，这种对话就变得非常重要。也正因为如此，我希望在今后的岁月里，这种对话会发扬光大。我们坚信，我们与中国的合作伙伴关系会给世界带来更多的和平、安全和繁荣。

祝大家马年快乐、身体健康、事业有成！

谢谢大家！

## 二、中国、联合国与全球治理

徐浩良*

亲爱的各位朋友、各位同事，尊敬的各位来宾：

我很高兴能参与此次“变革中的全球治理：中国与联合国”国际会议，此次会议意义重大、正当其时。感谢主办方邀请我到此演讲。2012 年，联合国开发计划署和中国国际经济交流中心发起了一个联合项目，组织了全球治理高层政策论坛，并出版了中英文版的《重构全球治理——有效性、包容性及中国的全球角色》报告。在该联合项目中，我们与外交部进行了合作。我很欣慰地看到，本次会议上的交流讨论将为全球治理这一重要领域提供新的真知灼见。

近几十年来，许多曾经的低收入国家取得了较快的经济增长和社会发展，带来了许多资金、技术及人力资本，可用于帮助其他发展中国家，促进发展改革和转型。这些新兴经济体克服了许多相同的挑战，因此也有许多经验可供借鉴。名为《南方的崛起：多元化世界中的人类进步》的 2013 年人类发展报告强调了这些新的事实，并指出：新型经济体已经成

---

* 徐浩良，联合国助理秘书长、联合国开发计划署亚太局局长。

为社会经济政策的创新源泉；新型经济体作为其他发展中国家的经济合作伙伴，其作用愈发重要；新型经济体必将在国际治理体系中扮演更重要的角色。

中国是世界人口第一大国、世界第二大经济体，也是世界最大的货物贸易国。中国在许多方面正逐渐成为国际事务的领导者，并对新兴的国际治理制度、进程和规范发挥日益重要的影响。中国是联合国的创始成员国，也是联合国安理会常任理事国。近年来，中国对联合国的贡献日益突出，已经成为联合国维和费用的第六大缴费国，且中国维和部队人数是5个常任理事国中最多的。因此，世界对中国的期待也发生了变化。世界对中国的期待更加多元化，涉及和平与安全、贸易与投资、人权、治理和国际发展合作等诸多方面。

与此同时，我们必须意识到：尽管中国在许多领域取得了成功，但中国仍是一个发展中国家，面临诸多发展问题，并且中国也将自身定位为发展中国家。根据世界银行2013年的数据，中国的人均GDP为6091美元，远远低于挪威的99558美元，美国的51749美元，日本的46720美元，德国的41863美元和马来西亚的10432美元。根据2012年中国的官方数据，中国仍有近1亿农村贫困人口，基尼系数达0.474。居住在中国的人都能充分理解，中国在环境保护和可持续发展方面正面临严峻挑战。由于数十年的快速经济发展，以及对现行法律的疏忽和执法不力，当前空气污染、土地和水污染及粮食安全问题正影响着数以千万计的中国人。大规模城市化的副作用也日渐显现，如青年就业问题、农民工在城市新环境中的心理问题及城市可持续发展问题。中国的人类发展指数仅为0.699，排在世界第101位，排名第1位的的挪威为0.955，第3位的美国为0.937，第10位的日本为0.912，第64位的马来西亚为0.769。

尽管存在上述问题，但是世界对中国的期待的确已经发生了改变。中国的经济和社会将会继续发展。与此同时，中国将更加注重自身的国际形象，积极回应世界对中国的期待。这不仅关乎政治、安全、贸易和投资，而且关乎另一个极其重要的领域，这一领域近年来变化迅速，中国在该领域可以发挥强有力的领导作用——这就是发展和人道主义合作领域，我今天的发言也将围绕这一领域展开。

过去几十年来，中国已经支援了全球许多其他的发展中国家，投资公共基础设施建设、进行知识和技术转移、培训政府官员等。中国还帮助许多受灾国家重建家园，对此作出了杰出贡献。2013 年，亚洲开发研究所回顾了金砖五国的发展合作，估算出中国每年提供的援助至少价值 40 亿美元。中国一贯坚持在南南合作和双边合作的基础上提供发展援助。2011 年《中国的对外援助》白皮书明确指出，中国的对外援助基于“平等互利，注重实效，与时俱进，不附带任何政治条件”的原则。白皮书还指出，“中国的对外援助以提供双边援助为主，同时在力所能及的前提下支持和参与联合国等多边机构的发展援助工作，并本着开放的态度同多边组织和其他国家在发展援助领域积极开展交流，探讨务实合作”。

因此，尽管中国通过缴纳会费，在所有联合国专门机构中都作出了贡献，并通过包括联合国机构和计划在内的多边渠道进行对外援助，尤其是灾后援助，但中国的对外援助仍以双边援助为主，主要由商务部负责。我认为，中国有如下顾虑：中国如果更多地利用联合国等多边机构进行对外援助，就有可能会被视为援助国，而非发展中国家。中国仍需要发展，并且与所有发展中国家紧密团结在一起。

同时，现在有这个需要，也有这个空间让中国发展创新思维和新方法，使中国能够更好地探寻对外援助的新方式，并且深化在国际与国家级别的平台上的参与度。在这次讨论中，我将关注一些关于中国对外援助的议题，并分享关于中国和联合国未来应当如何更高效地合作开展工作的想法。这包括：中国发挥联合国在开展对外援助以及其内部决策和协调机制方面的积极作用；联合国对于中国的价值和中国与联合国合作所能获得的收益；中国需要通过多渠道的发展合作对话获益；以及中国需要培养年轻的专业人士进一步发展其援助项目。

如我之前所提到的，中国在各个联合国发展机构的贡献在某种程度上被局限于通过各个相关部委对联合国专门机构提供的会费，以及为应对人道主义危机所提供的财政和重要援助。中国还对联合国发展的基金和项目作出了贡献，如联合国开发计划署、联合国儿童基金会、联合国人口活动基金会和联合国妇女署，但这类资金很有限。举例来说，在2013年，中国对联合国开发计划署的贡献创下历史新高，达到600万美元，其中包括支持三边合作、南南合作的专项资金。我可以理解其中的缘由，这是因为中国是一个发展中国家，事实上还在接受援助。

但与此同时，众所周知，中国对世界银行和其他国际金融机构都作出了巨大贡献。根据我在这些机构网站上查到的资料，中国在世界银行的认购股份占5.76%（129亿美元），是仅次于美国和日本的第三大会员国。2010年，中国向国际开发协会（IDA）第16次补充资金会议支付了1.61亿美元，并向其他信托基金注资。2006—2011年，中国还向世界银行作为各种全球纵向基金的信托人提供了8000万美元，包括全球环境基金（GEF），适应基金，特别气候变化基金以及抗击艾滋病、结核病和疟疾全球基金（GFATM）等（中国也是其中一些基金的受益国）。在亚洲开发银行方面，中国最近向亚洲开发银行注资6500万美元，向技术援助专项基金（TA Special Fund）注资641万美元，2012年向中国减贫与区域合作基金注入补充资金2000万美元。同样，中国也对非洲开发银行提供了可观的资金。

为什么会有这样的差距呢？这其中是否存在一个逻辑问题，至少表象上看来是如此，中国是否更加重视加权表决系统的机构，而不是那么看重各国都拥有平等参与权的联合国发展相关系统？中国在国际金融机构中有更多的话语权吗？有证据能够证明中国在国际金融机构的投入回报率更高吗？还是看谁在决定工作的重点？世界银行为发展金融每年提供250亿—300亿美元的贷款，仅向联合国开发计划署每年就提供5亿美元无偿援助。

可以说，如果把联合国不同机构的项目支出加总起来，联合国发展系统与世界银行的重要性很难区分。我提到这些并不是因为我认为国际金融机构不重要，我只是用这个例子来发问，比如之前提到过的战略问题是否被系统地进行检测，现行部委之间的协调机制（如中国外交部—中国商务部—中国财政部，由这些机构共同负责）是否有效并起到它该起到的作用。既然中国追求发展其与联合国的关系，追求发展其软实力，我认为我们需要重视这些问题。

中国为何需要借力于联合国？这将如何使中国受益？尤其是现在中国正在努力完成 2015 年千年发展目标，并向 2015 年后的发展议程继续前进。联合国开发计划署执行委员会近期批准了 2014—2017 年的战略计划，该战略计划对上述问题进行了有价值的探讨，并将联合国开发计划署定义为：

（1）一个公认的中立方，在重要发展议题的对话和合作上是一个公正的推进者；

（2）在国家层面上是长期合作的可信赖的伙伴，并在繁荣期和萧条期维持此关系；

（3）运用所有发展领域上的专业知识，并能够在不同国家与地区的普遍共性和重要区别上灵活应对；

（4）有能力对实际的发展问题作出应对，包括复杂的、多边的和在各个社会系统中具有独特特点的发展问题；

（5）一个能够在关键的经济、社会转型、环境可持续发展和民主治理等议题上提出建议的合作伙伴，为这些问题提供解决方案和能力建设；

（6）有强大的运营能力，能适应多种多样的条件；

（7）充分利用联合国开发系统的资源，支持其他国家的发展。

很明显，上述联合国开发计划署的比较优势可以帮助确保中国的贡献和援助资金更可靠并且更有价值地得到使用。与联合国合作还有助于中国的对外援助有效地利用联合国使用的一系列标准和制度，以提高中国的能力，并减少我们不时在媒体中看到的对中国的批判。中国应当把联合国发展系统视为一种资源，我认为这并不仅仅是在人道主义援助方面的议题上，在发展合作上也是如此。现在的挑战是：需要找到适宜中国的合作方式，双方对联合国的附加值有共同的认可，同时通过试点建立对联合国的信心。我很高兴联合国开发计划署和中国商务部在此方向上已取得显著进展。

我们来简略地看看传统援助国是如何根据机构的效益和效率来使用其多边渠道以帮助它们自己执行双边援助的。根据我们对经济合作与发展组织数据的分析，在日本，约40%的援助是通过多边渠道进行的，在英国则是37%，韩国为26%，美国为17%，经济合作与发展组织国家发展援助委员会的平均值为30%。

在中国提供发展援助的国家中，一个常见的问题是中国并不积极参与国家层次的多边发展对话。为什么会这样呢？中国白皮书中提及的一些原则或许能提供部分解释。中国可能视这些为中国并不完全赞同的巴黎或釜山进程有关援助效率方面的努力的一部分。中国也可能认为，其援助活动已经充分与东道国政府协作，无须通过多边论坛来进一步讨论。然而，中国很可能忽略了一些细节：（1）这些发展对话毫无例外是由东道国政府主办或协办的；（2）虽然中国确实与东道国政府已有协调，但大多数的其他合作伙伴并不了解中国的计划，信息的缺失又往往会导致各方对中国意图的猜疑；（3）中国错失了让其他合作伙伴了解其目标、政策、贡献的机会，以及将中国打造成一个结果导向的、富有建设性的发展伙伴的机会。在我看来，中国在援助效率问题上的立场不应该阻碍其积极参与国家层次的多边对话。联合国开发计划署一直以来都与这些对话有着密切的联系，并随时愿意为中国提供一切所需的支持。

随着中国在多边场合中的自信日益增强，中国需要打造一支专业的、熟悉不断变化的参与规则和多边援助实践的精英队伍。中国的援助大部分仍将在双边领域展开，但无论是双边还是多边援助都要求中国具备符合条件的人才和有效的机构。在人才方面，联合国能提供丰富的培养中国青年志士的土壤。事实上，这也将有助于增加联合国机构内中国工作人员的数量，并且在政府中培养一批熟悉国际实践、了解联合国组织文化的年轻专业人员。目前，在联合国秘书处系统中工作的中国人共有460名，仅占整个联合国职员的1.09%，这与中国缴纳的联合国会费不成比例。在现有的460人中，仅约有35%（160人）是非语言类的专员或管理人员，其中仅10人左右达到了高层（D1及以上级别）。所有其他安理会成员国的工作人员都远远多于中国，包括在联合国高层。

联合国开发计划署目前设有一个初级职业官员项目（Junior Professional Officer，简称JPO项目），目的是培养年轻的专业人员（P1/P2级别)。联合国经济和社会事务局为秘书处设立了相似的项目，这些项目主要由经合组织成员国资助，用以支持本国年轻人在联合国工作。过去，中国因各种原因包括成本问题而没有加入。而如今，中国驻外外交官的费用已经与JPO的成本不相上下，中国政府完全有能力对自己的JPO项目提供财政支持，但这需要认识到JPO项目的价值。在这里，日本的经验值得借鉴。在过去10年中，日本支持了近300名JPO官员到联合国各机构工作，其中一大部分在开发计划署。统计数字表明，约50%的JPO官员会留在联合国，其他的则会进入政府或私营部门。在过去10年中，由于JPO项目的支持，日本在开发计划署中的职员人数有了显著增长。尼日利亚也看到了JPO的价值，并决定资助本国的JPO项目。我们目前正在招聘尼日利亚的第一批JPO。

我要说的是，中国需要新一代年轻人把中国的对外援助带领到一个新的高度。对此，联合国、世界银行及其他多边组织可以提供相应的帮助。联合国有一个青年专业计划考试，联合国开发计划署也正在考虑实施招募更多P3/P4级别员工的新计划。联合国开发计划署还与中国商务部建立了工作借调合作。诸如此类的合作无论是对于中国还是联合国都是双赢的，并且能够提高中国的话语权以及软实力。但是，一切成效都需要时间的检验，我们必须从现在就行动起来。

我相信现在需要对制度层面进行重新评估。正如我之前所提到的，当下的问题是谁能站出来争取更多的多边发展援助。与此同时，也许提供援助的中国机构数量太多，它们不能很好地协调合作，不能产生实际的影响力。而在我所知的大多数国家中，外援更多地由少数几个核心机构负责。相应的问题是如何把贸易投资和发展援助区分开来，以及如何在某些情况下提供贸易性和投资性的援助。若要实现这一点，则需要不同的机构和经验。

如今，很多挑战仅凭中国的一己之力是难以解决的。通过与联合国(包括联合国开发计划署)的合作，中国将有能力实现其区域影响力，如如何应对小岛与发展中国家、不发达国家转型、中等收入陷阱等一系列问题。由于时间关系，希望在下次的会议上，我们能够得到所期望的答案。

联合国致力于与中国合作，共同探索新的合作机会和更深层次的合作。重新审视中国多边援助的途径，以加强中国作为国际发展领袖和国际体系中负责任大国的声誉和地位，将对中国大有裨益。现在，中国需要更多地投资于年轻人，为将来培育一代能够管理并执行中国未来援助项目的专业人员。积极行动，更待何时！

非常感谢。

## 三、中国梦与全球治理

黄友义*

女士们，先生们：

大家上午好！

感谢会议主办方的邀请，很荣幸能参加本次大会并发言。

2012年年底，中国领导人习近平在参观《复兴之路》大型展览时，提出了中国梦这一重要理念，进一步揭示了中华民族的历史命运和当代中国的发展方向，极大地激发了中国人民发展国家、振兴民族、创造幸福生活的热情，也引起国际社会的高度关注和强烈反响。

就在一个月前，也是在上海，来自20多个国家和地区的近百名专家学者，围绕“中国梦与中国道路”、“中国梦与世界繁荣”、“中国梦与和平发展”等议题，进行了热烈坦诚的交流。当时，有学者着重讲述了“中国梦与中国治理”的问题，我结合今天大会的主题，就“中国梦与全球治理”这一问题谈几点认识，与大家交流。

---

* 黄友义，全国政协委员、中国外文局总编辑。

## （一）世界新变局呼唤更加有效的全球治理

几年前，有美国学者提出，“如何创造出适应全球化新现实的有效治理模式，决定着全球化的前途与命运”。今天，面对日趋复杂多变的国际形势，这个命题显得更加迫切和必要。

当前，世界各国相互联系更加紧密、相互依存日益加深，遍布全球的众多发展中国家、共计几十亿人口正在努力迈向现代化，主要发达国家也在不断调整经济结构和社会治理，努力应对各种挑战。应该说，和平、发展、合作、共赢的时代潮流更加强劲。

但同时，天下仍难言太平，发展问题依然突出，世界经济进入深度调整期，主要经济体复苏艰难，国际金融领域仍然存在较多风险，各种形式的保护主义上升，部分地区动荡局势加剧，全球治理的难度明显增大，挑战明显增多。

2013 年 8 月，联合国开发计划署驻华代表处与中国国际经济交流中心共同发布了一份题为《重构全球治理：有效性、包容性及中国的全球角色》的报告，指出了全球治理体制所面临的三个主要挑战：中国等新兴经济体崛起后全球力量地缘分布的改变，气候变化、经济不稳定等全球问题的增加，全球公共产品供给需在合法与公平方面得到提升。当然，这还只是全球治理所面临挑战的一个缩影。

有中国学者预测，未来 5—10 年，世界各国对全球治理改革的需求将前所未有地强烈。

## （二）联合国在全球治理中无可替代但无法单打独斗

联合国是二战临近结束时成立的第一个也是目前唯一一个单一的、最全面的全球治理的机构。自成立以来，联合国在维护国际和平与安全、推动各国友好合作、促进人类共同发展方面作出了巨大贡献。正如人们常常说的一句话：“联合国不能够把人类带到天堂去，但是联合国可以避免人类走向地狱。”

联合国作为最具普遍性和权威性的政府间国际组织，应该在全球治理中发挥核心作用。但实事求是地讲，当前全球治理的复杂艰巨程度很高，联合国基于目前所具备的人力、财力和能力，还无力单独挑起全球治理的重担，反倒是欧美西方发达国家长期占据着全球治理的主导权和话语权。这种垄断对全球治理的有序、健康、可持续推进显然是有害的。特别是2007年美国次贷危机以及2010年欧洲主权债务危机的爆发，动摇了欧美治理观念及国际货币基金组织、世界银行等传统欧美主导的全球治理机制的合法性。构建一个能够及时反映世界政治经济新变化、有效满足层出不穷的全球性新挑战的更加公平正义的全球治理秩序，是我们无法回避的重大课题。

### （三）中国梦为全球治理增添“正能量”

中国梦提出一年多以来，已经在中国的现实生活中发挥出巨大的感召力，大大激发了普通中国人的奋斗意志，发挥了深化改革、扩大开放的巨大力量。13亿中国人民实现梦想，不仅将使中国的面貌焕然一新，也必将对全球治理作出新的贡献。

中国梦倡导平等协作，将有力推动建立更加公平正义的全球治理秩序。中国梦既是国家的梦，也是民族的梦、个人的梦。中国梦不分大小，不分寡众，不分高低贵贱。正如每个国家、每个组织，甚至每个人都可以在全球治理中发挥重要作用一样，中国梦的建构过程就是在现代治理理念与治理方式下的现代社会建构过程，是全社会共同参与、充分协作的过程，也只有通过这样的过程才能有效整合社会多元价值观。在国际上，我认为，不论是大国还是小国，全球性国际组织还是区域性国际组织，跨国公司还是个人，大家都可根据自身综合实力和影响力的不同，承担起相应的责任和义务，每个个体都可成为全球治理中平等的“利益攸关者”，多一些公平，多一些正义。

中国梦倡导互利共赢，将为全球治理注入持久发展的动力。加强全球治理，核心是解决发展问题。联合国副秘书长丽贝卡·格林斯潘（Rebeca Grynspan）女士曾指出，“中国提出发展问题应该成为全球治理的核心，这本身就是对全球治理机制民主化、完善全球治理的贡献”。中国实施改革开放30多年以来，随着经济社会的迅速发展，其对世界经济增长的贡献越来越大，也为世界各国经济发展提供了动力，实现中国梦的进程就是中华民族对人类发展作出贡献的过程。我仅以旅游为例来列举几个数字。2013年，中国出境旅游人数约9730万人次，中国对国际旅游市场增长的贡献超过30%。2014年中国出境游人数应该突破1亿人。2013年10月1—7日，中国国庆节假日期间，中国游客在英国的人均消费高达8000英镑。同时，过去的一年，中国还有上千亿美元的资金投向境外市场。

本次会议的主办方之一是联合国训练研究所，相信你们一定注意到中国存在着一个巨大的教育和培训市场。我们开会的场所——中国浦东干部学院就是一个培养高层公共管理人才的地方。为了建立现代化的治理机制，各行各业都需要开展培训。以翻译教育为例，这并不是一个人数众多的专业，但即便如此，中国翻译协会每年利用暑假时间举办翻译专业教师培训班，每次都有300多名高校教师参加培训，这个培训班被认为是全球最大的暑期翻译专业教师培训班。江苏省有一个专门的培训机构，通过模拟联合国会议，向中国学生传授国际专业知识。他们还举办模拟培训，帮助中国学生以及外国留学生了解全国人民代表大会和中国人民政治协商会议的知识。可以说，一个不断发展起来的中国，一个越来越有梦想、越来越想实现梦想的中华民族，带给世界的首先是希望和机遇。这种希望和机遇也正是全球治理扎实推进的重要动力。

中国梦倡导开放包容，将推动全球治理价值的“和而不同”。全球治理的价值应当是超越国家、种族、宗教、意识形态、经济发展水平等各种因素的，是大家都能够认可和接受的价值。但是，由于各国历史文化传统和现实条件不同，各国有着不同的价值理念与追求。有效的全球治理一方面要求各国之间存在共同的价值追求，另一方面又要尊重各国的多样性需求，唯一的出路便是“和而不同”。在这方面，中国梦恰好与其完全吻合。中国梦与世界各国人民的美好梦想相通，不仅造福中国人民，而且造福世界人民。中国梦不排斥其他一切美好的梦、友善的梦、积极的梦，不受民族、肤色、语言、地域、信仰的影响。中国梦不是为了战胜谁、超越谁或取代谁，而是为了造福中国人民，并推动世界共同发展。

中国梦倡导和平发展，有助于全球治理在安全稳定的环境中推进。和平发展是中国梦对世界的郑重承诺。只要稍微注意一下世界上那些发生冲突的地区，就不难得出结论，没有和平，再美好的梦想也难以实现。中国梦是在走和平发展道路的过程中提出来的，也将通过走和平发展道路来实现。中国历来坚决反对霸权主义和强权政治，反对侵略扩张和肆意干涉别国的内政，尊重主权国家的领土完整和统一。中国的发展不会走历史上西方国家殖民扩张、掠夺他国资源的老路，而是主要依靠自身的资源力量，通过积极参与全球化的过程，通过与世界各国开展平等互利的合作来壮大自己。实现民族复兴的中国将是维护世界和平发展的一支重要战略力量。

朋友们，每个人和每个机构都可以在全球治理中发挥作用，我本人所任职的中国外文局也正在做着一些探索。外文局是中国历史最悠久、规模最大的专业国际化传播机构，我们每年以10余种文字出版5000余种图书、编辑近30种期刊、运营30余家网站，书刊发行到世界180多个国家和地区，网络受众遍及世界各地。我们对外传播的信息全面反映了中国悠久的历史文化，真实展现了中国改革开放取得的新进展、新成就以及中国面临的新挑战，为增进中外理解和友谊发挥了积极作用。例如，我们与耶鲁大学合作出版的“中国文化与文明”大型系列丛书（China Culture and Civilization Series）走过了20多年的历史，成为中美合作出版史上的开拓之举。该项目开创了新型合作方式，双方作者共同写作，将中国博大精深的优秀文化，用外国读者容易理解的方式，奉献给各国的广大读者，使之成为全人类的共同财富。在过去的一年里，我们还举办了“中印高层媒体论坛”、“中非媒体论坛”、“中国梦的世界对话”等双边和多边国际文化交流活动，致力于中国与世界的文化交流和相互了解。

女士们，先生们，中国共产党第十八届三中全会提出了全面深化改革的总体方案，绘制了中国未来发展的蓝图。走在圆梦道路上的中国，将以更加积极的姿态参与国际事务和全球治理，中国梦的实现，与世界梦的共通共享，也将为全球治理发挥更加积极的建设性作用。

预祝本次会议圆满成功，祝大家新年快乐。谢谢！

# 全球治理面临的挑战：改革联合国

## 背景

联合国自 1946 年建立以来一直在变革之中，它的每一个发展阶段都体现出其成员关注要点的变化。

随着殖民时代的结束，亚非许多国家走向独立，这为联合国关注新独立国家诸方面的需求提供了契机。联合国创建后的最初 20 年里，其成员国数量翻了一番，到 1965 年已多达 118 个国家。随着新国家的不断加入，联合国需要有更加强有力的管理体系以促进社会经济的发展。为满足日益增多的成员国的多样化需求，联合国组建了类型繁多的机构、基金会、项目和服务部门。联合国开发计划署创建于1966年，成为负责联合国发展决策的主要机构。联合国训练研究所始建于1965年，为新成员国更有效地参与联合国事务提供训练和支持。

冷战结束，联合国开启了新篇章。在20世纪90年代的前5年，联合国安理会在欧洲和非洲开展了一系列新的维和行动，这一系列大型维和行动瞬间将联合国在管理、财力和行政方面的运作能力推向极致。

联合国意识到维和行动的局限性，也认识到没有武装冲突并不意味着就能享有和平与安全，因此安理会于1992年决定革新思路，开始重点关注那些由非武装冲突所致，但会影响世界和平的因素，尤其明确了在经济、社会、人权和生态领域威胁世界和平与安全的因素。由此，“后冲突时代和平建设”的概念应运而生。

1997年末，联合国秘书长科菲·安南进行了一系列改革，以加强联合国运作的协调统一性，增强联合国作为一个组织机构解决社会经济发展、人道主义援助和人权方面问题的能力。2000年达成千年发展目标。联合国《全球契约》促进私营机构在人权、劳务、环境、反腐领域接受普适性原则，并为这些机构搭建合作平台。

下一阶段的改革始于2005年的世界领导人峰会，会上重申了高效多边体系的重要性，以及在全球发展、世界和平与安全、人权与法律法规等领域日益增多的挑战面前采取多边解决方案的必要性。基于此，联合国成立了人权理事会与建设和平委员会。2007年，联合国采取了“合力行动”（Delivering as One）方案，使联合国基金和项目能够提高在社会发展、人道主义援助和环境保护领域的工作效率。

从另一个层面讲，人们早在1993年就开始呼吁改革联合国安理会，但对扩大联合国安理会机构却未达成一致意见，对如何使联合国大会充满活力提出了很多建议。

联合国成员国呼吁加大力度，增强合作，加强联合国作为一个组织的管理与协调能力。在潘基文秘书长的领导下，创建了联合国妇女署，通过一系列活动以提高女性地位，联合国的裁军和不扩散议程也重新提出。通过加强管理的透明度，强调公正与公平，联合国的活力不断增强，也日益受到世界的信任和尊重。

## 联合国面对的挑战

2020年，联合国将庆祝它的75岁生日。联合国在维护世界和平与安全中的重要性与日俱增，具有不可替代的作用，这是全世界所公认的，然而对于如何更有效地发挥其功能，大家的意见并不一致。不能为改革而改革，改革是一个过程，通过改革这一过程，成员国能够对联合国的工作议程和组织机构进行思考与审视。

两次世界大战中约有800万人失去生命，正是基于对这些人类浩劫的思考，联合国初建时期成员国形成了联盟，推动了联合国这一国际组织的创建。如今，联合国已发展为一个高度复杂的系统，形成众多组织与机构，以致力解决那些看似没有出路的国际争端，国际条约的数量也日益增多。

这个世界并不会因成员之间相互联系而成为一个统一体，联合国所面对的挑战不断增加，而且这些挑战越来越难以应对。伴随全球化而来的是去中心化。联合国成员国关注的焦点与利益无所不包，但又各不相同。联合国所要承担的角色也在演变。民间组织、非政府组织和私营企业跨越国界运行，对许多国家所关注的核心要点造成影响。非政府组织间的合作与联系日益增强，弥补了政府的不足之处。一些私人财富甚至超过了许多国家的GDP。不属于联合国的国际组织和地区组织的数量不断增加，这对联合国也构成了挑战，因为有些国家相信一些全球问题由其他机构来处理会更加有效。

如今，金融危机四起，财富与贫困全球分布情况复杂，联合国正是在这样的经济环境下运行。在过去的几年间，越来越多的世界最不发达国家的经济得到较快发展，对于联合国政府开发援助（ODA）的依赖逐渐减少。然而，贫富不均和不平等现象依然存在，这种状况蔓延到中等收入和高收入国家。联合国面临着革新全球发展格局的挑战。

联合国需要并已在不断进行改革，这些改革对于加快开发新资源，增进跨国家和地区的交流具有举足轻重的作用。联合国的生存与发展有赖于改革。

### 研讨目标与成果

△讨论联合国在面对 21 世纪挑战时应优先应对的领域；
△讨论发展格局的特征和变化；
△审视在改善全球治理中，公共和私人部门的作用；
△思考构建全球伙伴新模式的可能性；
△讨论中国在联合国全球治理中的作用。

## 一、对联合国进行投资

Bruce Jenks*

我很高兴参加这次重要讨论会。中国在决定联合国未来属性和作用方面可以发挥很重要的作用。

我想强调联合国改革这一挑战的两个层面。

第一点，各国怎样看待它们与联合国的关系对联合国改革的前景具有根本性意义。各国可以在这一关系里选择做消费者或投资者。对于投资者来说，联合国是一个可以发挥领导作用的地方，投资者可把联合国当作考虑了各种选项之后用来获取一定成果的最佳选项，投资者看中的是长期价值。对于消费者而言，联合国是领导作用以外的替代选项，这是一种缺省选择，消费者把联合国当作点菜菜单，按自己的喜好选择，消费者期待的是短期回报。

* Bruce Jenks，联合国前助理秘书长、联合国开发计划署伙伴关系局局长。

我想强调的关键点是，如果联合国要保持可信度和对其利益的相关性，各个大国就要做投资者。

投资者一般说来是要付出资源的，这一点当然很重要，不应该小看。但是我今天想强调其他几点，即对联合国投资的三个重要层面。

对联合国投资的最重要方面是保护和扩展秘书长行使领导权的空间。非常巧合的是，我们相聚的日子再往前推60年，达格·哈马舍尔德提出了北京解决方案，中国释放了俘获的美国空军飞行员。周恩来接受了哈马舍尔德提出的方案，这是秘书长用政治空间创造公共价值的一个典型范例，中国和美国都承认了这一点。

联合国对国际社会的价值与可供秘书长运作的政治空间直接有关，可用的空间是国际社会、特别是各个大国对联合国投资的直接函数。我希望中国和联合国在哈马舍尔德基金会帮助下找到庆祝这一重大时刻的机会。

既然我们这里有很多大学同仁，我想提议，在所有关于联合国的写下来的东西当中，最重要的是哈马舍尔德1961年5月在牛津大学的讲话，讲的是国际公务员的作用。我在哥伦比亚大学和日内瓦授课时告诉学生，如果他们只读一样关于联合国的东西，那就应该读这个讲话，因为这篇讲话高水平地阐述了可以通过投资和保护国际公务员的作用来创造公共价值。

我要强调的第二个层面是对人力资源的投资。如果一个国家认真地在一个组织里投资，最能说明问题的就是看它把什么人派到这个组织去。不单要看数量，还要看派去的人的经验和声望。往下去很重要的一点是，如果中国要发挥自身的作用，要让自己的政策得到高度关注，那么就要派更多人去联合国。

有效投资战略的第三个层面是积极参与有关联合国有效性的辩论。联合国是一个庞大而复杂的组织，由很多分散的部分组成，中央控制很少。整个联合国系统的预算，包括秘书处、维和、基金会、项目和机构（但不包括世界银行和国际货币基金组织）每年一共才大约400亿美元。全世界分布着联合国各个机构的1200多个办事处（不包括在一个国家里设有多个办事处）。在这400亿美元里，有大约240亿用于各项运作。可以比较一下，世界银行工业开发署每年就有大约 160 亿美元。联合国有大量资产，在全球开展活动，有丰富的经验和专长。世界主要大国只有拿出强有力的领导风范，投入高水平的资源和承诺，才能确保这些可观的资产发挥应有或更大的作用。

刚才我讲的第一点是强调国际社会要向联合国投资，联合国才能体现其价值。我要讲的第二点是关于当前的现实情况，即联合国发展体系正处于一个十字路口。别人将会谈论安理会和政治事务，我侧重讲发展体系。

过去 10—15 年里，世界经历了一次历史性的变革，其证据是大量的，我们就看全球经济的规模吧。在 20 世纪 70 年代，全球 GDP 大约在 12 万亿；到 1990 年提高到大约 25 万亿；20 年后的现在大约是 75 万亿，是原来的 3 倍。市场规模和范围的剧增导致国家和市场（实际上也是和个人）的关系发生重大变化。技术从根本上改变了信息和通信领域。新的大国出现，最重要的是中国，改变了全球经济实力的分布。贫困情况也发生变化，反映了全球新兴中产阶级的上升，也反映了另一个现实情况，即世界上最贫困的人口大多数生活在中等收入国家里。

最后一个要点是，过去 15 年里，世界又遇到一类新的发展挑战，其特征是，国际社会第一次可以通过集体应对来找到问题的答案，这就要求有一种共享价值观的意识和对要采取的行动有共同的理解。最重要的是要求有一种政治意愿，在责任分配上取得一致，这是能不能采取必要的集体行动的先决条件。

上述各项构成一种超常的挑战，充满风险和机会。在很多联合国观察员中间有一种广泛共识，即这些变化反过来又要求联合国作出重大改革。最近 15 年里政府和企业的工作方式也发生很多变化，对联合国体系的要求一点也不比这少。另一方面，这些观察员有一种大致相同的看法，即联合国政治色彩过重，既得利益者太根深蒂固，根本意义上的改革议程不太现实，因此他们只好满足于小修小补。

联合国没法实行真正的改革这种思想经不起历史经验的检验。自从 1945 年以来，联合国发展体系已经经历了好几轮重大改革。20 世纪 50 年代初期，随着冷战和非殖民化，联合国发展体系调整了使命、融资方式和组织方式。同样，在20世纪90年代，联合国发展合作方面的工作经历了又一次大的改动。

如果联合国没有展示出这种适应外部环境变化的能力，也不会到现在已存在60多年。真实情况是，当需要变革的历史时刻到来时，总会出现主要大国和领袖人物带领联合国继续向前的情况。

中国现在就面对这样一个历史时刻。中国现在有一个在新的世界里成为新的主要角色的历史机遇，危险则是作为一个新的角色却朝后看一个已经退去的旧世界。如果中国不能适应这种情况，联合国发展体系注定会越来越边缘化，剩下的事情就只能是给一个衰退中的组织做啦啦队队长。

我们最后举两个例子，说明哪些议程可以得益于新兴大国的领导作用。第一个是强调联合国在全球公共产品议程方面的作用；第二个是积极发展更加包容的治理形式。这两种情况都还没有制定规则。二者都是辩论的议题，经常出现争议，它们提供了可以对规则的制定施加决定性影响的机会。

我们先看全球公共产品议程的例子。我们这里讲的是气候变化、食品安全、全球健康安全以及很多其他情况。斯蒂格利茨教授在这一问题上的论点是，全球公共产品供应不足的情况只有三种解决办法。第一种是单个大国占统治地位，消化供应成本，不担心搭便车的。第二种方案是任其供应不足，通常导致危机和困难。还剩下另一种选择，就是各相关大国通过谈判分配责任，形成一个有效的集体应对。这当然是对大国通过联合国行使领导权的挑战。这为把联合国转变为推进全球公共产品议程的有效工具（有选择地）提供了一个塑造未来共同价值和规范的巨大机遇。

我们最后看一个例子是探索包容性治理的新形式。当今世界，市场的巨大规模和力量不言自明，很多解决方案要求政府与私营部门以及公民社会紧密合作，这不是一个意识形态问题。我的理解是，中共十八届三中全会让市场在资源分配中起“决定性”作用。如果承认市场力量对解决国内问题至关紧要，那就必须承认它对解决全球性挑战也具有重要意义。这实际上就是一个最有效解决问题的途径。新兴大国可以把它看作是对政府特权的威胁，而且正赶上这些新兴大国发现自己正步入一个可以作为政府享受主权的一部分而享受这些特权的时期。或者反过来说，他们可以把它看作是出现了一个具有新的边界和轮廓的新世界，他们可以认为自己有一个为这个新世界制定规则的历史机遇。

在很多方面，联合国正处于一个十字路口。大国和新兴力量按照它们认为的联合国价值作出的选择将在很大程度上决定联合国在未来所起的作用。

## 二、联合国面临的挑战与创造性治理

B. Lynn Pascoe*

很荣幸再次来到中国，看见卢树民大使等老朋友。25 年前，我在北京第一次与他共事，后来在印度尼西亚一起工作。当然，还有在联合国的朋友和同事。回到上海，继续观察这个世界大城市的现代化变革，总是一件令人愉快的事情。

专家对未来 15—20 年世界的变化有一个相当广泛的共识。我们会继续看到，相对于欧美，亚洲的经济增长和总体实力会相对上升，世界人口迅速城镇化，大多数人第一次成为中产阶级（这将对消费和政府反应能力带来压力），连通性的大大加强将给个人和非政府行为者更多能量，而政府能量将减弱，人口老化将占用更大一部分资源，与此同时，对食品、水和其他资源的压力将增大。

总体来说，全世界人民的生活得到改善确实是很好的消息，但是历史也告诉我们，这种变革会带来更多的意识形态和宗教的纷争、过分的民族主义要求、跨境极端主义，以及落后者为了赶上别人而采取的拼命举动。

从联合国的和平与安全作用的角度来看，今后几年看起来不会很乐观。随着亚洲的繁荣，几个亚洲国家之间关系日趋紧张，其他一些地区的混乱局面也在升级。说真的，东亚的紧张局势看上去更像是 19 世纪的民

* B. Lynn Pascoe，联合国前副秘书长。

族主义对抗，而不像是21世纪为促进共同繁荣而进行的努力。他们经常言辞过于激烈，当然，后果也不是闹着玩的。在其他地区，宗教狂热和不容忍他人看法的情况似乎更像是在中世纪，而不像是在现代的互联世界。

很不幸，我们所处的这个时期缺乏创造性的治理，很多世界领袖只盯住自己国家的问题，不管全球的好坏，而当今世界说到底在经济和社会方面的互相关联非常紧密，我们最终要一起沉浮。很少看到人们讨论或引领共同前进的道路，即怎样从一个国际视角来管理往后一段时期里的紧张局势，或者谁来管控那些只想打乱整个前进步伐的麻烦制造者。

在联合国工作的那段时间，我深信联合国实际上可以是管理这一进程的主要因素，在创建新的国际架构方面对任何替代选择压根就没有足够的共识。与此同时，我们都明白，联合国的架构需要改革，以便更加贴近地反映21世纪世界各国关系的现状并帮助解决新出现的问题。而且，由第二次世界大战战胜国建立的安理会当然也需要调整。在这个问题上，如果有意愿，我们当中任何人都可以勾勒出一个扩大了的安理会，以给新兴力量及其最大的地区合作伙伴更多分量，同时又不削弱5个常任理事国的作用，以免招来他们的否决。但遗憾的是，这么做的意愿几乎根本找不到。自从我20年前第一次接触到这个问题，这方面的讨论就几乎没什么进展，没有一个国家，特别是5个常任理事国中没有一个愿意作出认真改革的努力。

联合国基本架构改革没有进展令人遗憾，但是要知道，不管纽约怎么辩论，不管要辩论多久，问题还在那儿，实际上纽约的争辩大部分跟要害问题不相干。我们关心的是怎么应对即将面临的和平与安全问题，我们不能让这种辩论分散我们的注意力，脱离怎样使联合国更有效解决冲突这类更加直接的问题。

这些年来，联合国各成员国已经搞出一个相当全面的体系用来共同对付世界各地的冲突，一边限制冲突一边处理深层次紧张关系，解决根本性社会问题，帮助重建受到战争和内乱破坏的国家。我们有政治、维持和平、建设和平、发展等各种工具，还有与这些工具配套的基本政治理论。这个体系在有些情况下工作得很好，我们都喜欢谈论这些成功的案例。

但坦率地说，联合国按目前的现状做得远远不够，还面临很多挑战，内战、种族和社区冲突造成大范围灾难，很多国家还在努力摆脱近似封建的政治和社会体制。随着未来世界大部分地区走向进步，这些冲突很可能进一步加剧。在这些冲突面前，我们的发展努力显得苍白无力，几代人追求美好生活和更好未来的机会也因此而丧失。我们必须考虑怎样以现有资源做得更好，同时让政治辩论继续进行。

未来就在我们面前，随着世界变为多极，实力更加分散到各个主要行为体，联合国解决冲突的作用越来越重要。过去，全世界外交官都可以（不管他们口头上是支持还是反对）指望美国和前欧洲殖民大国来对付世界各个冲突频仍地区悬而未决的问题，但这样的时代很快就要一去不复返了。我在纽约观察了这个演变过程，一再注意到这些过去的“世界警察”更适合在幕后起支持作用，而不是亲自挂帅。他们经常会因没有足够的军事或民用资源而不能单独上阵，且不谈外部力量在其前殖民地起领头作用会带来明显的政治影响。

有几个地区组织曾尝试着填补空白。我感觉，如果得到联合国的人力和财力支持，它们有时可以干好。当然，如果需要他们派遣维和部队作战并经受严重伤亡，只有很看重结局的邻国才愿意冒此风险。与此同时，地区组织和邻国自己也带来增加政治两极分化和长期紧张局势的危险，而不是解决问题。联合国虽然有缺陷，但没有任何地区或其他全球组织能够取而代之，联合国现阶段还是解决频发冲突的主要工具，没有哪个其他组织具有广泛的计划和经验用以应对全球各种人道主义、社会或政治危机。

我们怎样在未来使这个程序更加有效，以确保联合国在一个迅速变化的世界里有效应对冲突？首先，实力不断增长的新兴国家要承担与其新地位相称的责任，这点至关重要。不管什么组织，成立快60年以后，人们都有了定式，习惯了老一套说法，尽管这些说法在50多年前比现在要更加靠得住。对于有些小国家而言，联合国当然为他们提供了一个独特的讲话平台，就像伍迪·艾伦（Woody Allen）经常被引用的说法，人生的80%就是露面。但说实话，对那些希望成为世界领袖的国家来说，露个面、吹一通是不够的。我时常感到，很多代表把联合国当作一次大的宴会，要紧的是让别人看到他在头桌露面，其他什么事都不用做。但对大国而言，联合国不是拿来做社交机构的。建立联合国是为了维护国际和平与安全，推动经济和社会发展以及促进人权，让世界更加美好的。实现联合国的目标需要投入精力、金钱以及所有各大国齐心协力的承诺。

我听一些繁荣的拉丁美洲和东亚成员国说，他们不积极努力改进联合国是因为他们已经经历了后殖民或社会—政治危机，他们不再需要联合国了。我一度为此感到气愤。我觉得，正因为这些国家找到了一条有效的发展和解决国内政治危机的道路，就更有责任希望联合国发挥积极作用，以帮助那些和他们一两代人之前一样处于困境的其他国家。有些人说，他们更看重地区性组织；还有些人觉得，联合国陷入了陈词滥调和老问题的框框，对他们不再重要。我强烈反对这种逻辑。非洲或中东的危机对全世界所有国家的未来和平发展都具有深刻的相关性。疾病不理睬国境线，恐怖暴力也一样，比如在也门网上发布的仇恨言论会影响到世界任何地方不满现状的人们。

举几个例子：我刚到政治事务部时，联合国维和部队正部署在达尔富尔，没有足够的直升机支持。我听到秘书长在一次又一次的会议上几乎是恳求那些拥有一支像样部队的国家的领导人提供必需的 20 来架直升机，我感到很震惊。安理会成员国要求实施这项行动，但秘书长一再向他们提出要求，却等于是耳边风。在美国，我们把要求采取行政行为而又不予资金支持的立法称为“没有资金支持的委托”，对安理会来说，可能换成“不负责任”的说法会更好一些。一些很有钱的政府以其全球经济地位和外汇储备为荣耀，在第五委员会很没面子地讨价还价，不想为联合国行动支付他们应付的份额，尽管他们从这些行动中得到很多好处。再举个例子，2012 年爆发了“阿拉伯之春”，安理会当选成员国中包含了希望根据联合国改革建议成为常任理事国的大部分国家。安理会为避免卡扎菲政府大规模屠杀本国人民而达成一项初步协议，之后就关于是否为执行安理会授权而采取北约行动的问题陷入辩论僵局。卡扎菲倒台之后，我们提醒要注意训练安全部队和行政管理人员，但没人理睬，倒是关于北约行动的辩论无休无止。如果安理会成员国能够集中精力解决实际问题，而不是一再纠缠历史，力图在政治上得分，利比亚后来的混乱以及之后殃及马里，本来大部分是可以避免的。

同样，安理会从来没有认真探索如何挽救迅速恶化的叙利亚局势。也许没有办法能够阻止那里的严重局势，但安理会在2012年全年和2013年大部分时间里不去应对叙利亚局势，是典型的推卸其维护国际和平与安全之责任的行为。我们只能希望，销毁叙利亚化学武器的协议预示着安理会会采取进一步行动应对叙利亚问题，但是上周的投票情况说明没有什么大的变化。

除了叙利亚等少数例外情况，应对这些地区性冲突的问题不牵涉意识形态或大国政治。实际上，我强烈感受到，我在联合国工作期间，各成员国之间对如何应对时常出现的危机有相当程度的共识。我们为了结束杰弗里·费尔特曼（Jeffrey Feltman）谈到的冲突进行调解或谈判的努力总是得到强有力的支持。领导政治或维和使命的秘书长代表们得到安理会的有力支持，这些使命是经由安理会授权的。应对危机的新做法，例如向非洲联盟在索马里的行动提供后期支持，好像这是一个联合国使命，表明安理会和联合国体系在必要时能够表现出意见一致性和灵活性。最近在刚果维和行动中的变化也说明有意愿找到新的途径以达成清楚的共识目标。

我们还需要改进联合国秘书处与各个机构的工作和机制，以提升我们应对的有效性。一个大的缺点是内部斗争，虽然大部分官僚机构中都有这个问题，但在联合国要严重得多，原因是很糟糕的体制，联合国各个部门不得不为了数目相对很少的捐助国提供的有限资金而互相争夺。我在印度尼西亚期间遇到过很多次自然灾害，联合国机构之间你争我夺，而且各自都有公共关系部门为自己做宣传，我觉得不可思议，有时很难想象它们都是联合国的一部分。后来我到纽约，逐渐明白了之所以会形成这种心态是因为要争夺捐助国的资金。

这种体制还造成架构重叠，各个机构针对捐助国特别青睐的项目重复设置业务。纽约和日内瓦关于和平建设方面谁负责哪一块的所有争夺都源于对资金的追寻，这对急需帮助的那些国家毫无益处，削弱了联合国的应对能力。解决问题的答案在于拓宽捐助国队伍，让捐助国理事会就一致的建设和平战略达成共识，授权秘书长制定更多跨机构的决策，确保在一个国家或地区的所有联合国人员为共同目标而工作。还是像我们经常说的，这不是什么尖端科学，也不是联合国大会的严重争议，实际上就是要求各成员国更注重把联合国造就成一个实现共同目标的更有效的工具。

最后，应该给秘书长更多支持，支持他改革内部架构，以便产生更好的结果。联合国有很多非常敬业、非常有才华的员工，他们克服总部的官僚障碍和工作现场的挑战，完成非常重要的任务。各国如果想要改进联合国的工作，就应该派出最好的人员。我努力改进政治事务部人员的多样化和素质，但经常令我不可思议的是，一些搞公共关系的人想方设法为他们的亲朋好友找工作，也不管他们的能力如何。有两次我很生气，就问搞公共关系的人员他推荐的人选能不能胜任他本国高级外交事务职位。我们还需要更大的人员流动性以及联合国体系内各个部分之间更好的协调。如果各大国真心希望联合国更好地担当起各项艰巨任务，它们必须花力气让大家在纽约和日内瓦关注这些任务，而不是琐碎事务。

我离开纽约时深信，联合国必须更有效地发挥作用，不能把它不当一回事。世界在急速变化，一般是变得更好，但很多趋势并不看好，这就要求国际社会所有主要成员站到一起，为全球进步营造和平环境。现在不是站到一边、让别人去做的时候，因为代价太大了。

谢谢大家。

## 三、全球治理：联合国与国际安全

蒋振西*

### （一）当前世界格局的重大变化

当前，国际形势正在进行大发展、大变革、大调整，这导致世界格局

---

* 蒋振西，中国联合国协会理事。

出现重大变化，引起全球化急速的发展。一是全球政治向多极化发展，世界上出现了多个力量发展中心。冷战后一度出现的“一超独霸”局面正向世界多元化方向发展，现已形成欧洲地区、亚太地区、北美和拉美地区、非洲地区等多个发展中心。近年来，由于新兴国家的快速崛起，发展中国家在国际事务中的作用日益突出，在世界政治经济中的比重上升。世界政治多极化对世界的和平与繁荣起到了积极推动作用。二是经济全球化快速发展，世界各国经济的依存度加深，发展与合作力度大大增强。目前世界经济处于恢复阶段，全球经济实力将会强劲增长。据世界银行统计，2012全球国内生产总值（GDP）已达72万亿美元。经济力量的提升促进了世界经济与社会的发展。三是国际关系网络化趋势明显。以联合国为主导的国际组织在多个领域发挥主导作用。2008年世界金融危机爆发后，由世界传统大国与新兴大国组成的二十国集团作用凸显，为世界经济的复苏与发展发挥了重要的促进作用。欧盟、非盟、上海合作组织、东南亚国家联盟等地区组织也十分活跃，成为地区维持稳定与发展的重要保证。当今世界的网络化发展趋势使得国家关系变得既相互依存又相互制约，这是自“威斯特伐利亚”国际制度建立以来的重大变化。四是高新技术的发展与应用极大地改变了人们的生活环境，成为经济发展与社会变化的重要推动力。当今世界正处于信息时代，信息技术的发展有力地推动了世界经济发展和社会变革，电脑的普遍应用极大地便利了人们的生活，提高了工作的效率，改变了人们的生活方式。高新技术使世界变小了，人们靠得更近了。五是世界安全威胁呈现多样化趋势。目前，世界形势虽然整体稳定，但仍有多个地区爆发武装冲突，涉及主权、领土纷争的传统安全威胁依然突出，同时恐怖主义、大规模杀伤性武器扩散以及能源和气候变化等带来的非传统安全威胁日益上升。此外，网络安全、太空安全、海洋安全成为世界各国关注的新领域。

在当今世界上，许多全球性问题使得任何一个国家都无力单独解决，需要世界上许多国家之间以及国际组织之间相互合作，共同进行全球治理才能共同应对。全球问题需要全球治理和全球解决。

## （二）联合国在国际安全中的重要作用

自1945年成立以来的近70年历史发展表明，联合国对国际事务与地区安全发挥着至关重要的作用与影响，具体表现在以下几个方面：

### 1. 公正处理地区冲突，彰显国际社会维护世界和平的坚定信念

多年来，联合国对中东地区以及非洲、亚洲、欧洲、美洲等地区发生的武装冲突进行了有成效的调解活动，实施了多项维持和平行动，维护了世界和平与安全。

当前，联合国为解决叙利亚危机采取的行动成为国际上一个突出的亮点。近年来，叙利亚局势动荡，政府军与反政府武装激烈对抗，叙利亚境内的人道局势显著恶化。为解决叙利亚危机，联合国大会与安理会多次召开会议，并采取了一些实际行动。2012年2月23日，联合国和阿盟共同任命前联合国秘书长科菲·安南为联合国和阿盟叙利亚危机联合特使。2012年3月10日，安南提出了解决叙利亚危机的“六点计划”。

2012年4月21日，联合国安全理事会决定设立联合国叙利亚监督团（联叙监督团，UNSMIS），其任务是监督冲突各方停止一切形式的武装暴力活动，监督和支持完全执行联合特使安南的“六点计划”。在“联叙监督团”活动初期，叙利亚境内敌对行动的强度有所降低，暴力行动有所减少。然而好景不长，由于叙境内敌对行动重新恢复且不断升级，“联叙监督团”的行动自由遇到阻碍，只得暂停行动。同年8月16日，联合国安理会决定关闭“联合国驻叙利亚监督团”。9月1日，来自阿尔及利亚的拉赫达尔·卜拉希米接替安南，成为联合国与阿盟叙利亚问题联合特别代表。

“联合国叙利亚监督团”是联合国为制止叙利亚冲突而采取的一项紧急措施，这是在叙利亚冲突双方无意结束停火时临时实施的一项强制性维和行动，但这一任务仅靠不带武器的军事观察员是无法完成的。在战火纷飞的情况下，“联叙监督团”夭折的命运也多少在意料之中了。

2012年，在联合国的调解下，在日内瓦举行了叙利亚问题国际会议，提出了叙利亚政府与反对派实现政治过渡的路线图。2013年11月，联合国宣布将于2014年1月22日在日内瓦主持举办第二次叙利亚问题国际会议，叙利亚政府和反对派以及30多个国家和3个地区组织参会。联合国对叙利亚危机的调解活动是有成效的，这表明国际社会特别是联合国在治理全球中的作用是至关重要的，也是无可替代的。

**2. 实施联合国维和行动，推动地区冲突的和平解决**

联合国维和行动是联合国治理地区冲突、维护世界和平与安全的一个重要手段。联合国成立之初就将中东问题作为维持和平的一个重点地区，并在1948年中东危机中采取紧急行动，派出协调员对巴以冲突进行斡旋。1956年，中东地区爆发苏伊士运河危机，联合国立即召开紧急特别大会，通过“以团结求和平”决议，要求所有外国军队从占领区撤出，并建立了第一支联合国维持和平部队，部署在冲突地区，有效制止了侵略行为。1990年伊拉克入侵科威特，安理会采取紧急行动，授权组织多国部队将伊拉克军队赶出科威特，并组建联合国伊科观察团，保持了海湾地区的和平与稳定。

当前的联合国维和行动是一个复杂的系统工程，包括预防冲突、促成和平、维持和平与建设和平等多种手段。其中维持和平行动是联合国和平行动的主体，维和人员由军队、军事观察员、维和民警、文职人员及志愿者组成。据联合国维和部统计，截至2013年11月30日，正在实施的联合国维和行动15项，参加这些行动计划的总人数近12万人，其中军人8.5万人，维和警察1.3万人，他们分别来自120个联合国成员国。2013年7月1日至2014年6月30日核定预算大约为75亿美元。①

2013年，联合国维和行动经历了复杂变化。年初，联合国安理会决定建立“联合国马里稳定团”，这是当年联合国建立的唯一一项联合国维

① 联合国网站：维持和平行动，2014年1月。

和行动，对维护西非地区的稳定有着重要作用。近年来，马里正面临一场深刻的危机。2012年3月22日，马里北部的军队发动兵变，军政府上台后中止宪法并解散了政府机构。2012年12月20日，安全理事会授权派驻一个联合国多学科人员组成的支助团，促进马里的政治和安保进程。2013年，联合国决定建立马里稳定团，派出维和部队执行维和任务。

此外，当前联合国还派出32个政治特派团和建设和平行动特派团到世界各地的冲突地区，他们负责调解冲突、促成和平协议以及在冲突结束后对冲突国的安全机构进行改革、社会治理与经济重建等工作。这些特派团虽然规模不大，但作用十分突出。

### 3. 实施人道主义援助，在国际救助活动中发挥组织协调作用

多年来，联合国在实施国际人道主义援助方面一直发挥着重要作用，并设立了人道主义办公室专门进行协调工作，在世界各地从事难民救助和人道主义援助活动。

2010年，海地发生的强烈地震给海地造成了灾难性影响，联合国安全理事会紧急增加“联海稳定团”的兵力支持该国恢复、重建和稳定工作。此外，联合国为海地的经济重建组织国际捐款。据联合国驻海地特使办公室宣布，联合国为海地在2010年至2020年的发展筹集捐款123.2亿美元，其中2010年在纽约举行的“为了海地的未来”一次捐款活动就筹得资金92.8亿美元。[①] 此外，联合国还为阿富汗恢复重建组织过多次国际捐款活动。从维持和平到建设和平，联合国的作用在不断扩展。

### 4. 制定国际军控条约，防止大规模杀伤性武器扩散

联合国作为国际军备控制与裁军的主要机构，在国际军控领域发挥了重要作用。为此，联合国建立了联合国裁军审议机构、谈判机构和决策机构，专门负责国际军控条约的谈判、履约等具体事务。自1979年以来，

---

① Office of Special Envoy for Haiti，un. org，2013.

在联合国的主持下，日内瓦裁军谈判会议先后达成了《特定常规武器公约》、《禁止化学武器公约》、《全面禁止核试验条约》等多项裁军与军控条约。此前，1968年达成的《不扩散核武器条约》就是由日内瓦裁军会议进行谈判，由联合国批准提交会员国签署的一项重要的军备控制条约，该条约于1995年得以无限期延长。这一条约在防止核扩散、促进核裁军和核能的和平利用方面发挥了极其重要的作用。

近年来，联合国在防止核扩散方面采取了一些强制措施：一是联合国在解决朝鲜核危机中发挥了突出作用，安理会为制止朝鲜进行核试验采取了一系列制裁措施。二是联合国在伊朗核问题中发挥了重要作用，对伊朗实施了经济制裁。此外，由5个安理会常任理事国和德国共同组成的（5＋1）谈判与伊朗进行了长期谈判，2013年11月24日会谈各方达成了临时协议。各方同意6个月内完成第一阶段的任务，并努力达成全面协议。这是2013年在伊朗核问题上达成的一个重要协议，国际评论认为具有"历史性的突破"。

此外，联合国在销毁叙利亚化学武器中发挥了重要作用。2013年8月21日，在大马士革地区使用了化学武器，联合国立即派出专家组进行调查，此后调查小组提交了在大马士革地区使用化学武器的报告。目前，在联合国与国际禁止化学武器公约组织以及有关国家的共同努力下，叙利亚化学武器的销毁工作正在按计划进行，这为销毁化学武器提供了一个成功的国际范例。

### 5. 打击恐怖主义及跨国犯罪

自20世纪90年代以来，联合国安理会将打击恐怖主义作为一项重要任务，对与恐怖主义有关的活动实施了制裁等强制行动。2001年9月11日"基地"组织对美国发动恐怖袭击后，联合国安理会建立了反恐怖委员会进行全球应对。2004年联合国又通过了1540号决议，努力防止恐怖主义分子获取大规模杀伤性武器。2005年，联合国首脑会议特别制定了《联合国全球反恐战略》，防止恐怖主义发动袭击，并阻止有关国家对恐怖主义提供任何支持。此外，联合国还在打击洗钱等跨国犯罪、禁止毒品等方面发挥了突出作用。

### (三) 对联合国在全球治理中作用的评析

联合国作为政府间的国际组织，在全球治理中发挥着动员国际舆论、制定国际准则、监督决议执行的功能。联合国在全球治理中具有以下特性：一是普遍性。联合国是世界上最具代表性的国际组织，拥有193个成员国，联合国作出的决议能够得到世界范围的普遍遵守。二是合法性。联合国是世界上最具国际威望的组织，具有制定国际法律的功能，其合法性与公信力较强。近年来，联合国在处理世界热点地区问题上表现突出，展示了公正形象，因此联合国开展的调解活动易于为有关方面接受，能够取得较好效果。三是权威性。联合国安全理事会作出的制裁等强制性措施得到大国支持，通常具有约束力，有关方面必须遵守，对有关冲突方有约束力，因而权威性较强。联合国安理会有关维和行动的授权具有强制性，并能得到地区组织与大国的支持，有较充足的人力、物力和财力支持，取得了显著成效。

2013年，联合国为解决马里、民主刚果和中非共和国出现的动荡局势，进行了不懈努力，通过了多项安理会决议，取得了明显成效。特别是2013年12月15日南苏丹地区形势急剧恶化，南苏丹总统基尔与副总统马沙尔的武装在首都朱巴引起部族暴力冲突，导致1000多人死亡，19万人流离失所。联合国采取了紧急救援行动，临时抽调6000名维和人员，使南苏丹的维和部队总兵力达1.26万人。此外，联合国同时发起1.66亿美元募捐行动，并计划在2014年募捐11亿美元，以解决南苏丹地区的经济和民生困难。这些应急措施有力地稳定了南苏丹地区形势。

2012年到2013年联合国维和行动中出现的另一个明显变化是，在一些维和行动中建立了“干预旅”的编制。2012年联合国组建的“联刚稳定团”就具有“实施干预”的能力。2013年3月28日，安全理事会决定在“联刚稳定团”中建立“干预旅”，以加强维持和平行动。“干预旅”负有“解除武装团体的作战能力”，具有进攻的能力。此外，联合国在马里稳定团中也设了“干预旅”。此项行动有可能成为联合国维和行动一个新的模式。

## （四）联合国在维护国际安全中面临的挑战

联合国在全球治理中有着突出的地位，发挥着重要的作用，同时也面临着一些挑战，需要认真面对，不断改革，提高效能。在国际安全治理中，联合国需要妥善处理以下几个问题。

**1. 联合国应对维和行动制定明确战略，以使联合国维和行动更有成效，更富有活力**

因为联合国资源有限，因此必须有一个明确目标，毕竟联合国不可能在世界上想去哪里就到哪里，想干什么就干什么，必须有所为，有所不为。为此，安理会授权应该明确任务，任务完成后立即撤出，以便到更需要的地方去执行新的维和任务。

**2. 坚持维护维和行动的三项基本原则，即“征得有关冲突方同意，中立、公正与除自卫和执行联合国的授权外不使用武力”**

这是20世纪50年代联合国在解决中东地区危机时制定的一项重要原则，至今仍在发挥着重要作用。三项基本原则决定着联合国维和行动的性质，也决定着联合国维和行动的成败。1960年，联合国组建“联合国刚果行动”，维和兵力达2万多人，历时4年，是当时联合国维和行动中最大的一支维和部队，而且在行动中使用了武力，但遭到了失败，后来在索马里维和行动联合国组织的多国部队也遭到同样命运。虽然随着形势的变化，三项原则的内涵也应有所变化，但其总的原则不应有根本改变。总体看来，联合国维和行动实质上是联合国为维护和平所采取的一项应急措施，其主要任务是在和平协议达成后，监督和平协议的实施过程，采取措施防止冲突再次发生。维和部队不应被当作战斗部队，不应通过作战行动来实现和平，而应靠自身的信誉来维持和平。因此联合国只有在冲突中保持中立，赢得冲突各方信任，才能保证维和行动的持续发展。

### 3. “保护平民”的责任

自1999年以来，联合国对于保护平民给予特别重视，此后安理会授权的联合国维和行动大多都负有保护平民的任务，有的甚至将保护平民作为主要职责。联合国秘书长为此多次向联合国安理会提出专门报告。他特别强调：“不论是作为有意而为的袭击目标，还是使用武力行为的意外受害者，在冲突中死伤的人员仍以平民为主。安理会对他们的境况坚持不懈地给予密切关注依然至关重要，这必须成为安理会进行审议和采取行动的核心。”① 联合国秘书长潘基文还为此提出了“保护平民”的五大措施：要求冲突各方遵守国际法；要求非国家武装团体遵守法律；要求联合国维和特派团和其他有关特派团加强对平民的保护；要求改善人道主义行动；要求对违法行为追究责任。

联合国对“保护平民”进行过多次讨论，大家对联合国维和行动应保护平民的看法形成了一些共识：一是保护平民的主要责任在冲突国政府及有关方面，而不能由联合国独自承担；二是在履行保护平民职责的过程中，不能违背维和行动的基本原则，特别是要保持中立的原则；三是保护平民的行动必须得到安理会授权，在联合国的框架内有序进行；四是联合国维和行动的授权必须任务明确、切实可行。

2011年联合国在科特迪瓦实施的强制行动引起了一些国家的担忧。一是安理会授权联合国科特迪瓦行动“采用一切必要手段执行保护平民的任务”在某种程度上超出了保护平民的范围。二是在保护平民中如何使用武力是一个值得关注的问题。保护平民“需要维和人员具有优良的装备、高超的作战技能和超强的心态”。② 联合国维和人员承担保护平民的任务就有可能进行作战行动，而大规模使用武力是有悖于维和行动的除自卫外不使用武力原则的，那样很可能走上强制维和的道路。今后，联合国维和行动中保护平民的责任还将继续，如何有效实施这一职责，需要国际社会

---

① 秘书长报告S/2010/579，2010年11月11日。

② 联合国安全理事会文件S/pv.6738，2012年6月20日。

取得共识以及增强维和能力。

4. **联合国实施的“制裁”行动**

多年来，联合国实施了多项制裁行动，其中包括经济制裁、冻结金融资产、实施武器禁运、限制人员出境等。其中一些制裁行动取得了一定效果，促进了和平进程，但目前突出的问题是制裁行动往往伤及平民，影响到他们的日常生活，引起人道主义危机。对此，许多国家建议联合国对实施制裁要慎重，即便使用，也要增强对打击目标的针对性，避免伤及无辜。

5. **联合国与成员国及其他组织的协调和合作**

全球治理是一项极其复杂的工作，联合国在全球治理中发挥着极其重要的作用，但联合国不是解决所有世界危机的万能灵药，不可能单独解决世界上的一切问题，需要国际社会通力合作才能取得成功。近年来，联合国在国际安全的治理行动中得到了主权国家、地区组织和国际组织的大力支持。目前，联合国在非洲地区实施的重大维和行动，得到了非洲联盟、欧洲联盟、“政府间发展组织”以及法国部队的支持，取得了良好效果。为此，联合国专门建立了全球合作伙伴关系网络，这是全球治理取得成效的一个重要保证。

## 四、当今世界面临的挑战与联合国的作用①

Annika Söder*

感谢主办方邀请我来发言，我可以代表3个联合国组织，因为我在联

① 根据会上发言的中译速记整理。

* Annika Söder，哈马舍尔德基金会执行主任、联合国粮农组织前助理总干事。

合国工作过，还曾经代表瑞典政府在联合国工作过，又与粮农组织合作过。现在我是一个自由人，同时还是联合国的好朋友。我们现在是个基金会，是非政府组织的代表，一路以来可以说与联合国有不解之缘，在这里想简单讲几点。

之前的发言人都讲到了全球形势的变化，对此我想说这其实创造了矛盾的局面：一方面我们需要合作，需要去改变权力的转移；另一方面又束缚了我们的手脚。前面提到安理会的改革，我们知道安理会作出改革有多难，包括在国际货币基金组织和世界银行方面要作出改革也是非常艰难的，这样的矛盾也会由上至下影响到联合国的体系机构。所以，我想这是急需解决的问题。

还有就是合作，如果什么问题都要达成一致才去行动，这基本上是不现实的。现在存在安全方面的问题、人权方面的问题等等，而文化都是互相交织的，因此建立互信，或者中国人所讲的“和谐”的概念是十分必要的。如果我们努力合作的话，就可以消除这样的偏见，认为联合国是由西方国家主导的机构。当然，联合国在创立之初确实有这样的背景现状，但是我们现在已经有 193 个成员国了，每个国家都有其独特的角色，这是我的看法。

现在我所从事的基金会试图去关注联合国秘书处和秘书长所扮演的角色，我觉得秘书处和秘书长就有责任去听取成员国不同的声音，但是成员国必须要给予秘书处和秘书长一定的空间，让他们去解决问题。Bruce 在前面提到了一个故事：1954 年的时候，关于朝鲜战争中战俘的问题，当时中国不是联合国的成员，秘书长抓住了这个机遇，使运到这里的战俘在 7 月 29 号得到了释放，说是巧合也好，说是天注定也好，这是作为秘书长可以做到的，他顺利地解决了这个事情。

当今世界面临很多的挑战，包括一些跨国界的挑战，这其中以气候变化为首，还有健康问题、不平等独立问题、犯罪问题，所有这些问题如果我们不是携手合作，以多边对话的方式协作都是不可能解决的，我想只要在联合国体系当中信任还存在，这些跨界的问题就会解决，而且会有越来越多的问题需要我们去跨界合作。今天早上也听到中国和联合国的关系一般都是通过特殊机构来实现的，我想我们必须进一步去提倡这种合作关系，在一些特定的领域，无论是穷国还是富国、大国还是小国，大家都可以联合起来，一起来解决问题。

二战的时候我们确实有穷国和富国，未来我们不会再分成穷国和富国这样的两派，而是有资源、有能力解决这个问题的国家与需要这些资源和能力的国家，我想所有的国家都会碰到各自的问题，所以大家一起来解决。这也是基金会一直关注联合国改革这个话题的原因，我们也很高兴和 Bruce 等各位同仁合作，我希望更多的人加入到我们当中去解决当今世界的挑战。

我们也在寻找支持，寻求成员国的支持，我们这个基金会不过创立 10 年，但是也需要新的结构改革。前面很多人提到了维和的问题，维和的重中之重就是防止新的冲突产生，虽然目标很明确，但是目前成效并不明显，我们必须要不断地去推行这个理念。

最后我想说的是，未来富国富人的理念要发生变化，从千年计划到 2015 年后发展计划、发展议程，我想无论是富人还是富国，或者说是中等收入国家的富人，最后或多或少都要作出一点牺牲，因为我们是地球的一分子，我们要为地球的繁荣合作。我很高兴听到中国在外交政策当中会把联合国的合作放到重心当中来。谢谢！

## 五、全球治理的挑战：改革联合国

Vesselin Popovski *

我们面临 21 世纪的挑战，但我们生活中的各种体制却是 20 世纪的，同时经常对这些挑战作出 19 世纪的应对。这就要求改革这些体制，联合

---

* Vesselin Popovski，联合国大学学术项目高级主管。

国首当其冲。

全球治理的主要挑战是怎样连接三个层面：必要性、欲望和可能性。联合国最近一份很受欢迎和认可的有关2015年后发展议程的文件《新的全球合作伙伴关系》称，“这是一个充满挑战的世界，但这些挑战也能带来机会，如果它们点燃起一种建立在人类共性基础上的新的团结、互敬、互惠的精神”。[①] 文件还认为，“要使这个愿景具有完整性，我们必须提出一套形象的目标，用简要可衡量的方式说明这些变革性变化”（见执行摘要第3页）。很多优秀的智力劳动沦为乌托邦思想的牺牲品，很多雄心壮志没有得到可行性检验，没有落实到历史进程中的政治抱负和行动中去，因而荡然无存。同样，精彩的工作也遇到政治上的玩世不恭、现实的怀疑、只顾眼前的短期认识，宏图大志因而被消损甚至埋没。

愿景怎样才能转化为行动？愿景可以很聪明、正确而且出于好意，但有可能不完整，或者在达成优先顺序和行动的共识方面可能需要信服力。正因为如此，未来的愿景有助于明确优先顺序和行动，即欲望层面反映了必要性层面，又与可行性层面结合。

今天处于一个新环境中，重要的变革性转变正在开始：

第一，其他力量的崛起。由西方主宰的世界事务开始发生地缘政治力量变化。20世纪90年代初期，冷战结束和苏联解体后，美国在所谓单极世界或美国式和平情势下似乎可以唯我独尊，缺了我不行。但是，这个单极局面很短命，力量平衡发生了变化，西方势力受到“东方”和“南方”新兴力量的挑战。中国、印度、巴西、南非和其他国家崛起，发挥全球作用；G7变成G8，很快又有了G20，展示了一个多极化的多极世界。

第二，非国家行为体的崛起。部分是因为国家本身不放权、不组织、不解决人类面对的严重问题，于是大量的非国家行为体和越来越多的跨国网络开始崛起，积极地、直接地参与治理，以国家为中心的威斯特伐利亚

① 《新的全球合作伙伴关系：通过可持续发展摆脱贫困和转变经济》，高级别名人专家小组关于2015年后发展议程的报告，2013年5月30日，第3页。

世界秩序因为出现了新的行为体而被改变。新的行为体既是对国家的挑战，但也是对国家行为的补充。即使是很基本的关切，如领土主权、冲突管理、安全以及为了人道主义目的而使用武力等等，都不能轻易地被纳入到后威斯特伐利亚秩序形成的结构性和意识形态的框架以及政治程序中去。

第三，世界公民的崛起。现在更多人移居，改变国籍、护照、公民身份，加入跨国婚姻。有些人甚至改变自己的宗教、姓名、性别，因而改变了最初身份。甚至在体育场里，这些民族归属感的最后阵地，我们看到的是多肤色的队伍，体育猎头和教练想方设法把最好的外国选手拉进自己的国家队，很快就给他们搞到本国护照。现在越来越多的人突破传统归属，转而为全球企业工作，持有双重或三重国籍。很快，移居者就要超出当地人，流动成为正常的生活方式，今天出生的孩子几乎不可能一辈子待在父母的村庄里。

第四，网络的崛起。现代技术发展了全球通信，消除了距离感。今天的信息在数量和速度两个方面都急速增长，不是翻番或翻三倍，而是翻千百万倍。有了视频会议，就可以减少出差。全球快速联通方便了各种交易，改变了社会交往和社会动员。

第五，“历史的终结”之终结。① 对政治、经济和社会进程的不满以及日益加深的社会不公道现象让人怀疑弗朗西斯·福山的《历史的终结》能不能站得住脚。尽管很多人还期待全世界会接受和认可自由主义和资本主义，我们也看到全世界多数地方的人们在抗议，包括伦敦、巴黎、华尔街。甚至最近当选的（而且是通过公平自由选举）政府官员也面对大规模的愤怒抗议。长期统治的独裁者倒台后，人们遇到的是傲慢、腐败、权欲膨胀的政府官员，这些官员不顾人民利益，只想着自己狭隘的国家利益，国家安全压倒个人隐私和自由。因此，需要新的有效手段捍卫和促进人民

① Robert Kagan 在《新共和国周刊》（*The New Republic*）（2008 年 4 月 23 日）的一篇评论文章的标题中使用了这一措词，认为 21 世纪更像 19 世纪，而不是 20 世纪。

利益，包括让公民社会参与治理，否则文明就可能面临坍塌。[①] 要用足我们的想象力资源来构想更合适的治理世界的方法。

下面这些变革对21世纪的世界提出了重大挑战：

第一，不平等加剧。世界最富有的5%国家拥有世界财富的70%，而且没有证据表明会往下降。这个统计数字本身就说明，世界经济发展方式有根本性的问题。有些人不仅质问国家规章、税收和政策，甚至质问市场经济的大前提。

第二，核武器、其他大规模杀伤武器的扩散威胁，包括扩散到非国家恐怖组织，这仍然是一个严重关切。

第三，气候变化及其相关威胁，其中有些带有灾难的概率。

第四，武装冲突和内战数量上可能有所下降，但还是有很多平民死亡、饥饿、颠沛流离、性骚扰等等。

这些挑战要求我们用高瞻远瞩的长远眼光找到三个层面（必要性、欲望和可行性）的链接，营造21世纪的国际秩序。

我们可以看到全球治理中有五种挑战或“缺口”：知识缺口、规范缺口、政策缺口、体制缺口和遵约缺口。[②]

下面我们再来谈谈联合国改革。金融危机和气候灾害是由灾难性的人类管理造成的，联合国能不能担当应对这些挑战的重任？再进一步说，联合国能不能通过自我改革来应对这些挑战？

因为缺乏国际层面上的政治意愿和公民参与，国际机构都按照“新自由主义”议程办事，特别是金融机构，如世界银行、国际货币基金组织和世界贸易组织。皮埃尔·卡蓝默（Pierre Calame）记述了这一演变过程，而约瑟夫·E·斯蒂格利茨（Joseph E. Stiglitz）指出，对国际机构的需求

---

① Robert Johansen写了一本很有创见的书，希望在制定美国外交政策时把人类利益包含在国家利益之中。R. Johansen，*The National Interest and the Human Interest：An Analysis of United States Foreign Policy*，Princeton，NJ：Princeton University Press，1980。

② 参阅 Ramesh Thakur and Thomas G. Weiss，*The United Nations and Global Governance：An Unfinished Journey*，Indiana University Press，2009。

从来没有像现在这样迫切，但人们对这些机构的信赖程度也从来没有像现在这样低。

联合国改革的一个重要方面是联合国大会的代表性问题。大会的运作原则是“一国一票”，因此大小悬殊的国家投票时分量是一样的，这就造成代表性失真，可信度大打折扣。所以说，“联合国大会已经丧失了真正影响力。也就是说，由富国安排的行动和咨询机制起了领导作用”。

古斯塔夫·马西亚（Gustave Massiah）主张界定并执行一项对联合国的根本性改革，建议为培养全球民主打下新的基础，创建“全球社会契约”（Global Social Contract），扎根于对公民、政治、经济、社会和文化权利的尊重与保护，以及对国际法战略作用的确认。

安理会也缺乏代表性和合法性。其成员组成早已落伍，反映的是过去的特权，而不是对未来的承诺。安理会成员并不是像宪章规定的那样代表其他成员国行事。观念需要改变，安理会成员不是一种特权，而是维护世界和平与安全的重大责任。安理会不是一个“特别俱乐部”，而是一组志愿为世界服务的国家，它们要拿出更多的资金、智力、外交手段、专长和战士（维和士兵）。

## 六、中国与联合国的安全治理

陈志敏*

作为安理会五大常任理事国之一，中国在维护国际和平与稳定方面具有联合国宪章赋予的特殊国际责任。随着中国国力的上升，中国承担这一安全治理责任的能力也在同步提升，正在全球安全治理中发挥与其国力相当的作用。而且，由于中国的安全治理理念更加契合广大发展中国家的期

---

* 陈志敏，复旦大学国际关系与公共事务学院院长、教授。

待，中国的全面介入也可加强联合国安全治理的公正性和有效性，防止发达国家以联合国的名义来扩张自己的利益。

第一，中国积极参与了联合国领导的维和行动。2013 年 12 月，在联合国领导的 17 个维和行动中，中国派遣了 2056 名维和警察和士兵参与了 10 项维和行动。其人员贡献在安理会五大常任理事国中位居第一。与此同时，在联合国维和经费不断增加之际，中国对维和行动的财政贡献也在快速上升。在 2005 年，中国承担了维和经费的 2%多一点；到 2013 年，中国承担了 6.64%的联合国维和经费，约为 5 亿美元，在所有国家中是第六大维和经费捐款国。此外，从派遣人员的性质来看，中国早期多为派遣军事观察员、工兵部队和医疗分队。2013 年，中国首次向马里派出了安全分队，用于保护联合国维和部队的指挥部。2014 年 5 月，据报道，中国同意按照新的安理会决议，增派 850 人的战斗分队，部署到刚刚发生严重内乱的南苏丹。这些部队根据安理会的授权可以“采取任何必要手段”来保护当地的民众。

第二，中国开始参加联合国授权的维和行动。在 2008 年以前，中国只参加联合国领导的维和行动。尽管发达国家仍然是这类维和行动的主要资金贡献方，但它们对联合国领导的维和行动的人员贡献越来越少，偏好参与联合国授权但由自己领导的维和行动，如在阿富汗由北约领导的多国部队行动。自 2008 年联合国授权各国向亚丁湾部署反海盗的海军舰队以保护民用商船之后，中国开始连续 5 年向亚丁湾派出海军部队，为国际合作反海盗行动作出了重要贡献。亚丁湾行动是中国首个参与的联合国授权但不领导的维和行动。目前，中国已向运送和销毁叙利亚化学武器的国际船队派出护航舰只，首次在地中海参与新的联合国授权的维和行动。

第三，中国在安理会对援引联合国宪章第七章而作出的决议采取了更加积极的态度。根据复旦大学博士生甄妮的最新统计，在 1990 年到 2000 年间，联合国安理会一共通过了 82 个这类决议，中国支持了 63 个，弃权 19 个，弃权率为 23%。而在 2001 年到 2012 年间，安理会通过了 278 个这类决议，中国支持了 268 个，弃权 7 次，弃权率降低到 2.5%。这些数据显示，尽管中国坚持不干涉内政原则，主张和平解决国际和国内争端，但也日益认识到，在国际安全治理中，如果和平手段不能解决问题，且有关国家政府未能承担应有的责任，国际社会有时候也需要动用制裁和军事干预来推动争端的解决。

第四，随着中国能力建设的提升，中国在国际安全治理中应该并有望发挥更大的作用。这种作用强调标本兼治，认为许多国内和国际冲突源于内部的不发展，因此通过各方面的合作来促进有关国家的社会经济发展，是防止各种冲突的根本途径。在这个方面，中国近年来的发展合作政策，比如帮助发展中国家建设基础设施、扩大贸易、增加直接投资，都是行之有效的冲突解决办法。中国的安全治理贡献同时强调对话和政治解决的手段。只有通过政治解决的手段，为相关冲突找到可持久的平衡解决方案，和平和稳定才是可持续的。当然，中国现在也不排斥制裁和军事力量的干预，中国已经在落实联合国安理会过往的相关制裁决议中建立了本国的对外制裁体制。比如，2013 年，为实施安理会的对朝鲜制裁决议，中国政府发布了 200 多页的禁止输入朝鲜的物品目录。此外，随着中国远程投送力量的提高、北斗卫星导航系统的启用、维和行动经验的积累，中国在未来也会有更大的军事能力来参与到联合国领导或授权的维和行动中去。

第五，需要强调的是，中国对于国际安全治理仍有其基本的原则，就是要坚守安理会的权力边界，非常谨慎地使用强制手段和军事干预，反对大国将安理会作为推进大国自身利益的工具。维护安理会的权力边界，就是要防止非安全问题的安全化，使得安理会超越其联合国宪章的权力范围，干预联合国其他机构的权限，因此中国在关于缅甸和津巴布韦国内问题的决议上投了否决票。中国也认为，军事手段是解决冲突的最后手段，反对在外交手段没有用尽的情况下，或者军事干预明显将激化局势，造成更大的人道主义灾难的情况下，贸然进行军事干预。比如，在 2012 年和 2013 年的叙利亚问题上，中国根据这些理由坚决反对对叙利亚授权动武。通过在安理会的否决投票，中国制止了对叙利亚内战的外部武力干涉，通过参与外交解决的方式，和有关国家一起促成了叙利亚销毁其化学武器的外交协议，并推动了叙利亚问题的政治解决进程。

总之，联合国所面临的安全治理任务非常艰巨，但是如果各国能够从国际和平与稳定的公共利益出发，公正、积极地参与到国际安全治理中去，国际社会仍然可以大有作为。通过带入新的资源和理念，中国已经在联合国的安全治理中发挥了积极的作用，可以肯定的是，这种作用在未来还将进一步扩大。

## 小　结

Alice Hecht *

本议题主要讨论联合国在21世纪应该优先对付的领域。座谈小组的议题涉及发展领域里的重大变化，讨论公共和私营部门在改进全球治理中的作用，探讨全球合作伙伴关系的新模式。讨论议题还包括中国在联合国全球治理中的作用。

讨论中出现了一些共同点。改革联合国的想法和联合国组织本身一样年代久远。联合国能够坚持到今天，是因为它不断地适应变化中的政治形势和人类面对的新问题。很清楚，联合国面临的最大挑战之一是，试图解决21世纪问题的国际机构在成立时的焦点是要在两次世界大战造成破坏的背景之下重建世界和平。联合国创建之初，主要参与国家当时都很积极地推动联合国的成立。当时只有50个成员国，联合国就有一个统一的愿景。

现在联合国成员国数目已经增加到193个，这个愿景变得非常支离破碎。每一个新加入的国家都带来自己的一堆问题和需要优先处理的事情。座谈小组还一致认为，21世纪的问题不再是按照国家来划定的。联合国在21世纪要保持其相关性，面临的挑战是多种多样的：新兴国家要求和

---

* Alice Hecht，联合国前礼宾处处长。

大国平起平坐；不管是公民社会、私营企业，还是世界公民，非国家行为者所起的作用远远超越了国境线。

各国怎样看待其与联合国的关系对体制的未来至关重要，特别是在发展领域。有些国家是体制内的“消费者”，他们对联合国的看法是短期的，尽可能利用联合国为自己捞到好处；另一些国家则明白，联合国需要一个独立领导角色来应对 21 世纪的各种问题。

大国和新兴国家都有责任来改造联合国，以便解决那些需要合作才能解决的问题，如气候变化、人权问题、可持续发展、安全问题、财政问题、健康问题等等，这些都需要合作应对。有关全球问题的协议要通过国际谈判，只有联合国才能提供合适的论坛。

各成员国特别是各个大国应该理解这一点，即治理系统要解决全球问题并通过调停解决国内问题，都应有行使独立性和领导力的空间。还有一点很重要，就是联合国职员应该是国际公务员，不应受政治压力的影响。

在发展方面，联合国必须应对一个变化很大的局面。一些国家经济上已取得很大进步，但却加大了贫富差距。这种贫富悬殊现象在各国内部比在各国之间更为严重。你怎么定义一个发展中国家，如果这个国家里有些人富得离奇？

得到加速发展的国家应不应该承担某些责任来带动那些还落在后面的国家？各援助国认为，援助落后国家的财政负担应该由所有国家的富裕阶层共同分担。各援助国还越来越倾向于借助布雷顿森林体系和欧洲体系来解决与金融稳定相关的问题，而不让发展中国家参与讨论。

座谈小组的讨论还涉及往后 100 年里有关安全和安保方面的具体问题。很清楚，和平的建立和维护不再遵循按国家划分的路子。专家们的共识是，21 世纪将发生影响世界的重大变化。更大的连通性给予个人和非国家行为者更大的能量。贫富之间的发展差别对政治稳定构成很大的威胁，各国必须找到分担这些安全和安保问题的途径。

成为安理会成员国是一种特权，也是一种责任。一方面，大家有一种共识，安理会现有的结构不再反映出世界政治权力的分布；但另一方面，5 个常任理事国之间缺乏与其他国家分享权力的政治意愿。这就意味着，和平和安全问题只能在不改革安理会结构的情况下加以解决。这样做的前提条件是，现有和新兴大国都愿意运用这一体系来应对预防冲突方面的问题，包括用于建立和平的开发工具。

座谈小组还讨论了中国作为联合国合作伙伴的作用。过去10年里，中国和联合国的关系发生了很大的变化。中国认识到，全球问题需要全球解决方案，其结果是，中国更多地参与了维和行动。但是，联合国要发挥效力，需要进一步调整其战略。联合国不能到处应付，不能成为冲突各方达成明确协议的先决条件。

中国认为，应该优先考虑外交手段，而不是制裁或军事干预，但在过去几年里有选择地使用了后者而不提及威胁使用军事干预。

很清楚，讨论结果达成的共识是，在会同所有行为者共同寻找全球解决方案这一方面，联合国将依然是唯一具有这种合法性和能力的机构。

# 变化中的全球治理：中国与联合国的领导作用和相互合作

## 背景

二战之后，联合国成为一个处理国际事务的平台。根据成员国需求的变化，联合国不断调整和改革工作重心，形成于冷战时期的议程逐渐扩展。如今，联合国所处理的事务涵盖广泛，几乎包括了所有世界重大挑战。中国在联合国所有事务中起着举足轻重的作用，尤其是在 1971 年中华人民共和国取代中华民国恢复在联合国的席位之后，这一作用更为显著。维护世界的和平与安全是联合国安理会的主要职能，作为安理会常任理事国中唯一的发展中国家，中国的作用是独一无二的，能够代表发展中国家在和平与安全问题上起到引领作用。

中国历来重视发展中国家的发展问题，一贯体现与发展中国家的团结。中国也是77国集团中活跃的一员。多年来，中国对联合国所有主要机构和项目打开大门，这些机构和项目给中国政府提供支持，帮助中国实现千年发展目标。千年发展目标的第一个目标是在2015年前将贫困率减半，有62个国家实现了这一目标，中国是其中之一。

在南南合作的框架下，中国在促进发展方面历来支持其他发展中国家，关注它们的努力之处，为全球实现千年发展目标作出了贡献。中国不断地对联合国相关的基金、项目和机构的核心资源提供资金。

在维和行动中，中国逐渐崭露头角，其领导作用日益显著。作为联合国安理会的常任理事国，在联合国维和活动中，中国的意见举足轻重。自20世纪80年代末以来，中国一直积极参与维和事务。目前，中国有近2000名维和人员，对联合国维和的支持比其他4个常任理事国的贡献总和还要多。

## 联合国面对的挑战

21世纪为联合国打开了一个新的篇章。联合国要维持在国际事务中的领导地位，其主要挑战来源于要制定实现相互关联但又日益独立性的成员国的优先目标的路线图的复杂性。新兴大国有各自的议程，这使得国际社会的一致行动很困难。联合国程序的繁杂固化，也使得一些成员国更愿意在联合国之外采取行动。在21世纪的国际事务中，非国家行为体的作用日益增强，有起积极作用的（如公民社会和私营企业），也有起负面作用的（如恐怖主义组织）。

但同时我们应该看到，联合国宪章的核心目标是维护世界和平与安全，解决具有国际性的经济、社会、文化和人权问题，促进人权。联合国是实现这些目标的支柱和独特的平台。这些目标是永恒的和普遍的。

中国所面临的挑战是如何利用其在成员国中特别是在发展中国家的独特地位，以解决具有全球性质的问题。中国拥有世界上最多的人口，在

21世纪依然如此。在下一个10年，中国人均收入有望达到7000美元，这意味着中国给联合国所交会费将位居世界第三，仅次于美国和日本。

中国在国际事务中所要承担的责任日益重大，这就要求中国在维护自身利益的同时，在解决全球问题时应采用更为积极的方式，引用安南的话就是“不要携带护照”去影响安全、稳定与发展。

中国能够也应该在改革联合国安理会和焕发联合国大会活力中发挥领导作用，从而确保联合国成为我们的后代享有和平与繁荣的独特和关键的机构。

### 研讨目标与成果

△在联合国体系之外出现越来越多的国际和地区组织及机构，思考如何维持联合国在国际事务中的核心地位；

△讨论非国家行动体，尤其是恐怖主义组织对联合国构成的挑战；

△讨论中国在联合国事务中扩大参与，确立领导角色的路径。

## 一、中国的作用和与联合国的合作

Kim Won-soo*

### （一）前言

我首先要感谢主办方、中国政府和联合国训练研究所举办这次很有意义的讨论会。这次会议很及时，反映了中国值得称道的一种认识，即加强多边主义符合中国开明的国家利益。

* Kim Won-soo，联合国秘书长特别顾问。

全球局势剧烈动荡，传统势力相对衰弱停滞，新兴力量特别是中国正在崛起，全球和地区事务通过信息技术迅速相关联，带来的变化既有积极的，也有消极的，还出现了非对称安全威胁。

全球变化给全球治理体系带来巨大压力，要求对该体系进行调整。这对中国来说既是好消息，也是具有挑战意义的消息，但绝不是坏消息。

好消息是，关于全球治理体系任何有意义的辩论必须把中国放在中心位置，中国的声音肯定要随着其实力的增长而增长。

具有挑战意义的消息是，这也意味着世界期待中国发挥更多的领导作用。中国现在需要拓宽全球视野，勇于承担全球责任。问题是国际社会的期待与中国的实际能力和意愿之间还有距离，需要从两方面努力解决：中国需要加大贡献，更积极地担负起越来越多的责任；国际社会也需要调整期待值，给中国一定的空间。

## （二）如何应对挑战

中国在过去 30 年里是带动世界增长的最强大火车头，并在未来很多年里也会如此。我想用火车头的比喻来说明接下去可能要走的路：

### 1. 重置行驶模式

中国应从跟随车流转变为引导交通，这也符合习主席提出的“中国梦”，这样就显示出其在全球、地区和双边等各种层面积极发挥领导作用的承诺。

中国可以在解决冲突方面架桥，增进共识（在安理会 5 个常任理事国之间，特别是在 3 个常任理事国和俄罗斯之间），为 2015 年后发展议程制定全球规范，应对气候变化（在发达和发展中国家之间），甚至管理联合国预算和资源（在 77 国集团和各大捐赠者之间）。中国如果认识到自己在全球治理中日益增长的影响力和责任，可以考虑加入由各大捐赠者组成的日内瓦集团（the Geneva Group），该集团中不仅有西方捐赠者，还有俄罗斯。这样做对双方有利，中国的加入将使集团更具包容性，中国也能在双方之间起到桥梁作用。

2. **提高排挡利用率**

过去30年里，第1到第4档都在，但已经不足以应对世界的需要和要求，世界的互联性已经达到史无前例的程度。现在需要增加“驱动”、“超速”和其他先进档位。下面我要重点举几个例子：

加大财政和维和贡献。中国对联合国预算的贡献在迅速增加，派出的维和部队人数超过其他4个常任理事国的总和。

官方援助的增长很重要，但更要注意质量，提高援助有效性，帮助受援国实现目标。南南援助的敏感性是众所周知的，但是还可以与联合国派驻各国的团队加强非正式对话，实现更紧密的合作。

增加对联合国机构的志愿捐款可以帮助推动中国的优先发展项目，并在决策层（如理事会）和技术层（如秘书处职员）增加中国在国际机构中的代表程度。

3. **排挡使用的多样化和差异化**

最后一点，中国需要扩充工具箱，根据问题具体情况及其对中国利益和价值观的影响运用多样化和差异化工具，做到具体问题（或形势）具体对待。例如，中国在朝鲜问题上的原则立场，包括朝鲜半岛核武器问题。

## (三) 结论

总而言之，我们这个越来越紧密互联的世界正面对多方面的问题，要求我们越来越多地采用多边主义来找到我们需要的解决方案。在过去几十年里，中国在全球经济中发挥了越来越大的作用，取得了世人瞩目的成功。与此同时，世界对国际合作开始有一个新的理解，即期待所有国家对全球问题的解决作出贡献。多边主义比以往任何时候都具有相关性，因为没有一个国家或组织能够只靠自己应对全球问题。

在这个新的全球环境里，中国可以发挥更大的作用。我们要继续坚持联合国宪章的价值和原则，营造有意义的全球合作，从而让我们的世界变得更加安全、更加公平正义，并且世代相传。在未来的岁月里，我们期待和中国在联合国更加紧密地合作，以实现这些目标。

## 二、中国与联合国的合作[①]

周余云[*]

非常高兴参加今天这个研讨会，这个会议使我想起联合国前副秘书长、中国联合国协会前会长陈健先生所讲的，中国需要联合国和联合国需要中国这样一个时代已经来临。

今天下午的主题是变化中的全球治理：中国与联合国的领导作用和相互合作。我想谈三个方面的问题，第一点是变革中的全球治理究竟发生了哪些变化。这个变化我想有三个方面：第一个是全球治理出现了新的主体，第二个是全球治理出现了新的平台，第三个是全球治理出现了新的议题。主体的增加大家都知道，发展中国家尤其是新兴国家已经从过去被全球治理的对象国成为参与全球治理的一个行为体，另外非政府组织的涌现也使全球治理增加了很多发展。上午都讲到金砖国家的出现以及 G20 的发展，那金砖国家未来会向什么方向发展？我想 2013 年 3 月份在德班会议通过的德班宣言中提出了方向，即金砖国家将致力于发展成为就全球经济和政治领域中的重大现实问题进行日常和长期协调的全方位的机制，以探索实现更加公平的发展，更加具有包容性增长的新模式、新方式。从 G20 来讲，其正在从危机应对机制向全球治理机制转型，这是从平台来讲的。

---

① 根据会上发言速记整理。

* 周余云，中联部研究室副主任。

从议题来讲，大家知道全球治理的新议题，比如国际金融货币体制改革、全球贸易体系碎片化、全球气候变化、核安全以及防扩散、网络安全、极地与外层空间的竞争已经成为当前全球治理的核心议题。同样，对联合国来讲，它面临一个怎样把 2015 年后国际发展议程与千年发展目标相衔接的问题。所以，全球治理的主体、平台、议题的变化，使得整个联合国在全球治理过程中的定位、角色都发生了很大变化。

第二点是，联合国有能力、有责任、有义务在全球治理中发挥领导作用，中国尊重和支持联合国在全球治理中的领导作用。2008 年金融危机发生以来，全球治理机制新平台的出现对于联合国在全球治理中的作用造成了一定冲击，但是联合国作为最具代表性和权威性的国际组织，有责任、有义务、有能力在全球治理中发挥领导作用。从它的责任来讲，《联合国宪章》的宗旨就是要在吸取两次世界大战教训的基础上维护世界和平与安全，促进国际合作，以解决国际间的经济、社会、文化以及其他各类问题，使国际社会免于匮乏、免于恐惧。免于匮乏就是要解决发展问题，免于恐惧就是要解决核的问题。维护和平、促进发展是联合国义不容辞的责任，也是联合国的道义之所在。从应有义务来讲，联合国是最具广泛性的政府间组织，这一特性是其他任何国际组织所不具备的，因此它有义务发挥自身优势，把主权国家、政府间组织、非政府组织和企业等不同的全球治理主体，组织协调在统一的全球治理的网络之中，以促进全球治理朝着民主、开放、透明的方向发展。从有能力这个角度来讲，大家知道联合国拥有 193 个成员国，有着系统而相对完整的组织机构，同时还有一支既专业又敬业的人才队伍，这些条件使得联合国有能力在开展全球治理方面发挥领导作用。中国作为联合国的创始成员国和常任理事国，一直是联合国的坚定支持者，中国尊重并支持联合国在发挥自身优势的基础上创新方式，妥善应对全球威胁和挑战，促进世界经济的均衡发展，维护世界金融的稳定，加强国际经济安全，在网络、外空等领域的规则和标准制定方面发挥领导作用和主渠道作用。

第三点是，要加强中国与联合国在全球治理中的合作，共同推进全球治理朝着公正、合理、有效、有序的方向发展。当今世界已经成为一个相互依存、利益交融的共同体，许多全球性的问题事关中国的切身利益，中国没有理由游离于全球治理之外。正如中国的发展离不开世界、世界的发展也离不开中国那样，在全球治理过程中中国离不开联合国，联合国也离不开中国。正如联合国副秘书长杰弗里·费尔特曼（Jeffrey Feltman）所讲的，致力于改革、开放、发展的中国是联合国的天然伙伴，作为联合国的重要伙伴，中国将以更加积极的姿态参与联合国的各个领域，包括全球治理中的工作。在维和、减贫、促进发展方面中国都做了大量的工作。2012年中国向联合国各种基金会、机构提供了1.16亿美元的捐款，与2010年相比增长了20%，目前中国承担的联合国会费份额是5.18%。同时中国还在促进自身的发展方面做了大量的贡献，承诺使7000多万人脱贫，是第一个提前实现联合国减贫目标的发展中国家，提前7年完成了减贫目标，使得联合国的千年发展目标大大提前。目前联合国正在着手制定2015年后国际发展议程，这个议程包含了很多领域，比如减贫、减灾、城镇化、妇女权利、能源、教育、海洋等，涉及到人类经济社会发展的方方面面。中国在这方面将继续加强与联合国在上述领域的合作，同时也愿意分享中国自身的经验与教训，推动千年目标的实现，并建设性地参与2015年后国际发展议程的制定，愿意与联合国一道寻求一种互助共赢合作的全球治理新模式。

## 三、中国发挥更大的全球作用

Martin Khor*

多年来，中国在联合国经济和社会事务中表现低调，现在中国已经准备好在未来发挥更大的作用，这是一个令人瞩目的变化。但是，中国不应

---

* Martin Khor，南方中心执行主任。

该屈服于一些大国的压力而放弃“发展中国家”的地位。在广大发展中国家看来，中国依然是一个发展中国家，应该与其他发展中国家一起加强南南合作，在联合国和其他场合，以及在全球经济事务和全球治理中维护发展中国家的整体利益。

在过去数十年间，中国并没有过多地参与联合国的经济与社会发展事务，而是专注于自己的经济发展，坚持自己是一个贫穷或一般的发展中国家。作为发展中国家集团的一部分，中国一直发挥积极的作用，特别是在作为130多个发展中国家保护伞的“77国集团＋中国”中。近年来，西方国家领导人呼吁中国在国际事务中扮演“领导者的角色”，中国国内因此也出现如何应对的辩论。

中国仍然是一个发展中国家。尽管中国是世界第二大经济体和第一大贸易国，但这主要是由它庞大的人口基数决定的。许多发展中国家在人均方面都高于中国。在人均收入、人类发展指数和碳排放量上，中国在200个国家和地区里只能排90—100名。与此同时，就经济总量而言，中国在经济上已越来越重要，其行动对全球经济和环境产生了重大影响。这就是为什么人们越来越多地要求中国发挥更重要的作用，作出更大的贡献。对于中国和整体的发展中国家来说，最好是保持在发展中国家大家庭内的认同和行为，同时发挥领导作用，以推动发展中国家的事业和它们的发展愿望。

在全球经济和社会事务以及全球治理领域，发展中国家依然处于不利地位。国际货币基金组织和世界银行及其地区分支机构的决策权基于所持的份额，而发展中国家所持份额很低，这些组织的最高领导实际上被主要的发达国家把持着。改革的努力至今没有成功。

联合国是一个全球性论坛，其过程更多地具有参与性、民主性和包容性（安理会除外）。联合国应该是对全球经济、金融和社会事务进行认真讨论和决策的论坛，但是发达国家倾向于在联合国以外的机构决定这些问题，从而使联合国边缘化。发展中国家一直试图让联合国成为有权力和能力来讨论和决策的场所，但这是一场艰苦的战斗。金融、货币和宏观经济问题的全球治理尚不足，最突出的就是，仅有的一点点全球治理也是民主赤字。

世界正面临全球金融危机、经济下滑和可持续发展危机，如气候变化、生物多样性、水、健康和生态方面的新老威胁。改善全球治理和使发展中国家能够参与到广泛讨论和决策中是至关重要的。在这一背景下，中国能够帮助发展中国家整体加强他们在全球领域，特别是在联合国的能力和作用。

至于如何回应要求中国在全球事务中有更多贡献的呼声，我认为这取决于两个方面：一是要求中国做什么贡献；二是相关条件是什么。

许多发达国家的领导人和外交官在要求中国发挥更大作用时，要求中国放弃作为一个发展中国家的地位，包括贸易中的特别和差别待遇，同时要承担起一个发达国家的责任。这样的责任包括削减关税、停止对企业的补贴、减少国有企业在国家经济和发展中的作用。如果同意这样做，将限制国家的“政策空间”，或利用那些对发展中国家的经济和社会发展非常有用甚至至关重要的政策和政策工具的能力。今天的发达国家在它们处于中国这样的发展阶段时就采取过这样的政策。

与此同时，并没有为中国在全球治理中增加相应的权力。例如，中国在国际货币基金组织和世界银行中的份额（投票权）只是略有增加，与其在全球经济中增加的比重不相称。近年来，主要是欧洲，要求中国向国际货币基金组织提供贷款以贷给那些处于债务负担中的国家。对此，中国已经提供了1000亿美元。还有，要求中国向其他发展中国家提供援助，并附加发达国家提供援助时类似的条件。

中国已经为许多发展中国家提供了大量贷款和补助，而且通常不附带西方援助的许多条件。印度、巴西和其他国家也提供南南援助。这种南南援助是基于南南合作和团结，而不是义务。相反，因为历史责任和收入水平，发达国家有义务提供援助和贸易优惠。

如果中国同意放弃其发展中国家的地位，会对其他发展中国家产生影响。许多发展中国家的人均国民生产总值高于中国，如果中国放弃发展中国家地位，它们也将面临压力，去承担作为发达国家同样的义务。

如果发达国家愿意放弃在全球机构决策中的一部分特权地位，并向中国和其他发展中国家开放，那将备受欢迎。但是，没有迹象表明这将在不久的任何时候发生，因此全球治理中的“民主赤字”将继续存在。

因此，中国应该担当一种领导角色，通过“77国集团＋中国”扩大在全球事务中的影响和权力。由于近些年的快速发展，中国现在也准备发挥更大的作用，无论是在联合国会费份额还是联合国的维和行动方面。

然而，我的许多中国同事强调中国是一个中等收入的发展中国家，还有1.5亿贫困人口，城乡差别巨大，他们肯定不愿意被视为发达国家。我认识的许多发展中国家的人们认为中国能够发挥更强大的作用，在联合国和其他场合团结发展中国家，从而改善发展中国家在多边事务中的地位。中国也应该增强在南南合作中的重要作用。

这就是我对中国在联合国与国际经济和社会事务中发挥更大作用的一些思考。

## 四、中国与联合国的合作：非政府组织的视角

季　平*

自20世纪70年代人们开始关注全球化问题，到90年代非政府组织在一些意识形态和政治色彩较弱的领域表现出丰富的想像力，作出了有益的尝试并提供了启示性的个案之后，这种全球治理的思想得到了张扬，全球治理的理论得以印证。戴维·赫尔德在其颇有影响的《全球大变革——全球化时代的政治、经济和文化》一书中认为，“全球治理不仅意味着正式的制度和组织，如国家机构和政府间合作等，制定与维持管理世界秩序的规则和规范，而且还意味着所有的其他组织和压力团体，从多国公司、跨国

---

* 季平，中国和平发展基金会副秘书长。

社会运动到众多的非政府组织，都追求对跨国规则和权威体系产生影响”。[①]如果世界想要作为一个整体有效地适应迅速变化的后威斯特伐利亚时代，我们就需要更多创新。民族国家仍将是国际事务的基本组织单位，但它们将越来越多地与非政府利益相关者、公民社会以及商界分享全球治理责任。

## （一）全球治理的失灵

所谓全球治理，是以人类整体论和共同命运体为价值导向的，多元行为体平等对话，协商合作，共同应对全球变革和全球问题挑战的一种新的管理人类公共事务的规则、机制、方法和活动。毋庸讳言，全球治理发展到今天，面临着梦想与现实脱节的问题，[②]从而出现了某种失灵的现象。

从国际政治学的角度来看，全球治理时代的到来意味着我们需要一种制度的创新，也就是要把国内外社会各阶层的个人和机构联系起来以处理全球性问题，其最主要的特点是由传统的领土政治开始向非领土政治转变。赫尔德提出了“功能性政治空间”的概念，他认为“政治共同体自身的意义不仅仅局限于领土逻辑，还存在于一个由多种利益组成的跨国共同体之中”。[③]

与此同时，我们关注得比较多的现象就是从政府转向非政府。传统上对公共事务的管理是由政府主持和承担的，其对国际公共事务的管理主要表现为外交，特别是以参与诸多政府间国际组织的方式来表达利益诉求和对国际事务的看法。而进入全球治理时代，政府对公共事务的管理垄断就需要被打破，许多非政府的行为体，如国际非政府组织、跨国社会运动、全球公民网络、跨国公司等将以多种方式、途径参与公共事务的管理，同

① 戴维·赫尔德等：《全球大变革——全球化时代的政治、经济与文化》，社会科学文献出版社 2001 年版，第 70 页。

② 亚当·罗伯茨：《全球治理——分裂世界中的联合国》，中央编译出版社 2010 年版，第 20 页。

③ 戴维赫尔德等：《全球大变革——全球化时代的政治、经济与文化》，社会科学文献出版社 2001 年版，第 74 页。

政府分享公共权力和政治权威。由于人类社会生活日益复杂，联系日益紧密，涉及的范围日益扩大，政府对公共事务的管理，无论是在体制、方式还是能力上都表现出局限性，所以非政府行为体的崛起是必然趋势。

如果说从政府转向非政府是全球治理中直观的变化，那么从国家转向社会则是这一直观现象背后更本质的内容，因为它涉及一个更具根本性的问题，即国家与社会的关系。如果说非政府组织对全球治理规则产生了不适应的情况，这主要是因为目前全球治理规则大部分都是以国家为中心而构建的。在这种规则下，所谓全球治理无非就是国家之间的关系协调，但实际上全球治理中所面临的许多问题并不是完全以国家为中心的，例如环境问题就不是单纯国家的问题。国家是社会发展到一定阶段的产物，全球治理时代的到来，意味着有别于国家的各种社会力量开始对国家在人类社会生活中的绝对主宰地位提出了真正的挑战，部分公共权力开始由国家向社会转移。无论是从民主的理论还是国家消亡的理论来看，这种权力的转移都具有历史必然性和合理性。

无论联合国改革采行何种方案，有一点是确定无疑的，即全球性公民社会将作为联合国基本结构的重要组成部分发挥作用。非政府组织的参与，必将使联合国成为复杂多元的全球治理体系和价值分配网络，从而使全球治理形成由不同层次和类型的行为体、力量和运动构成的复杂结构。“公民社会未来作用的一个关键问题是，在管理新千年世界事务的制度和过程中，它——从基层的公民组织到公民社会的全球联盟——如何作为一个合法的参与者参与其中。”①

## （二）非政府组织的困境

全球治理概念的提出是与非政府组织创造性地介入相关的，但是随着非政府组织参与度的加深，作为行为主体之一的非政府组织，其局限性也

---

① Kumi Naidoo，and Rajesh Tandon，*Civil Society at the Millennium*，Kumarian Press，1999，p. 193.

越来越明显。其一，权限的合法性问题。非政府组织的天然属性决定了其不能很好地适应传统的以国家为中心的结构——联合国，因此其与联合国的关系问题值得关注。在联合国体系中，非政府组织的处境是被动的，是否具有“咨商地位”成为影响其作用能否得以发挥的重要砝码。政府间组织握有赋予（或撤销）这种“咨商地位”的生杀大权，由此增加了非政府组织对政府间国际组织的依赖。反过来，获得了咨商地位的非政府组织也易受到攻击，被认为是政府的代言人或“传声筒”。于是，人们对某些非政府组织申请咨商地位的动机产生怀疑。如果非政府组织要求更大的正式地位，就要求修改联合国宪章，即把主权从国家让渡给“人民”——非政府组织就是“人民”的代表，而这是一个政治上极其困难也极其敏感的任务，在某种意义上也是联合国宪章所不允许的。① 其二，管理与执行问题困扰着非政府组织的进一步发展。非政府组织日益面临着机构庞杂、制度混乱等管理问题，这造成了非政府组织治理效率的下降，也影响了成员对其的信赖。同时，非政府组织在解决全球治理问题时产生的大量决议、宣言等文件在具体执行时却困难重重。这一方面是因为没有强制力，另一方面一旦执行时触及主权国家的利益会遭到不同程度的反对，因此在很多时候非政府组织的决议只不过是“强硬的措辞，软弱的监督”。其三，冷战结束以来，非政府组织的数量急剧增多，其参与全球治理的频率和范围也急剧扩大。但总体上，非政府组织的规模相对较小，这无疑严重制约着非政府组织的全球治理能力。从现实来看，国际社会的非政府组织大多处于发达国家，不具有广泛的地域代表性；非政府组织与国家间关系的发展也不充分，大多数国家对非政府组织的态度更多的是利用而非培育；非政府组织与国家之间还难以形成关于预期行为的相互理解的框架。因此，国家的主权要求对真正意义上全球市民社会关系的确立设置了巨大的障碍。

可见，尽管非政府组织在全球环境治理体系中有着相对独立和自治的地位以及建设性的特殊职能，但由于在当今的国际社会中唯有国家具有强

---

① 宋渭澄：“联合国体系下的非政府组织及其国际政治效应”，《国际论坛》2003 年第 2 期，第 11—12 页。

制性权势地位，国家仍然是世界环境政治舞台的中心和主角，同时非政府组织的力量较之以联合国为中心的政府间国际组织还相当贫弱，其创造力也相当有限，因此其远未摆脱被边缘化的危险。非政府组织欲在全球范围发挥更重大的环境治理效力，任重而道远。这个问题对中国有着特殊的重要性和意义。

### （三）中国非政府组织参与全球治理

在中国，非政府组织就是以非政府的方式介入原本应由政府关注的公益事业的组织，也被称为社会组织或民间组织，主要有社会团体、民办非企业单位和基金会三种类型。自 20 世纪 80 年代以来，中国非政府组织发展迅速。截至 2011 年底，中国依法登记的社会组织 46.2 万个，其中社会团体 25.5 万个，民办非企业单位 20.4 万个，基金会 2614 个。同时，依法备案的农村专业经济协会有 4 万多个，城市社区社会组织有 20 万多个。

根据联合国推荐的国际非营利组织统计分类标准，按照活动领域划分，中国社会组织分为经济、科学研究、社会事业、慈善、综合五个大类。其中，经济类社会组织有 8.1 万个，约占总数的 17.5%，主要从事行业标准、行业培训、行业咨询、行业自律、行业服务、行业论证等活动。科学研究类社会组织有 3 万个，约占总数的 6.5%，主要从事学术交流、科技评价、科技服务、科学普及、人才举荐、学术自律等活动。社会事业类社会组织有 21.01 万个，约占总数的 45.5%，主要从事教育培训、医疗保健、环境保护、文化娱乐、运动健身等服务活动。慈善类社会组织有 6.8 万个，约占总数的 14.7%，主要从事社会救助、社会服务、扶贫济困、公益慈善等活动。综合类社会组织有 7.2 万多个，约占总数的 15.6%，主要从事法律服务、宗教、职业发展、国际交流等活动。

在数量增长的同时，中国社会组织整体质量不断提高，总体实力不断增强。截至 2011 年底，中国社会组织固定资产总值约为 1885 亿元，收入 2964 亿元，支出合计 1242.6 亿元，从业人员 1200 多万人。社会组织业务活动涉及科技、教育、文化、卫生、体育、环保、法律等众多领域，初步形成了与中国经济社会发展基本适应、门类齐全、层次各异、覆盖广泛的社会组织体系。这些组织在过去20年间充分参与了中国国内的扶贫减困等工作。目前，全球超过70%的脱贫成就来自于中国，这与这些组织的努力工作是分不开的。中国在这方面所积累的经验对国际社会，特别是亚太地区许多国家，在实现既定的千年发展目标和未来2015后发展目标方面都有一定的借鉴意义。

尽管中国的非政府组织已经开始参与到国内层面的全球治理中来了，但是与其他国家特别是欧美国家相比，中国的非政府组织参与全球治理的状态是不够活跃的。以取得联合国经社理事会咨商地位的非政府组织为例，全世界有3000多家，其中2/3是西方国家的，而中国只有31家。1995年的北京世妇会，仅美国就来了500多个非政府组织，而我国作为东道国只派出了22个非政府组织参会。中国参与国际性公民社会活动多半是响应性的参与，在国际舞台上缺乏主动性。[①] 联合国经社理事会的报告显示，1992年至2011年，整个东亚国家（除日本外）非政府组织参加联合国有关会议的场数只占全球非政府组织出场数的4%，而其中中国非政府组织的出场频率几乎与韩国、泰国相当，[②] 并没有体现出中国作为地区大国乃至世界大国的作用与影响，无论是与其人口规模，还是与其国际地位都不相称。

总体上来说，目前中国参与全球治理的主体仍然是政府。造成中国非政府组织参与全球治理程度不高的原因是多方面的，其主要原因是外向型非政府组织数量少，国际化程度不高。近年来中国非政府组织在扶贫助残、损资助学、维护妇女儿童权益、提高环保意识、协助下岗人员再就业等方面发挥了很大的作用，但具有国际影响力的非政府组织非常少，在影响国际社会方面往往十分欠缺，尚未具备像欧美一些非政府组织那样可以帮助“建立国际价值体系和规范，以指导未来的国际政策和实践”的能力。由于欧美发达国家的非政府组织无论是在数量上还是质量上都占有明

① 苏淑民：《新中国民间外交研究》，中国经济出版社2011年版，第240页。

② Yi-Nostal Kwon，*East and South-East Asian NGOs*：*Challenges for greater participation in the UNESOC*，2011.

显优势，因此联合国和多边舞台更多地反映了西方发达国家的立场与观点。所以，支持中国的民间组织走向国际社会将是未来中国非政府组织与联合国加强合作的一个大趋势。

中国非政府组织参与全球治理的另一个困难是政治学层面的问题。中国近几十年来走上了一条特殊的政治发展道路，虽然经历了35年的改革，但中国采行的政治模式、意识形态和政治制度与世界上多数国家，特别是在国际事务中起主导作用的西方发达国家不同。这就特别容易招致批评，反过来也会影响中国对联合国向全球治理机构转变的态度。

随着中国经济实力的增强，中国参与全球治理的意愿和能力也在增强。积极参与全球治理，是中国不可回避的战略选择。中国的改革经历也证明，国内改革和对外开放是相互促进的。对外开放是推动国内改革的强大动力，为了进一步开放，就需要进一步改革；而进一步的改革，又促进了进一步的开放。“加强与各大国战略对话，积极参与多边事务和全球治理，推动国际秩序朝着更加公正合理的方向发展”，已经作为党和国家的重大战略部署和政策主张，体现在中国党和国家领导人的重要讲话以及“十二五”规划中，特别是2013年11月的中共十八届三中全会提出要“全面深化改革”，“推进国家治理体制和治理能力的现代化”，这将为中国非政府组织的发展提供广阔的社会空间，也为这些组织的发展壮大并积极参与全球治理提供契机。

## 五、中国与全球治理：一个合作伙伴的观点

刘任飞*

国际社会现在面对众多环境、社会和经济等方面的挑战，其中很多是

---

* 刘任飞，联合国开发计划署驻华代表处助理国别主任、驻华代表高级顾问。

全球规模的。如全球变暖给我们的生态系统带来很多危险，造成越来越严重的自然灾害；世界各地的持续贫困和日益增长的社会不平等威胁着和平与安全；高债务水平和极其宽松的货币政策危及全球金融体系的稳定。因为这些挑战要求全球协调行动，多边主义将继续是国际关系的一个重要方面，而联合国就处于现存多边秩序的中心。

联合国及其基金会、项目和机构整合在一起具有前所未有的合法性，使得联合国可以建立标准，帮助传播规范，并在政治敏感的情况下采取行动。这也意味着联合国处于投资全球公共产品的独特位置，而双边行为者有时就不愿或不能这么做。一个强有力的联合国仍然是最有代表性的全球机构，没有什么能替代它，虽然其效率有待提高。如果没有联合国，我们现在就会讨论怎么来创建它。

但是，为了有效地应对全球挑战，为当代和后代谋福利，全球治理总体上需要改革，特别是联合国需要改革。最重要的是，我们联合国开发计划署认为，全球治理需要民主化，发展中国家的声音在未来的全球治理机制中应该占据中心位置。

中国在这方面可以发挥至关重要的作用。中国有世人瞩目的发展记录，是一个引领改革的声音，可以推动针对各种全球问题采取集体行动。中国有力地支持多边主义和联合国，是一个领头的地区和全球行为者，也是一个领头的发展合作伙伴，具有向其他发展中国家提供发展援助的专长。

过去 30 年里，联合国开发计划署（中国）在中国实施了各项发展计划。我们不仅见证，而且参与了中国的整个快速发展进程，所以下面我要从一个合作伙伴的角度谈谈我们怎么理解中国在全球治理中的作用。我先介绍一下我们认为中国关于全球治理有哪些主要思路，以及中国对国际社会的主要贡献，然后就未来的改进提出一些建议。

### （一）中国关于全球治理的思路

中国在全球治理中的作用随着中国的经济发展一起在演变。自从 20

世纪 70 年代以来，中国逐渐加入到各种多边体系中。开始，中国在国际机构中的参与程度有限，但中国的决策者很认真地研究现存秩序的过程和态势。后来，有一段时期的做法是借助这一体系来推动中国国内的变革。

从我们合作伙伴的角度来看，这样一条轨迹可以用中国很务实的全球治理思路来解释。根据我们的经验，中国一般坚持国际交往应该互惠，国际协议应该是双赢解决方案。

在我们看来，这种务实做法也可以解释为什么中国似乎不情愿在全球治理改革中扮演更重要的角色。中国领导层虽然很想在国际舞台上扮演与其不断增长的经济实力相匹配的更重要角色，但同时也有重要的国内问题要解决。因此，中国一直致力于在全球治理和解决国内发展问题两者之间保持平衡。

在我们看来，中国在未来全球治理方面的立场可以总结为三个重要要求：第一，中国要求国际关系更加民主化，提高多边机构的透明度和代表性。中国特别强调，治理体系应该更多地向国际组织内的发展中成员倾斜。第二，中国要求更公平、更平等的全球化，使所有国家受惠。在中国看来，这就要求富国摒弃保护主义做法，在财政、技术等方面帮助发展中国家。第三，中国要求有一个和平宽容的国际社会，让各国在没有外部干扰的情况下自主选择自己的发展道路。根据这种观点，各国应该能够根据自己的能力选择在全球治理中的参与程度。

## （二）中国对国际社会的贡献

中国对全球治理的贡献最重要的两个方面是对联合国的财政贡献和军事上参与联合国维和行动。自 2013 年以来，中国对联合国的捐赠排名第六，提供超过 5%的联合国运营预算。这一承诺预期会逐步但以指数方式增长。

更重要的是，中国在过去 20 年里向联合国维和行动派出将近 2 万人，目前部署大约 2000 人。安理会 5 个常任理事国中，中国是派遣维和人员最多的国家。中国的支持超越了传统的维和角色，而包括了冲突后的维和行动以及过渡时期的行政管理职责。

但是，中国对全球治理最大最持久的贡献是其自身的发展。中国在过去30年里有几亿人脱贫，中国的发展为很多正在寻求摆脱贫困的欠发达的发展中国家指明了方向。

## （三）改进余地

中国作为一个非常多样化的大国，能够从各种不同角度理解全球问题。我们相信，中国在国际舞台上处于一个很好的独特位置来推动对全球问题的讨论。虽然中国在体制上已经完全融入到多边体系，但在加深其参与程度方面还有相当大的余地。中国可以在下列5个方面在国际舞台上建设性地扮演更重要的角色：

首先，中国可以汇集和协调发展中国家的声音并确保多边体系能听到这些声音。中国正同时经历几个发展阶段，有些地区相当于发达国家水平，而另一些地区还在与贫困做斗争，所以中国能够沟通发达和发展中国家之间的距离，确保国际辩论能够听到和反映发展中国家的声音。直到目前，发展中国家在很多问题上仍有很大分歧，中国可以扮演一个事实上的领导角色，协调并强化各种声音。例如，国际社会正在制定新的2015年后发展议程，在达成对未来世界愿景的最后共识这一过程中，中国可以起到至关重要的领导作用。

第二，中国可以在发展中国家内部进一步推动经验分享以及经济和技术合作。我们认为，发展中国家所需要的知识、经验和援助今后更多地应来自全球的南部，作为对国际援助传统方式的补充，而不是替代。联合国发展体系很乐意与中国合作，推动这类南南合作。

第三，中国可以鼓励更多的公民社会组织和其他非国家行为体参与全球治理。21世纪正在见证全球治理变革转向由非国家行为体更多地参与治理进程。中国应该增加公民参与机会，找到鼓励企业和公民社会组织参与全球事务的新途径。

第四，中国应该采取协调步骤让更多中国人到国际机构中工作，他们可以把新思想带到这些机构中去。目前，中国在全球机构中的代表性不够，需要加以纠正。中国应该制订明确的计划来改进这种情况。

最后，中国应该在全球治理学术辩论方面鼓励更多的国际交流。目前，中国关于全球治理的学术研究大多是由国际关系专家在做。我们认为，如果更多有公共政策、经济或环境研究背景的学者以他们的角度参与这一领域的研究，学术辩论会从中受益。另外，更多地和国际学者交流可以拓展辩论空间，能够对全球治理特别是中国的作用获得一个更为精到的理解。

## （四）联合国开发计划署的贡献

联合国开发计划署也正在致力于拓展中国国内对全球治理的讨论。我们在 2012 年初发起了“全球治理倡议”（Global Governance Initiative），作为南方国家交流观点和产生创新思想的平台。我们特别想推动关于如何让全球治理更具包容性和有效性的思想。经过与中国和国外的领袖人物一年多的互动，以及 2012 年 5 月的一次摸底，联合国开发计划署（中国）和中国国际经济交流中心在 2012 年 12 月联合主办了首次全球治理高级别政策论坛，主题是“全球治理是在前进还是后退？——发展中国家的视角”。2013 年 8 月我们推出根据论坛发言整理的全球治理报告，标题是“重新思考全球治理——有效性、包容性以及中国的全球角色”。第二次全球治理高级别政策论坛于 2014 年底举行。我们欢迎所有有关各方到会并参与辩论。

## 六、全球治理：中国与联合国合作的新领域

郑启荣*

当前，全球治理正处于一个关键时刻。进入新世纪以来，全球问题更加凸显，全球治理更加迫切，而相应的治理机制却面临严重的失调，作为全球最主要的国际治理机制——联合国的地位与作用面临着严峻挑战。与此同时，中国作为世界上最主要的新兴经济体、发展最快的国家之一，以及联合国最重要成员国之一，在国际事务中的地位与作用日益提升。中国将在全球治理中发挥怎样的作用？在未来的全球治理中，中国将如何与联合国相互支持与合作？这已成为国际社会关注的重要问题。

全球治理这个概念实际上提出来有20多年了。在过去的20多年里，国际社会对所面临的日益严峻的全球问题取得了一定的共识，采取了一些共同行动，提出了动员国际社会各方面力量对全球问题进行全球治理的目标。但是，到目前为止全球治理取得的进展并不尽如人意，全球治理并没有像我们所期待的那样取得巨大成就，当初希望解决的那些老的全球性问题，包括消除贫困、环境与粮食危机、可持续发展等依然困扰着国际社会。而且，在新的历史时期，全球治理所涉及的领域及议题也出现了新的发展，全球治理的内涵、议题等与20多年前相比有了新的变化。气候变化、生态问题、能源危机等的威胁比20多年前更为严峻，恐怖主义及大规模杀伤性武器的扩散对人类和平与安全造成的威胁还在蔓延。2008年以来爆发的国际金融危机，更是给国际社会带来了灾难性影响，进一步暴露出现有国际秩序的缺陷及全球治理机制的缺失。当前，国际经济和金融危机的影响尚未消除，发达国家经济复苏乏力，许多发展中国家面临经济

---

* 郑启荣，外交学院副院长、教授。

困难，这次危机的后果仍有很大的不确定性。发展不平衡是诸多全球性挑战的根源，改进全球治理结构要把解决发展问题放在首位。全球化的发展已使当今世界经济成为“一荣俱荣，一损俱损”的整体经济。面对上述诸多挑战，世界各国需要加强各个层面的国际合作与协调，需要寻找更具可行性和包容性的办法去化解矛盾，解决问题。全球治理面临巨大挑战，国际社会必须高度重视。

我觉得全球治理问题之所以还存在很多障碍，原因是多方面的，其中有两个方面的原因是非常重要的。一个与全球治理问题本身的复杂性相关，全球治理涉及问题众多，原因非常复杂，应对的方式各有不同。而世界上有将近200个主权独立的国家，由于各国国情存在差异，它们对所面临的全球问题的感受并不一样，而且由于问题的多样性加之出于不同的动机，国际社会在全球治理问题上的共同意愿难以实现，特别是一些主要发达国家的政治意愿明显不足，所以很难采取一致行动。第二个方面的原因与现有治理机制的不足与不完善有关系。全球治理要求适宜的基础与平台，要求机制上的保障，但现有机制存在着权威不足、能力与效率不足、协调不足等缺陷。

当前，全球治理正在国际、区域、国家、次国家层面展开。为了解决能力和协调不足的问题，各种议题性的多边机制正在出现，国际上有不少人也在讨论能否另起炉灶，用其他机制来代替联合国。我个人认为不妥。作为当今世界上应对全球问题所需多边合作的最现实和最合法的组织，世界比任何时候都更加需要联合国，原因是：联合国虽不完美，但是其根本性的作用仍然存在；联合国的特殊性、普遍性、权威性、协调功能，使其可以发挥独特的作用，这是其他机制难以取代的。从全球性问题覆盖的空间来看，联合国是最适合讨论这些问题的场所及解决这些问题的合作机制，因为联合国涵盖了世界上几乎所有的主权独立国家，而且基于国际组织的特殊身份，它在全球治理各类行为主体之间可以发挥一种独特的桥梁作用。我们知道全球治理的行为主体既包含了国家，也包含了非国家力量，包含了民间社会。联合国作为一个国际组织，与国家及非国家行为体都有某种天然的联系。联合国组织依据宪章，承担了非常广泛的重要使命，可协调国际社会众多成员的行动，这种独特的角色能够起到国家或者非国家行为体所起不到的作用。

全球性挑战所具有的跨国性与关联性对世界各国利益都带来巨大影响。各国普遍认识到，任何一个国家或国际行为体都无法独力应对和解决这些挑战，迫切需要国际社会全体成员的共同努力与合作，而联合国正是适应此需要的现成、合适、合法的重要机构。联合国提供了迄今为止最好的国际合作平台。作为当今世界上最具普遍性、权威性的国际组织，联合国在全球治理当中的独特作用是其他机制所不能取代的。联合国机制因其庞大的组织系统和多方面的职能以及已有的管理经验，能够为全球治理发挥不可或缺的重要作用。而且，在应对有关的全球性问题方面，联合国积累了非常丰富的经验。从20世纪70、80年代开始，联合国系统的众多机构在参与全球治理过程中实际上已经采取了很多行动，已在各自领域中为解决一些全球性问题有很多很好的做法，如连续四个联合国发展十年的实施、可持续发展观念的推广、气候变化框架公约的制定、“千年发展目标”的提出等，这些都为推动全球性问题的解决作出了积极、有效的努力。

多年来，联合国的作用受到多种因素的制约而不尽如人意，国际社会在应对各种危机中也建立了许多合作机制，特别是在治理一些问题的时候出现了某种专业性的机制，包括国际层面、区域层面或不同领域的集团组织，如“八国集团”、“20国集团”，以及欧盟、非盟等组织。这些机制在全球治理和地区治理中都发挥了重要作用，显示了各自的优势，但坚持联合国的主渠道作用与发挥其他机制的作用并不矛盾，可以相互补充。联合国作为世界最大、最权威的国际组织的地位没有改变，它仍然是代表绝大多数国家利益、协调各方的一个重要国际合作机制。在当今世界上，尚未有一个能与联合国相提并论的全方位的国际机制出现。上述各种机制与联合国之间更多的是合作互补的关系，而不是相互排斥、相互取代的关系，它们都是国际体系及全球治理中不可或缺的合作伙伴。“虽然联合国的局限性有目共睹，但是当今安全挑战的规模之大、性质之复杂、地区安排和联盟合作都还未能表现出足以取代联合国、应对这些威胁的能力。”

随着中国国力的进一步提升，中国日益成为国际体系中举足轻重的力量，不可避免地要在国际事务中承担更多的义务，发挥负责任大国的作用。应该看到，联合国安理会常任理事国的身份为中国在国际体系中发挥影响力提供了重要的基础。联合国将成为中国积极参与全球治理和塑造新的国际体系的主要场所，以及推进国际合作的重要平台。

积极参与联合国事务，在联合国中发挥重要影响力将是中国进一步融入国际体系的有效途径。一方面，从中国与联合国关系发展的经验来看，我们深切地体会到中国需要联合国。中国自恢复联合国席位以来，特别是改革开放以后，进一步密切了与联合国的关系，加大了参与联合国事务的力度，通过联合国这一重要渠道，中国逐渐融入国际体系，逐步走上世界舞台，扩大了与世界各国的交往，也得到了联合国的经济与技术援助，推动了中国经济与社会的发展。另一方面，联合国也给中国在国际舞台上发挥作用提供了很好的平台。随着中国的发展及国际社会对中国的期待，中国通过积极参加联合国合作机制，在联合国框架内承担更多的国际义务，也有助于自身树立负责任和良好的国际形象，可以增加自身与世界各国的相互信任和合作，共同推动人类和平发展的崇高事业，也可以逐渐减少其他国家对“中国威胁”的担忧。

中国作为安理会的常任理事国，非常重视联合国在全球治理中的独特作用，也采取了很多行动来积极支持联合国的行动。但是在全球治理当中中国能够发挥什么样的作用，我觉得除了作为安理会常任理事国的独特作用之外，中国首先应该把自己的事情做好，通过自己的良好治理来推进全球治理。中国有 13 亿人口，约占世界总人口的 1/5，中国的发展和治理都面临一系列严峻挑战，如果中国自己的事情都做不好，中国的国家治理问题都没有解决，那么中国就难以为全球治理作出应有的贡献。而没有良好的中国国家治理，全球治理也就是一句空话。我们高兴地看到，在联合国千年发展目标实现过程当中，中国作为世界上最大的发展中国家，把实现千年发展目标的努力有机地融入到全面建设小康社会的进程中，并取得可喜进展，为联合国落实千年发展目标作出了重要贡献。中国在联合国所有的会员国当中，是消除贫困方面取得成效最为显著的一个国家。据有关国际组织提供的数据，从 1990 年到 2007 年，中国减贫人数占全球减贫人数的比重超过70%，中国是第一个提前实现联合国千年发展目标中贫困人口比例减半的国家。继2007年全面推行农村义务教育免除学杂费政策后，从2008年秋季开始，城市义务教育阶段学杂费也全部免除，中国全面实行9年免费义务教育，进一步强化了政府对义务教育的保障责任。在促进两性平等方面，妇女与男子平等的权利和机会不断得到保障。中国政府将包括性别平等在内的公平正义作为构建社会主义和谐社会的重要内容，运用经济、法律、行政、舆论等多种措施，努力保障妇女在政治、经济、文化、社会和家庭生活等方面享有与男子平等的权利，不断促进妇女事业的全面发展。在保护环境方面，中国政府本着对全人类长远发展高度负责的态度，从建设资源节约型、环境友好型社会的目标和任务出发，落实千年发展目标中确保环境可持续性的规定，制定了控制温室气体排放的行动目标，采取严格措施积极减排，同时积极发展可再生能源，包括风能、太阳能、水力发电等。中国所取得的成就，不仅提高了中国人民的生活质量，为世界范围内按时实现千年发展目标作出巨大贡献，而且为其他发展中国家树立了信心、作出了榜样。中国落实联合国千年发展目标的进展，无疑对整个国际社会能否按期实现千年发展目标具有深远的影响。这在很大程度上支持了联合国的行动，对全球治理也起了积极作用。

其次，中国在力所能及的情况下应该进一步加大对联合国的支持，加大对全球治理的投入。随着改革开放的进程，中国的经济实力、社会发展得到长足进步，2010年中国成为世界上第二大经济体。在这样一个情况下，中国作为安理会的常任理事国有责任、有义务来积极支持联合国发挥作用。在全球治理领域，中国一方面要加强自身的建设和社会的进步与发展，进一步提升综合国力和国家治理水平，另一方面要给国际社会提供更多的公共产品。尽管中国自身并不发达，面临诸多发展难题，发展依然是中国长期面临的艰巨任务，而且中国还是一个发展中国家，不承担千年发展目标中规定的对发展中国家援助义务，但中国仍应把加强同发展中国家的合作、促进共同发展作为外交政策的重要内容，积极兑现对《千年宣言》的承诺，认真履行自己的国际责任，尽力向世界上其他发展中国家、特别是最不发达国家提供力所能及的帮助。在南南合作的框架下，中国应尽可能地为其他发展中国家提供援助和优惠贷款，大力协助联合国推动世界各国的共同发展。同时，中国还要加大对国际社会的引领能力和思想贡献力。中国作为安理会常任理事国，在国际事务中应该增加在议题设置和制度建设方面的能力，与国际社会分享中国在改革开放、国家治理当中一些好的经验、做法，通过这些来进一步提升中国在国际上的影响力，对推进全球的治理作出应有的贡献。

当然，由于自身的经济实力及自身社会发展中存在的问题，中国目前对联合国的作用是心有余而力不足，在相当长时间内在联合国发挥的作用还是有限的，能够为联合国提供的公共产品及一些联合国需要的国际人才也很有限。但中国与联合国合作的经历与经验都说明，中国需要联合国，联合国也需要中国。

2012 年底召开的中共十八大的政治报告中明确表示，中国将“继续促进人类和平与发展的崇高事业”，提倡“在国际关系中弘扬平等互信、包容互鉴、合作共赢的精神，共同维护国际公平正义”，“要倡导人类命运共同体意识，在追求本国利益时兼顾他国合理关切，在谋求本国发展中促进各国共同发展，建立更加平等均衡的新型全球发展伙伴关系”，“同舟共济，权责共担，增进人类共同利益”，要“以更加积极的姿态参与国际事务，发挥负责任大国作用，共同应对全球性挑战。中国坚持权利和义务相平衡，积极参与全球经济治理”。这些宣示都清楚地表明，中国将在今后的国际事务中发挥更加积极的作用，中国对联合国事务的参与将会不断加深，承担的国际义务与责任也将增加，中国与联合国的合作将进一步发展。

目前国际社会面临的挑战是复杂多样的，需要将加强联合国的作用与改革现有国际体系、应对当前国际热点问题等联系起来，进一步发挥联合国在国际政治、经济、文化等领域的作用。中国在联合国事务与全球治理中将继续成为一个负责任的参与者、合作者、建设者，并随着中国实力与能力的进一步提升，为全球治理提供更多的公共产品。

# 小　结

孙新章*

第二议题主要围绕着以下五个方面进行了讨论：

第一，为什么要推动全球治理变革？与会代表认为，过去几十年来联合国在推动解决一系列重大全球性事务当中发挥了不可替代的关键作用，但是也存在一些不足，比如联合国的协调作用没有很好地发挥等。近年来，随着全球形势的复杂多变，加强全球治理变革的重要性进一步凸显，主要体现在三个方面：(1) 新的议题不断出现，比如说网络安全、外太空的竞争、2015 年后发展议程的制定等，这些新的议题需要一个新的全球治理机制；(2) 传统治理机制不符合形势需要，比如目前由发达国家主导的世界银行全球经济治理机制没有进行有效的改革，这在一定程度上也限制了联合国更好地发挥作用；(3) 国际上一些新的平台正在日渐发挥积极作用，比如说 G20、金砖国家峰会等，这些平台需要与联合国进行有机的结合。正是基于这些原因，我们需要积极地去推动全球治理的变革。

第二，全球在联合国治理当中的作用。与会专家认为没有一个组织可以替代联合国的作用，联合国应该发挥主导作用，也有能力和义务发挥主导作用。联合国应当分析和总结过去几十年来的经验，通过调动各成员政府、国际组织、民间社会组织与私营部门等各种利益相关者的积极性，并通过有效的协调和配合来应对新的全球性挑战。

第三，中国在全球治理当中的作用。与会代表对中国在国际事务中发挥的作用给予了高度的评价，在未来的全球治理机制变革中，一些代表希望中国能够发挥更加积极和重要的作用，希望中国能够与联合国密切合

---

* 孙新章，中国 21 世纪议程管理中心研究员。

作，为推动全球和平发展、公平发展、可持续发展贡献力量。一个中国需要联合国、联合国也需要中国的时代已经来临。

一些代表还提出，中国在全球治理当中应该采取以下途径来发挥更大的作用：(1) 首先要把自己的事情做好，中国有 13 亿人口，占世界的 1/5，中国能够实现经济社会的稳定健康发展，就是对世界的重大贡献；(2) 要与发达国家搞好关系，要构筑一种互助共赢的新兴大国关系，而不是对抗性的关系；(3) 中国要带领发展中国家更加积极主动地参与联合国、IMF、世界银行等相关工作，要推动 IMF、世界银行朝着更加公平的方向改革；(4) 中国应该有更多的人加入到国际组织中去，为相关的学者交流活动提供支持、贡献智慧；(5) 中国应在南南合作中发挥领导作用，通过南南合作向世界分享中国经验，促进技术转移，共同提升可持续发展能力。

第四，制约中国在全球治理中发挥作用的因素。与会代表提出了以下几个因素：(1) 中国自身经济仍很落后，能力不足，虽然中国已经是全球第二大经济体，但从人均来讲中国仍不富裕，中国的人均 GDP 仍低于全球水平，中国属于发展中国家的基本属性没有改变，发展经济、消除贫困仍是中国的优先事项；(2) 中国缺乏人才，尤其是缺乏高端的技术人才、国际化的人才；(3) 中国的政治体制与西方国家和其他发展中国家不同，这使得中国模式很难被复制，这影响了中国与世界分享发展经验；(4) 中国参与全球治理受到了来自既得利益集团的排斥，一些现有国际规则的制定者不愿意看到中国在全球治理中发挥主导作用；(5) 国际社会对中国也有着过高的期望，这些期望甚至超过了中国自身的能力，比如国际上有一种声音，认为中国已经不再是发展中国家，应当承担与发达国家相同的责任，这种期望与中国的能力不匹配，实际上也不利于中国在全球治理中更好地发挥作用。

第五，关于非政府组织（NGO）在全球治理中的作用。与会代表提出全球治理不仅需要政府的参与，也需要 NGO 的积极参与，在目前的全球治理中，NGO 的作用仍很小，国际上比较有影响力的 NGO 绝大多数来自于发达国家，这不具有全球代表性。在中国，NGO 对国家治理的作用也没有很好地发挥，中国也缺乏具有国际视野的 NGO 组织，一些组织工作虽然做得很好，但没有参与到联合国工作当中去。为此，有代表建议，应该围绕着如何扩大 NGO 在全球治理中的作用，尤其是扩大发展中国家在全球治理中的作用这样的议题召开一些国际性的会议。

# 清洁能源与全球治理

## 背景

世界上有约 14 亿人无电可用，10 亿人所用电力网络的供电不稳定，大约 30 亿人依靠固体燃料满足日常生活需要。促进可持续发展和消除贫困的核心是能源供应。即使有能源服务，数百万计的穷人仍无力支付。“能源贫乏”造成健康危害，因为固体燃料在通风不良的建筑中燃烧不充分，每年有约 400 万人因此而丧生，其中大多数是妇女和儿童。如果发展中国家的能源设施在数量和质量上没有改善，实现新千年发展目标就无从谈起。

在能源设施与服务充裕的地方也存在问题与挑战。固体燃料排放出的二氧化碳和其他温室气体改变了地球的气候，这对依赖地球自然环境生活的人们造成了严重影响。为了在多部门间响应世界可持续发展峰会（WSSD）中协调一致，并支持各国转向可持续能源建设的倡议，2004年联合国设立了一个能源领域的机构间合作机制“联合国能源”（UN-Eenery）。能源供应、可再生能源和能源利用率领域中的核心问题受到越来越多的国家、机构或组织的重点关注，吸引了越来越多的投资，也成为制定政策时关注的重要问题。联合国秘书长潘基文提出可持续能源是他第二个5年任期工作的重中之重。联合国大会宣布2014—2024将是“联合国人人享有可持续能源十年”（United Nations Decade of Sustainable Energy for All）。

## 联合国面临的挑战

日益激烈的能源竞争对经济增长、和平与安全构成重大挑战。全球人口预计在2050年超过90亿，各国政府要提供买得起的能源，减少气候变化对环境的影响，其压力是巨大的。无论是哪个国家或哪个地区，能源安全都是人类社会利益的核心问题。

联合国是将各具特色的众多国家联合在一起，构建共同奋斗事业的一个理想组织，致力于实现以下三方面互相联系的目标：

- 致力于现代能源设备的普及。
- 使能源使用效率翻一番。
- 在全球能源结构中，可再生能源的份额翻一番。

上述目标力争在2030年实现。对联合国而言，主要的挑战在于如何激发相关国际组织、地区组织、公民社会和商界的热情，致力于实现能源安全的共同目标。

在能源领域，商界的作用非常关键。企业和私营机构常常推动在能源领域的投资、开采与研究。一些以能源为支柱的企业将规章制度视为制约经济增长的因素，而其他一些同类企业却从中看到商机，联合国能否为弥合观点相左的两方提供一个协商的平台呢？

## 研讨目标与成果

△讨论清洁技术的全球特质，分享清洁能源倡议的实例；

△回顾“可持续能源对于发展的影响”的相关现状和挑战；

△在全球层面，影响发达国家在清洁能源管理中所起作用的主要因素；

△公共部门和商界携手合作提供清洁能源的最佳实践活动和政策；

△中国对联合国全球能源议程提供的支持。按照21世纪联合国能源与生态议程，中国能满足其能源需求吗？

# 一、塑造全球能源框架和治理的机会窗口

Irene Giner-Reichl*

在经历了长期的边缘化之后，随着重大的地区和全球工作议程的出现，关于可持续发展能源的国际合作终于登上中心舞台。

就地区而言，成立了西非国家经济共同体（ECOWAS）可再生能源和能源效率中心（ECREEE）、东非共同体（EAC）、南部非洲发展共同体（SADC），加勒比和太平洋小岛国家纷纷仿效。

就全球而言，“人人享有可持续能源”的多方利益相关者倡议被视为国际合作的新范式。最近生效的国际可再生能源机构（IRENA）宪章的意义也值得重视，因为这是自国际原子能机构（IAEA）诞生以后第一次建立一个全球性覆盖、部门性能源使命的国际组织。

目前的机会窗口：

---

* Irene Giner-Reichl，奥地利驻华大使、可持续能源全球论坛主席。

——加强可持续能源的地区机构；

——将能源考虑事项整合到2015年后可持续发展目标中去；

——寻找途径将国际组织的规范性工作（例如联合国大会关于2014—2024可持续能源十年）和“人人享有可持续能源”的进展以及其他努力结合起来，实现能源向可持续未来的过渡。

根据世界能源理事会（WEC）2012和2013报告的主张，公共和私营部门的紧密合作对实现机会具有至关重要的意义。

## （一）能源从无人过问慢慢转移到可持续发展政策考虑的中心

人们越来越认识到，能源是应对21世纪很多最紧迫问题的主杠杆，但是引导国际合作的全球框架却明显缺乏对能源的考虑。联合国大会2000年通过的千年宣言（(A/RES/55/2)）以及相关的千年发展目标就是一个恰当的例子：八项目标包括寻求加快脱贫、摆脱饥饿、最低保障普及小学教育、改进健康服务和性别关系、应对水和卫生需求以及其他紧迫的环境问题，将全球发展合作伙伴关系体制化，但就是不提“能源”。

但是，人们渐渐认识到，能源对可持续发展，包括脱贫，有着至关重要的意义。2001年可持续发展委员会（CSD）第九次会议将能源作为主题，并通过了决议，称目前的能源体系不可持续，需要变革。千年宣言通过两年以后，约翰内斯堡可持续发展峰会支持可持续发展委员会第九次会议的成果，认识到千年宣言的严重疏忽，称能源对克服极度贫困至关紧要，如果不考虑能源，千年发展目标没有一个能够实现。但即使在约翰内斯堡峰会之后，能源合作仍然处于边缘地位，经费严重不足。

2006年，以瑞典隆德大学教授托马斯·约翰逊（Thomas B. Johansson）和巴西圣保罗大学教授约瑟·高登博格（Jose Goldemberg）[①] 为首的国际科学家为新的全球能源评估进行了成功的游说，新评估尽可能汇集

① 两人先前已经为2000年出版的《世界能源评估：能源与可持续性的挑战》而合作，此书由联合国经济和社会事务部、联合国开发计划署和世界能源会议合编，2004年再版。

了各个方面的最新研究成果，为必要的政治和经济决策打下了基础，启动了全球向可持续能源未来的转变。全球能源评估得到若干政府和国际组织的资助，尽管这不是它的正式项目，但其基地设在国际应用系统分析研究所（IIASA），以便管理多种途径的资金和世界范围的（评估）进程，该所的所长是 Nebojsa Nakicenovic 教授。2012 年 9 月剑桥大学出版社出版了这一评估结果，将近 2000 页的电子版可访问 www. globalenergyassessment. org。

欧盟也越来越认识到能源对其外部关系特别是与非洲大陆关系的重要意义。在 2007 年里斯本召开的非洲欧盟峰会上，达成的几个合作伙伴关系中有一个与能源有关：非洲欧盟能源合作伙伴关系（AEEP，www. africa-eu-partnership. org/partnerships/energy）。在德国和奥地利的领导下，使用 AEEP 欧盟能源倡议（EUEI）伙伴关系对话设施（PDF，www. euei-pdf. org）提供的种子基金，这一伙伴关系与非洲联盟的基础设施专员建立了富有成效的关系，开始实施一些具体项目，特别是有关可再生能源的项目。该伙伴关系制定了雄心勃勃的 2020 年目标：至少再让 1 亿非洲人享有现代可持续能源服务，跨边界电网互联容量翻一番，非洲到欧洲天然气出口翻一番，提高非洲能源效率和可再生能源的使用量。这包括建造 1 万兆瓦新水电站，至少 5000 兆瓦风能电厂，500 兆瓦各种太阳能电厂，其他可再生能源特别是地热和现代生物能容量提高两倍，从电力部门开始提高非洲各部门的能源效率，支持非洲大陆、地区和部门的目标。第二次非洲欧盟能源合作伙伴关系高级别会议已于 2014 年 2 月 12—13 日在埃塞俄比亚首都亚的斯亚贝巴的 AUC 总部举行，其成果为：（1）“亚的斯亚贝巴宣言”，为非洲欧盟能源事务合作确认承诺并制定合作伙伴关系的优先事项和愿景；（2）致 2014 年 4 月第四届非洲欧盟峰会的信，将 AEEP 定位为欧盟非洲政策对话通道和大陆或全球层面与能源有关的动议的数据分析工具；（3）“AEEP2020 行动文件包”，展示非洲和欧洲所有利益相关者对 AEEP 的承诺和贡献。

众所周知，到目前为止还没有一个国际机构全神贯注地应对各种各样的能源问题。约翰内斯堡峰会之后，建立了“联合国能源”（www. un-energy. org)，作为一个机构间机制把联合国体系内的 20 多个机构组合到一起，再加上世界银行，目的在于从功能上进行分工，在全球层面提高对于能源问题的重视程度。

在德国的领导，以及西班牙、丹麦和奥地利的积极支持下，建立了一个新的国际组织——国际可再生能源机构（IRENA，www. irena. org)，其目前还处于联合国体系之外，解决对可再生能源缺乏体制支持的问题。IRENA 条例于 2010 年 7 月 8 日生效。该组织总部设在阿布达比，目前有 128 个成员，39 个签署国/申请国，22 个员工，2013 年核心预算为 1800 万美元（加上大约 1000 万美元的志愿捐助）。建立 IRENA 之后，我们继国际原子能机构之后有了第二个在技术层面应对能源问题的国际组织。

联合国工业发展组织总干事坎德·云盖拉（Kandeh Yumkella）在 2008 年掌管“联合国能源”，成功地将这个跨机构小组办成一个国际活动平台。他组织了高级别小组，与联合国秘书长密切合作。秘书长深信，如果不解决能源贫困问题和目前不可持续的世界能源体系的其他方面问题，就不可能在气候变化方面取得进展。全球可持续能源论坛（www. gfse. at）八次全球会议和多次地区性会议做了耐心的组织和宣传工作。在此基础上，2009 年维也纳能源会议重点讨论了能源和可持续发展问题，全球能源目标第一次得到伸张。到 2011 年维也纳能源论坛（www. viennaenergyforum. org)，这些目标已经很明确了。2011 年 12 月，联合国秘书长潘基文与世界银行总裁以及私营部门的顶级领导人紧密合作，宣布了他的“人人享有可持续能源”倡议（SE4All，www. se4all. org)。“人人享有可持续能源”是一个志愿者联盟，联合各国政府和国际组织、私营部门、学术界和整个公民社会，在 2030 年之前努力实现三大目标：确保全世界的人口普遍享有现代能源服务；将提高能源效率的速度提升一倍；将全球使用的能源中可再生能源的比例提高一倍。

称为“里约＋20”的国际会议（www. un. org/futurewewant）注意到联合国秘书长的这一倡议。在 2012 年“里约＋20”会议上，“人人享有可持续能源”的主要合作伙伴聚集在一起，公开表示他们对倡议的支持。

2012年6月21日，联合国秘书长宣布100多项对可持续能源的承诺，由各国政府、私营部门公司、中小型企业、金融机构、捐助者和发展银行、非政府组织、艺术家、学术界和个人作出的这些承诺估计价值超过500亿美元。

“里约+20”还启动了一个进程，用以明确2015年后指导国际合作的可持续发展目标。这些目标适用于所有国家，重点应该放在脱贫上。这些目标还应该通向更新的全球发展合作伙伴关系，不是陷入没有成效的捐助者—受助者的老套路，而是考虑到当前的财富创造规律，并包括各种各样的合作伙伴和发展资助选项。

## （二）下一步的目标是什么

2001年可持续发展委员会第九次会议第一次从可持续发展的角度正式讨论能源，此后的进展使我们明确了几条更好推动的国际能源治理的途径：（1）推动地区机构的建立和标准的制定；（2）影响明确2015年后可持续发展目标的工作流程；（3）利用关于2014—2024人人享受可持续能源十年政府间讨论的潜力；（4）支持人人享受可持续能源的启动。

我将简要地逐一介绍这四个途径。

第一，在撒哈拉以南非洲推动地区机构的建立和标准的制定。

2010年，西非国家经济共同体可再生能源和能源效率中心（ECREEE，www.ecreee.org）在佛得角群岛的首府普拉亚开始运营。这是联合国工业发展组织、几个捐助国政府（特别是奥地利和西班牙）和西非国家经济共同体合作的结果，其使命是支持成员国向更加可持续能源系统过渡。2012年10月，西非国家经济共同体各国能源部长在阿克拉召开高级别会议，通过了几项地区性政策：（1）西非国家经济共同体能源效率政策；（2）西非国家经济共同体可再生能源政策；（3）西非国家经济共同体小型水电站计划；（4）西非国家经济共同体生物能源战略。

部长们还授权ECREEE在西非实施人人享有可持续能源方面发挥领导作用。与此同时，ECREEE发起建立西非国家经济共同体可再生能源和能源效率观测站（ECOWREX）。观测站的资金来自全球环境基金，宗旨是克服阻碍西非能源部门发展的现存知识和信息壁垒。观测站将向决策者、投资者、项目开发者和其他利益相关者提供关于西非能源资源与系统的可靠和定制的信息。

ECREEE开始克服长时间困扰非洲国家能源治理的体制缺陷，西非国家经济共同体地区被视为正在引领向可持续能源未来过渡的努力。因此，东非共同体（EAC）和南部非洲发展共同体（SADC）正在仿效西非国家经济共同体的做法，也在寻求建立地区性能源机构。对于东非共同体而言，由联合国工业发展组织和奥地利资助的咨询工作已经完成，验证讨论会于2013年5月召开，东非共同体中心于2014年开始运行。东非共同体所有5个成员国（布隆迪、卢旺达、肯尼亚、坦桑尼亚、乌干达）都表示有兴趣做中心的东道主。南部非洲发展共同体成员国也开始了相似的进程。

鉴于在可持续能源问题上的地区合作有很高的相关性，2013年5月28—30日，维也纳能源论坛吸取了西非国家经济共同体的经验，提供给其他能源缺乏的发展中地区借鉴。

为可持续能源未来而建立和管理地区性机构与整个非洲大陆都具有很大的相关性。能源与气候变化的联系，包括气候防护能源系统，是一个迫切需要加大投入的领域。在联合国非洲经济委员会（UN-ECA）的帮助下，尤巴·索科纳（Youba Sokona）教授领导的非洲气候政策中心（ACPC）正开始从事这方面的工作。加纳的Abeeku Brew-Hammond教授是西非杰出的能源专家，是加纳能源委员会的负责人，也是我的一个好朋友，他的英年早逝对西非能源建设是个重大打击。

地区性机构正在成长，但规模很小，肩负的压力很大，因此全球能源评估需要给予地区性机构和地区性决策更多的帮助。虽然2000页详尽的全球能源评估确保了其内容的最高质量，但东非专家们认为，很难在东非宣传普及评估的内容，东非的能源社区正在成长，但相对比较小。

全球能源评估首席作者、东非的一位专家向我建议，全球能源评估共同体和东非成员国可能需要加倍努力找出地区的优先关切，全球能源评估可以有重点地将主要发现推介给东非更多的受众。这些优先关切包括找出地区内新出现的主要问题，例如持续的能源不安全感（国家一般都依赖高价进口石油产品发电，社区和家庭主要还是依赖不健康、不环保的传统燃料）以及与其相关的地区失业和就业不充分的老大难问题。据估计，地区65%的劳动人口失业或就业不充分。年轻人占了地区劳动人口的最大部分，他们的失业率被广泛看作是一枚定时炸弹，抵消了近10年来东非取得的很多经济增长。全球能源评估报告给同时解决能源不稳定性和创造就业这两大难题提供了宝贵的经验和建议。理想的情况是，地区性机构能够利用该评估，通过定制项目提供针对地区的分析、指导和经验。

地区性机构也会给加勒比和太平洋群岛国家带来很多益处，目前正着手建立两个中心，每个地区建立一个中心，即太平洋可再生能源和能源效率中心及加勒比可再生能源及能源效率中心。

第二，影响2015年后可持续发展目标的工作流程。

在2012年“里约+20”会议上，国际社会一致认为，2015年（实现千年发展目标的截止期限）后的国际合作框架应以可持续发展为基础。框架应适用于所有国家，反映的理念是我们只有一个地球，一些国家的发展不能以牺牲其他国家利益为代价，要考虑发展的不同水平，侧重点应放在摆脱贫困上。开放式的可持续发展目标工作小组（www. sustainabledevelopment. un. org）已经在2014年3月中旬开了第一次会议，预计会向68届联大提交具体建议。秘书长关于2015年后发展议程的全面报告于2014年9月发表，并落实到跨政府进程中去。

已经出现了各种基于主题、地区、国家和网站的咨询磋商，包括关于能源问题的，其结果是支持把能源目标纳入2015年后框架，因为“能源是人类发展的基础”，“教育、健康、生计和环境可持续性方面的进步都离不开能源”。广泛的共识是，讨论需要侧重优先解决能源问题和能够更有效地解决这些问题的机制。咨询磋商的参与者们把普遍享用能源作为最重要的问题，需要所有有影响力的利益相关者直接关注。能源效率、绿色能源发展/可再生能源的使用、技术转让和能力建设也都是最优先需要解决的问题。

在2013年4月9日奥斯陆能源和2015年后发展议程高级别会议上（http：//www.iisd.ca/post2015/energy），联合国工业发展组织总干事、联合国秘书长“人人享可有持续能源”特别代表坎德·云盖拉建议，在2015年后发展议程中只设一个能源目标，加上能源享用、可再生能源和能源效率等子目标。他还要求将能源目标与2015年后其他主题领域结合起来，以增进贯彻落实的力度。

奥斯陆高级别对话推出了一套“重要消息”，包括：（1）能源必须完全纳入到2015年后全面发展议程中；（2）能源与当前大部分全球挑战有着不可分割的联系，特别是贫困、食品安全、洁净水、公共健康、教育、经济增长、青年和妇女权利以及气候变化；（3）实现人人享有可持续能源是一个雄心勃勃但又可以实现的目标，要求确保普遍享有现代能源服务，对能源效率的投资是加速转向可持续能源体系的最划算的选择之一，增加可再生能源的比例；（4）创造建设性的环境很重要，需要公共和私营部门联手行动应对资金挑战，利益相关者之间的地区性合作被证明可以产生很好的结果，驱动并持续变革的所有努力需要公民社会特别是青年的全面参与。

2013年4月奥斯陆高级别对话号召所有合作伙伴建立一个全球能源目标，并突出了对“人人享有可持续能源”全球目标的广泛支持。会议认为，“人人享有可持续能源”倡议的三大目标（普遍享有能源、提高效率和可再生能源）包括全球跟踪框架，可以提供一个坚实的发展框架，而且可以完全适应地区、国家和局部的不同情况和优先顺序。

随着有关2015年后可持续发展目标的进一步讨论，能源目标可能需要细分，变为地区组织、国家、城市、私营部门利益小组等能够负起责任的目标。可能重要的一点是设计出可以实现这些目标的进程。

为了监控实现重要目标的进程，我们需要制定可度量的目标和时间线。我对联合国2015年后总体进程的理解是，建议联合国体系任务团队按照四个关键层面来制定未来可持续发展目标：（1）包容性社会发展；（2）包容性经济发展；（3）环境可持续性；（4）和平与安全。能源要对每一个层面做贡献，我们因此可以对每一个层面建议能源目标。因为关于

2015 年后可持续发展目标的磋商还处于早期阶段，现在就提出具体目标还为时过早。

考虑到能源对实现其他重要发展目标（例如食品安全和可持续管理水资源）的重要意义，明智的做法可能是针对这些联系来定义指标。

还有一种认识似乎正在形成，即 2015 年无法实现千年发展目标的那些地区/国家应继续执行这些目标。我的看法是，2015 年后执行千年发展目标的任何努力应该系统地纳入能源方面的考虑。

2013 年维也纳能源论坛特地针对可持续发展目标内的能源目标问题进行了磋商，全球跟踪行动也介绍了到目前为止的工作。有必要跟踪能源可持续发展目标的进展，包括子目标和指标，使其吻合联合国人人享有可持续能源基线报告和全球跟踪行动。

第三，利用关于 2014—2024 人人享受可持续能源十年政府间讨论的潜力。

全球能源治理是一个困难而又很有争议的事情。我们有可持续发展委员会第九次会议的书面报告（E/CN. 17/2001/19），还有 2002 年约翰内斯堡可持续发展峰会的有关段落（A/CONF. 199/20）。在此之后，可持续发展委员会在 2007 年第 14（审议）和第 15（政策）次会议上再次讨论了能源问题，但无法达成协议，即使该委员会协议根本就没有法律约束力。

约翰内斯堡引发了新的国际实体（所谓“第二类合作伙伴关系”），例如可再生能源与能源效率伙伴关系（REEEP，www. reeep. org，总部在奥地利维也纳）。全球村能源伙伴关系（The Global Village Energy Partnership）、国际炉灶联盟（the International Alliance on Cook Stoves）、全球生物燃料伙伴关系（the Global Biofuel Partnership）以及其他许多实体接踵而来。

围绕人人享有可持续能源倡议的目标而建立共识的努力在联大也激发了一些行动。2011 年秋季，联大将 2012 年定名为人人享有可持续能源国际年（A/RES/65/151）。这一决议在相当程度上只是个程序，但对联合国秘书长于 2011 年 12 月发起人人享有可持续能源倡议提供了充分的支持，它也为“里约＋20”会议对联合国秘书长人人享有可持续能源倡议的一致响应提供了共同基础。

2012年12月21日，联大一致通过决议宣布2014—2024为人人享有可持续能源的十年（A/RES/67/215），该决议要求联合国秘书长在下一次联大提交报告并决定联大每年都将回顾这个问题。2013年12月16日，各成员国同意给秘书长第一个能源总体使命，即协调联合国有关人人享有可持续能源十年（2014—2024）的工作。决议鼓励所有成员国对此作出贡献。

加上下文描述的全球跟踪行动，国际社会已经创建了全球治理体系的第一批初步支柱，把普世规范性元素（联大决议）和“意愿联盟”结合起来，形成了通过专业水平（全球跟踪行动）为合作伙伴关系建立可信度和有效性的工具。

第四，支持人人享受可持续能源的启动。

新建立的人人享受可持续能源顾问组第一次会议于2013年初在华盛顿特区举行，世界银行总裁和联合国秘书长到会。全球支持团队维也纳总部已经投入运行，坎德·云盖拉准备离任联合国工业发展组织总干事，投入全部精力担任这个总网络的“首席执行官”。2013年5月28—30日召开的维也纳能源论坛是人人享受可持续能源作为新兴国际合作方式的决定性时刻：人人享受可持续能源的驱动力量不是任何全球组织的正式授权，而是在各种利益相关者中所有参与者明确的自我利益。它明确无误地不要创建新机构，而是要围绕战略机会和明确定义的工作流程，充分利用现有机构和财政的可能性。人人享受可持续能源是一个自我选择合作伙伴的同盟，通过全球跟踪行动对进程实施严格的科学跟踪。

全球跟踪行动（Global Tracking Initiative）——由世界银行和国际能源机构领导，由包括世界能源会议在内的指导小组支持，将在全球能源治理体系的发展中起到特别重要的作用。

2013年维也纳能源论坛正式启动了基线报告（The Baseline Report）：（1）根据现有证据（即享有能源家庭调查、合计能源强度作为能源效率指标、所有可再生能源占最终能源总消费的比例作为可再生能源目标的指标）提供实现三大目标进展情况的综述；（2）在相关机构中就跟踪2030年目标进展最佳途径建立共识；（3）作为制作实现三大目标进展定期跟踪报告的基础。

基线报告跟踪能源享有、能源效率和可再生能源的最近趋势。报告放眼全球，跟踪各国作出的相关承诺，对比常规实现目标确定需要做哪些进一步投资和调控。报告还跟踪不同国家小组在实现人人享受可持续能源目标方面所起的或可以起到的作用（快速行动、影响力大的国家等等），并检查那些影响力大的部门。

跟踪行动是引导和协调人人享受可持续能源各种工作流程的重要工具。它也是问责制工具，用来自愿跟踪实现可持续能源未来的进展。这一现实进程如何与联大和其他国际组织的讨论与决定互相吻合，是很值得我们注意观察的。我想，我们的目标应该是尽量缩小这两种国际合作之间的差距。

坎德·云盖拉不辞辛劳地建立了需要的同盟，2012 年被任命为联合国秘书长人人享有可持续能源特别代表（SRSG）。2013 年 7 月后，他担任人人享有可持续能源全职首席执行官。

人人享有可持续能源正在探索其未来的法律性质，旨在让公共和私营部门充分互动。2012 和 2013 世界能源理事会报告强调，公共和私营部门行为者需要更好地互相倾听和更有效地互动。各国政府需要为市场设立清楚的、长期的框架，私营部门行为者必须清楚地向政府表达其要求和期待。

但是，“跟踪行动”无法签发支票或租赁房屋。几种选择方案包括与联合国结盟、再建一个国际组织，或以非赢利非政府机构运作。对很多利益相关者来说，严格的跨政府机构和与联合国结盟都过于狭窄，但联合国的召集能力和推动全球共识的能力是无法取代的。

2013 年 11 月 27 日在纽约由联合国秘书长和世界银行总裁主持的一次会议上，顾问组决定组建 4 个顾问组委员会：加速接入、提升可再生能源的发展、建立能源效率合作伙伴关系、动员筹资和投资的跨部门财政委员会。顾问组还通过了秘书长特别代表提出的全球促进团队 5 个最优先目标：（1）确保全球促进团队功能健全；（2）支持人人享有可持续能源合作伙伴加速国家级行动和强烈影响机会以实现既定目标；（3）为人人享有可持续能源建立长期机构安排；（4）确保与 2015 年后和可持续发展目标进程继续密切合作；（5）加强内部和外部沟通。

到2014年2月，总共有83个发展中国家正式加入了人人享有可持续能源。在发展合作伙伴特别是地区发展银行和联合国开发计划署的支持下，进行了43项缺口分析快速评估，对合作伙伴国家的能源状况、能源接入方面的发展状况、可再生能源和能源效率、当前优先子部门或政策行动的发展作出了描述。2014年，选出30个优先国家启动人人享有可持续能源行动议程和投资招商说明书。

人人享有可持续能源也正在加紧与私营部门的合作，包括通过所谓“强烈影响机会”（high impact opportunities）。两个这样的强烈机会（可持续生物能源和水—能源—食品三连接）很快就要正式启动。接下去还有4个强烈影响机会：逐步淘汰天然气燃除、清洁炉灶的普及、清洁能源迷你电网、能源和妇女健康。

为了保持势头，坎德·云盖拉不久前建议设立3个“创意同盟”（creative coalitions）来变革世界能源体系。其作用是：（1）加速降低可再生能源技术的成本（加速降低成本太阳能同盟）；（2）在23个温室气体排放量最高的国家之间达成能源效率的协议（能源效率同盟）；（3）支持一组进步的发展中国家通过加深能源部门改革来吸引对分布式能源体系和可持续基础设施的投资（进步改革者同盟）。

## （三）结论和建议：中国的作用

国际社会有一个很好的机会窗口把能源纳入正在建造或变革中的全球和地区性治理结构。

有效的能源治理会涉及很多可持续发展的关切点，如果我们搞不好国际能源合作，包括能源治理，21世纪的许多最紧迫问题就得不到解决。

增强人类和体制应对能源问题的能力将具有极大的重要意义，特别是在最穷的发展中国家。把地区性（例如ECREEE）、部门性机构（例如IRENA）和全球性组织的治理工作拧成一股绳非常重要。与气候变化（适应和减小两个方面）和水—能源—食品三连接的接口需要提升。规范性治理（源于正式法律结构和文件）与人人享有可持续能源意愿联盟的做法合二为一，可能会非常有效（但要求也会很高）。

2014 年晚些时候国际社会要谈判 2015 年后发展模式，但愿能源考虑会完全纳入讨论中去。2013 年 5 月 30 日的高级别小组报告《新的全球伙伴关系》（A New Global Partnership. http：//www. post2015hlp. org/the-report/）在建议的 12 个指标中包括了能源目标：人人享有可持续能源的 3 个目标加上第 4 个目标“淘汰鼓励浪费性消耗的低效能矿物燃料补贴”。可持续发展解决方案网络报告的“可持续发展行动议程”（www. unsdsn. org）建议 10 个目标，并把“确保可持续能源”纳入第 8 项目标。关于目标和指标的国际磋商目前正在展开。

在实现人人享有可持续能源的过程中，中国可以起决定性作用。首先，塑造 2015 年后议程，在多边进程中利用其世界大国的分量。第二，继续在可再生能源和能源效率方面取得世人瞩目的进步。实施当前 12 年计划有关资源效率和控制污染的目标可以为实现人人享有可持续能源目标前进一大步。第三，中国可以作为人人享有可持续能源第三国重要合作伙伴发挥领导作用，并利用中国在南南合作的广泛经验和网络。在杭州的联合国工业发展组织中国小水电国际中心和在兰州的联合国工业发展组织中国太阳能国际中心等专门机构可以作出宝贵贡献。

以可持续发展为目的的能源国际合作从来没有像现在这样富有成果和前途无量，我们难道不该抓住这样的机会吗?

## 二、亚洲可再生能源发展

吴力波*

亚洲可再生能源的发展正在进入关键时期。随着中国、日本、韩国、

---

* 吴力波，复旦大学能源经济与战略研究中心常务副主任。

印度等国家在风电、太阳能光伏、生物质能、智能电网等领域的科技研发、装备制造取得多项突破，亚洲可再生能源的技术水平持续提高、产业规模不断扩大。但与此同时，终端需求不足、高端技术缺乏也成为亚洲可再生能源发展所面临的突出问题：一方面，亚洲的可再生能源产业长期依赖欧美市场，本地需求尚无法与其制造能力相匹配；另一方面，在大型、先进可再生能源发电系统的设计、制造及运行方面的技术水平也与世界先进水平存在差距。中低端装备制造的“强”与开发利用、高端制造的“弱”，使得亚洲可再生能源产业发展在相当程度上依赖于欧美发达国家。这就使得亚洲可再生能源的发展不仅受限于世界经济复苏的步伐，也随时面临发达国家贸易保护政策的钳制以及国际领先新能源企业的竞争压力。本文对亚洲主要经济体可再生能源的总体发展战略、设备制造能力、开发利用水平进行全面比较研究，并在此基础上重点探讨亚洲可再生能源发展中制度设计的合理性和有效性问题，同时对上海市推进可再生能源发展的战略重点予以分析。

## （一）亚洲主要经济体可再生能源发展战略比较

可再生能源的发展既需要科技创新的不断突破，也需要新兴市场的持续培育。亚洲主要经济体在推进可再生能源规模化发展的国家战略方面基本秉承“政府推动为先，法律保障为基、市场竞争为主和科技创新为要”的总体原则。但各国必须考虑自身的资源禀赋特征、科技研发水平和产业发展基础，因此在具体发展目标、推进步骤和实施重点方面有所不同。

### 1. 中国

中国到2020年的可再生能源发展目标是：提高可再生能源在能源消费中的比重，解决偏远地区无电人口用电问题和农村生活燃料短缺问题，推行有机废弃物的能源化利用，推进可再生能源技术的产业化发展。总体发展战略是充分利用水电、沼气、太阳能热利用和地热能等技术成熟、经济性好的可再生能源，加快推进风力发电、生物质发电、太阳能发电的产业化发展，逐步提高优质清洁可再生能源在能源结构中的比例，力争到2015年使可再生能源消费量占能源消费总量的比重提升至11.4%，到2020年达到15%左右。2013年公布的《十二五能源发展规划》提出，到2015年可再生能源发展的预期目标分别是：水电2.9亿千瓦，年均增长5.7%；风电10000万千瓦，年均增长26.4%；太阳能发电2100万千瓦，年均增长89.5%。

现阶段中国可再生能源发展的重要任务是提高技术水平和建立完善的产业体系。到2020年，要建立起完备的可再生能源产业体系，大幅降低可再生能源开发利用成本，为大规模开发利用打好基础。到2020年，形成以自有知识产权为主的国内可再生能源装备能力，使可再生能源技术具有明显的市场竞争力，同时使可再生能源成为重要能源供应来源。

2. **日本**

日本在福岛核事故后，提出2020年前可再生能源发电要满足20%电力需求的目标。日本政府2012年公布了实现可再生能源飞跃发展的新战略，目标是到2030年使海上风力、地热、生物质、海洋（波浪、潮汐）四个领域的发电能力扩大到2010年度的6倍以上。从各领域的发电能力来看，海上风力发电能力要由2010年度的3万千瓦提高到2030年的803万千瓦，地热发电要从53万千瓦提高到388万千瓦，生物质发电由240万千瓦提高到600万千瓦，目前尚处于研究阶段的海洋能源发电也要提高到150万千瓦。此前日本表示太阳能发电长期目标是2020年发电2800万千瓦，相当于2012年的20倍；2030年发电5300万千瓦，相当于2012年的30倍。

为了实现这个目标，海上风力发电要在2020年前使浮体式风力发电技术实用化；地热和生物质发电要采用发电效率更高的新技术；波浪能和潮汐能要在2020年前开发出相对成熟的技术。日本政府预期如果可再生能源实现新战略所规定的目标，即使没有核电也能够满足日本的电力需求。

3. **韩国**

韩国提出到2030年可再生能源占全部能源生产的比重提高到11%，而韩国2010年底时此比重仅为2.4%。2010年3月实施的可再生能源应用标准（RPS）要求14家能力超过500MW的国营和私营发电公用事业企业，到2015年可再生能源比重占到4%，到2022年增加到10%。这一方案强制性要求到2016年可再生能源增加350MW/年，到2022年可再生能源增加量将达到700MW/年。

4. **印度**

印度政府计划委员会发表的《能源综合政策报告（IEPR）》提出，到2031—2032年，可再生能源在印度能源构成中所占份额为5%—6%。

2011年，印度政府表示从2012年起，5年内将增加1.7万兆瓦可再生能源的发电装机容量。2011年已在全国完成了20吉瓦的可再生能源发电装机容量，占装机容量的11%，估计印度需要1.5万亿卢比（336亿美元）的投资来完成第12个五年计划中新增发电装机容量的目标。

## （二）当前亚洲可再生能源开发利用现状及趋势

2011年的数据表明，中国是全球可再生能源发电装机总量最高的国家，达70GW，印度和日本分列第六位和第七位，分别达到20GW和11GW。总体来看，亚洲可再生能源的开发利用呈现如下特点：（1）可再生能源的发展主要集中于风电、太阳能光伏发电，生物质发电、水电增速缓慢。（2）可再生能源的发展在亚洲人口、资源、经济大国得到高度重视，中国和印度成为继传统优势国家如日本之后的可再生能源发展大国，可再生能源发展已经成为发展中经济体解决农村贫困、增加就业、提高能源公平的有效手段。（3）随着可再生能源在电力供应中占比的持续提高，电力市场化改革较为彻底的国家开始建立绿色电力（指可再生能源所发电力）市场，实施上网电价补贴，推动可再生能源发展。（4）亚洲太阳能发电项目主要以光伏发电、集热发电项目为主，大规模地面光伏电站占据主导、建筑光伏一体化系统成为新趋势。光热发电处于补充地位，区域分布很不均衡。日本仍然是光伏发电装机容量最高的亚洲国家，占全球总装机的 7.1%，中国位居全球第六位，占比 4.4%。(5) 亚洲风电开发利用规模保持高速增长，中国、印度增量贡献巨大，中国为全球第一大风电装机大国，占比 17.6%，印度位居第五，占比 3%。风电项目总体向大规模和大容量机组方向发展，小型机组应用不断增加。海上风电机组朝着更大容量和适应深海发电的技术方向发展，中国、日本、韩国均将海上风电作为战略重点。(6) 亚洲生物质发电较美洲、欧洲国家相比增长较慢，固体生物质发电项目仍然占据绝对主导地位。(7) 亚洲地热能发展以日本为主要代表，总体增长趋势缓慢。

## (三) 亚洲可再生能源技术研发与产业发展现状及趋势

亚洲太阳能发电产业与技术发展现状及趋势呈现如下特征：(1) 太阳能光伏电池的制造继续向中国集聚，但市场集中度有所下降，产业内竞争更趋激烈。欧洲光伏补贴下调导致总体需求不振，主要产品价格快速下滑，全球光伏产业发展受阻，从高速扩张期进入震荡调整期。(2) 太阳能光伏发电项目仍以晶硅技术为主，但是日本、中国等国家的薄膜电池技术逐渐成熟，且成本较晶硅电池更具优势，更多亚洲厂商开始加入薄膜电池技术研发和产业发展中，中国、日本、韩国企业开始跻身世界薄膜电池制造巨头行列。(3) 太阳能光热发电产业仍主要集中于美国和西班牙，亚洲地区正处于加快追赶期，中国、印度均有大规模集热发电项目启动，主导技术仍然处于选择期，以塔式、蝶式发电站技术为代表的新技术还处于示范阶段。

亚洲风力发电产业与技术发展现状及趋势分析：(1) 风电制造企业进入市场拉锯战，产业集中度有所下降，亚洲主要风电制造企业着力于抢占、开拓新兴市场。2011 年，在全球十大风机制造企业中，亚洲占据半壁江山，包括四家中国企业和一家印度企业，占据 34.4%的份额。其他亚洲国家风机制造企业仍无法与欧美企业相抗衡。(2) 装备价格下降成为全球普遍现象，一方面受到规模化利用后生产成本下降的影响，但市场结构变化、需求增长相对滞后因素也不容忽视。亚洲风机制造企业由于前期的快速扩张，受到的冲击和调整压力更甚，亚洲的风机制造巨头中国金风、华锐、印度苏斯兰等均面临巨大竞争压力。但从另一个角度来看，装备成本的下降也使得风电更具备了与传统火力发电相竞争的可能性。(3) 随着中小型风机技术的成熟，目前国际上产业发展重点集中于推进大功率风机的研发和规模化应用，特别是适用于海上风电发展的 5 兆瓦以上大型风机。而中国、印度的风机制造企业在 6MW 以上风机制造领域尚处于落后地位。

亚洲生物质能利用产业与技术发展现状及趋势分析：(1) 固体生物质产业方面，北美和欧洲占据主要地位，中国、印度、日本在传统利用之外，在大型发电项目上也迅速发展。(2) 在沼气产业方面，欧洲沼气生物质能产量迅猛增长，亚洲主要以中国、印度、斯里兰卡、菲律宾等国家发展较多。(3) 在液化生物燃料，如生物柴油产业方面，美国、巴西和欧洲占据主要地位，亚洲的技术发展路径仍不确定，但总体原则是发展非粮液体生物燃料。

亚洲促进可再生能源开发利用的政策与保障措施如下：

**1. 亚洲促进可再生能源发展的规制性政策**

制定发展战略或发展路线图是世界上大多数国家的成功经验。许多发达国家发展可再生能源的思路是：国家制定一定阶段的可再生能源的具体发展目标和计划，在发展目标框架之下，制定一系列的优惠政策，并通过市场经济的手段鼓励各界投资和利用可再生能源。

在规划和计划方面，中国是较早进行可再生能源规划的国家之一，曾经制定了《全国推广户用沼气规划》，并在《农村电气化规划》中考虑了小水电规划和农村能源综合规划等；1996 年原国家计委、国家科委和国家经贸委联合制定了《2010 年我国新能源和可再生能源发展纲要》；在《可再生能源“十二五”规划实现》中提出 2015 年和 2020 年非化石能源分别占一次能源消费比重 11.4％和 15％的目标。其中可再生能源新增发电装机 1.6 亿千瓦，其中常规水电 6100 万千瓦、风电 7000 万千瓦、太阳能发电 2000 万千瓦、生物质发电 750 万千瓦，到 2015 年可再生能源发电量争取达到总发电量的 20％以上。日本在《能源供给构造高度化法》提出目标，到 2020 年将全国的非化石燃料的发电量提高到占总发电量的 50％以上。2008 年 4 月，印度政府在第 11 届新能源和可再生能源五年计划会议上确立了之后 4 年新能源发展的战略目标：到 2012 年，太阳能光伏电池发电将占电力构成 4％—5％；可再生能源的增速将快于常规发电，增量占 2008—2012 年能源总增加量的 20％。

**2. 促进亚洲可再生能源发展的激励、引导性政策**

价格机制。当前国际上存在的可再生能源价格机制主要有固定价格制、浮动价格制、强制配额和交易制、绿色能源价格制。固定价格即政府直接明确规定各类可再生能源产品的市场价格。一些国家采用浮动价格，以常规电力的销售价格为参照系，制定一个合适的比例，然后随着常规电力的市场变化而浮动。通过强制配额（即要求能源企业在生产或销售常规电力的同时，必须生产或销售规定比例的可再生能源电量）和交易制度（政府对企业的可再生能源发电核发绿色交易证书，绿色交易证书可以在能源企业间买卖，价格由市场决定），发挥市场自身的调节作用，达到提升可再生能源产品价格的目的。此时的可再生能源发电价格为平均上网电价与绿色交易证书的价格之和。绿色能源价格的价格形成机制是由政府提出可再生能源产品的价格，由能源消费者按照规定价格自愿认购。

当前，中国主要采用固定价格制。风电固定区域标杆价按风能资源状况和工程建设条件，根据全国各地风能资源不同状况分为四个区域，四类资源区风电标杆电价水平分别为每千瓦时 0.51 元、0.54 元、0.58 元和 0.61 元。而生物质发电采用统一执行标杆上网电价每千瓦时 0.75 元。而光伏发电上网电价均按每千瓦时 1 元执行。日本也实行固定价格制，其由各个电力公司负责收购规模为 500kW 以下家庭和企业的太阳光发电设备的剩余电力。《关于电气事业者采购可再生能源电气的特别措施法》规定，除了太阳能发电外，电力公司收购的对象扩大到风力、水力、地热、生物质发电等。

财税机制。财税工具可以矫正市场失灵，对能源投资和消费行为有巨大的导向力。经济激励是当前推动可再生电力能源发展最常用政策，其思路主要是通过财税政策来实行，财税政策包括正向和反向两个方面。

正向激励政策主要包括：（1）国债资金投入政策。国债资金一般重点投向基础性产业，而能源、节能等在任何国家都属于国民经济的基础，应在国债中占一定份额。（2）财政贴息和补贴政策。财政贴息和补贴可以通过少量财政资金的直接和间接投入，引导更多的社会资本投入到可再生电力能源领域。财政贴息一般适用于项目，或者说是与可再生电力能源相关的供应、转换、储运与节能方面的生产者；财政补贴则不然，既可以补贴给生产者，也可以给下游的消费者。（3）税收优惠政策。一般常用的税收优惠政策是增值税优惠或实行增值税返还政策，但这一政策要注意限定范围，防止过多过滥的现象；此外，所得税优惠和进出口税优惠（对关键设备）也是常用的政策。（4）政府采购政策。重点是支持可再生电力能源与节能产品。（5）财政担保政策。财政担保是运用风险投资的原理支持可再生电力能源领域。基于供给需求基本原理，由于可再生电力能源的成本过高，能源的供给量由非可再生电力能源满足，市场处于均衡状态。为了推广可再生电力能源，政府采取经济激励政策，使得可再生电力能源企业可以应对市场价格降低，同时能源供给量上升的局面，规模经济效应由此产生，从而有效地促进可再生电力能源发展。但是，必须注意的是，政府正向的经济激励要有效地达到其低于非可再生电力能源价格之间的差价，才能使得经济激励政策发生作用。

逆向限制政策主要包括：（1）扩大消费税征收范围；（2）开征燃油税；（3）开征能源税；（4）改革破产资源补偿费的征收办法；（5）对高耗能产业尽快取消财政补贴制度。逆向限制政策是将传统的非可再生电力能源所带来的环境污染和生态成本这些外部成本内部化。通过对可再生电力能源的竞争对象发生成本提升的作用，引起能源市场上供给价格和供给量的变化，从而带来可再生电力能源市场机会的增加。

目前，中国通过全国征收的可再生能源电价附加来对于风电、光伏发电、生物质发电以统一标杆上网电价进行电价补贴，此外还从财政拨款设立“金太阳”项目，对光伏系统建设进行初建补贴。此外，设立发展专项资金用于资助可再生能源开发利用的科学技术研究、标准制定和示范工程、促进可再生能源开发利用设备的本地化生产等活动。日本自1993年开始实施“新阳光计划”，用财政补贴来加速光伏电池、燃料电池、氢能及地热能等的开发利用，之后又推行百万屋顶计划，将财政收入用于光伏系统的初建补贴。

税收政策在扶持中国可再生能源开发利用方面发挥的作用不是很大，只是在个别领域里有一些具体的体现，主要包括：小水电增值税按6%征收、风力发电增值税减半征收、对部分国内尚不具备生产能力的可再生能源发电设备和零部件进口实行免税或低税率，例如对光伏电池、大型风力发电设备的关键部件的进口等。

金融支持体系构建。低息或贴息贷款等金融政策可以减轻企业还本期利息的负担，有利于降低生产成本，但政府需要筹集一定的资金以支持贴息或减息，贷款数量越大，贴息量越大，需要筹集的资金也就越多。因此，资金供应状况是影响这一政策持续进行的关键性因素。

当前，中国除了对可再生能源的研究开发、示范项目建设和可再生能源关键设备制造的产业化给予经费支持外，中央政府还通过国债支持可再生能源的开发利用。原国家经贸委的国债风电项目即是利用第四批国债专项资金，将国产风力发电机组示范电场建设项目纳入2000年国家重点技术改造项目计划。此外，还设立了农村能源专项贴息贷款，用于小型风力发电、太阳能热利用技术和大、中型沼气工程的推广应用，对小水电建设安排一部分低息贷款。中国还把可再生能源产业的发展纳入双边和多边援助的优先领域，利用国外的优惠贷款支持了一批可再生能源项目。日本也为企业新能源设备更新和技术开发提供低息贷款。

世界各国特别是一些大国纷纷制定相关法律和政策，发展本国的可再生能源产业，促进本国可再生能源的开发与利用。然而随着全球化进程包括可再生能源在内的各种新兴产业已经通过国际贸易形成了全球供应链，一个国家或地区对当地的新能源设备产品采取扶持性政策，可能会给已有的国际贸易机制带来冲击，造成国际贸易机制中各方的利益冲突。由于新能源产业政策和措施既涉及到应对气候变化，又涉及到维护自由贸易的国际法，因此可再生能源产业措施的确立和实施不仅是一个国家的国内法问题，还涉及到诸多国际法问题。所以，不论是在应对气候变化的国际法体系下寻求授权性规则的有效性，还是在世贸组织原则规则下分析是否违反WTO涵盖协定，有关可再生能源的产业措施的实施都将面临国际法的检视，有关国家法律和政策的出台也应未雨绸缪，避免引发贸易争端。亚洲各国在制定相关促进措施时必须充分考虑国际法特别是世贸组织组织法的约束，避免引起国际贸易争端而造成不必要的被动，同时也要充分利用世贸组织规则维护我国可再生能源产业的利益。

### （五）促进亚洲可再生能源发展的关键对策建议

针对亚洲可再生能源发展的形势和面临的主要挑战，本文认为有三个关键的政策突破方向：（1）通过严格的强制上网制度确保可再生能源发电得到有效的消纳；（2）通过灵活的分类电价制度使可再生能源投资能够获得稳定、合理的收益，逐步培育相较传统火电的市场竞争力；（3）通过费用分摊制度使政府、企业和终端用户能够共同承担可再生能源发展的收益和风险。建议亚洲国家应加快可再生能源发展法律体系建设，确保强制性制度的规制性；要深化能源市场化改革，尽快建立绿色电力市场，引导对于可再生能源资源的合理配置；要消除不必要的贸易壁垒，提高可再生能源设备国际贸易的便利度，建立亚洲共同市场来助推可再生能源的规模化发展。通过上述措施最终推动亚洲实现从传统制造向绿色制造的历史性跨越。

# 三、政府角色与清洁能源的开发与利用①

Chee Yoke Ling*

我主要讲一下把政策立法和政策工具加到一起的重要性，我觉得这让我们看到政府的角色，如何能够保证清洁能源和可再生能源，这一点是重要的。

我们目前面临的一些障碍和挑战，会涉及到中国和欧洲之间的比较，特别是强调欧洲可以教给我们什么东西。大家已经非常清楚不仅仅要获得有关的能源，而且还需要能够相对廉价地获得，从这个角度来说社会的成本，还有其他的机制都需要能够加以理清。如果能够获得恰当的政策和工具，包括还有法律，我们要看一下在全球区域和国家层次上现在怎么能够制定这样一些政策，这样一些政策的制定是否有助于发展。

讲一下全球角度的状况。从中国、新兴国家的状况来看，已经建立有关可再生能源的产业。就全球的规则而言，我在这里要特别强调知识产权方面的机制，在这个方面我觉得最重要的是生产可再生能源，这是最重要的环节。欧洲在这方面非常成功，他们在可再生能源方面做得好，这些有事负于政府以及区域组织的帮助。

在贸易方面也是这样，在 WTO 框架下补贴的计划，还有在有关知识产权方面我们也看到了这方面的激励性做法，所有这些方法都可以有助于加强可再生能源的生产和消费。就中国的角色而言，像太阳能还有风能这方面，中国应该说扮演了比较重要的角色，清华大学在研发太阳能，还有像 LED 节能产品的使用，不少方面的专利也注册了。中国的太阳能版权生产使得世界能以更低的价格获得可再生能源的产品，这是非常好的

① 根据会上发言的中译速记整理。

* Chee Yoke Ling，第三世界网络主任。

方面。

在国际上，我们看到发展中国家在这方面积累了知识和产权。我们现在看到对于发展中国家的知识产权，甚至来自发达国家还有不少的抵制，我们还要加以关注。

我在这里也专门讲一下有关技术转让的问题。技术转让有的时候在市场上发生了，那就是商业的交换，在联合国有关气候变化的谈判当中，专门也讲到了这些方面。我们看到技术的不平衡，我们要记得经合组织国家在以往 10 年当中所取得的技术进步，很多也依赖于引进和再进一步的发明。问题就是他们所取得的成就往往因为知识产权方面的一些限制，无法向发展中国家加以转让，我们应该鼓励这种转让，保证有关技术能够从发达国家、从产能比较大的发达国家向发展中国家转让，这方面要有一些国际的公共产品，在各个国家和区域层面都要这样做。如果我们能够促使人们更多地利用这样的技术，一定要让他们能够处在公共部门的手中，把他们放在公共的区域内。

另外一方面要考虑私有公司，或者包括发明公司的投入和公共的利益怎么来进行平衡，这里面需要制定更清楚的贸易规则，还有其他知识产权方面的规则。我本来应该谈一下有关融资方面的状况。现在对电力进行了很多的投资，要利用私营部门的经费来推动公共事业的发展。我想在绿色气候变化的资金方面，联合国也提出了一些思路，我们现在不仅要单纯地利用资金，还要利用私营部门的经费，我们把有关的风险用公共部门来加以抵消。从中国和其他的经合组织经验来看，公共部门是非常重要的。我觉得要让市场做得好的话，必须要有公共部门的支持，因为市场有很多失灵的方面，对很多技术来说如果没有公共支持，他们在市场上是难以立足的。

还有就是对技术进行评估，我想重要的是要意识到并不是所有的技术都是绿色的，哪怕是一些大规模的水利项目，以及核电的项目，也并不都是绿色的。我觉得在这方面要进行很好的评估，联合国在这方面已经一马当先地评估很多年了，这样我们才能有更好的生产。

# 四、初析全球清洁能源治理的趋势

于宏源*

能源对于各国的重要性不言而喻。整个 20 世纪的 100 年，人类消耗了 2650 亿吨的煤炭，消耗了 1420 亿吨的石油和天然气，21 世纪的头 50 年，这些能源的消耗总量将超出 20 世纪 4—5 倍。① 全球经济的发展很大程度上依赖于如何解决能源匮乏这个难题，世界上至今还有 16 亿人口缺乏基本的能源使用。与此同时，气候变化、低碳发展、粮食安全，甚至水资源问题都与能源短缺环环相扣，而上述问题的发展与恶化使全球各国需要携手共同推进低碳能源的发展。在应对气候变化和能源安全的大背景下，清洁能源日益成为未来国际能源体系的支撑。

21 世纪是人类发展史上的重要里程碑，全球一半人口正在或已经进入资源密集型工业化社会，传统的南北关系和资源环境体系受到严重冲击。伴随着美欧日经济复苏、新兴发展中国家持续增长和能源需求供给矛盾失衡现象，传统能源危机的直接后果是西方国家的传统主导权受到挑战。由于世界探明石油储备只能满足 40 年的消费需求，而天然气储备也只能满足 60 年的消费需求，因此在传统能源领域全球面临着零合困境。清洁能源却赋予人类的能源合作一缕曙光。国际能源体系的主导权正在朝向清洁能源方向发展，低碳经济已经成为国际经济的增长热点，欧洲、美国和日本在综合、高效、环保地利用传统能源的同时，因地制宜，大力开发核能、水力、风能、生物能源等清洁能源，坚定不移地奉行能源多元化战略已成大势所趋。

---

* 于宏源，上海国际问题研究院比较政治和公共政策所副所长、研究员。

① Christof Rühl, "Global Energy After the Crisis", *Foreign Affairs*, Vol. 89, Issue 2, 2011, p. 32.

## （一）世界能源消费面临的问题

进入21世纪，世界能源可持续发展面临严峻挑战，主要体现在三个方面：能源消费需求高速增长；传统能源的供应安全问题；环境保护和温室气体减排压力日益增大。据英国BP公司给出的2000—2010年世界一次能源消费总量数据（见图1），可以看到2000年以来世界一次能源消费总体呈上升趋势。根据其预测，到2030年世界能源需求将增加39%。目前世界一次能源的供应主要还是来源于化石能源，即石油、煤炭和天然气，分别占一次能源总供应量的34%、30%和24%（见图2）。但是，化石能源全球范围内的分布并不均匀：亚洲煤炭资源量占世界总储量的56%以上，北美约占26%以上；[①] 而石油的分布更加集中，中东地区的石油储量约占世界总储量的2/3。[②] 如此不均匀的分布导致世界石油供应风险很大，价格不断上涨，2000—2010年以来世界原油价格从28.23美元/桶上涨至79.04美元/桶。一次能源价格的起伏对世界能源供应安全产生了很大的负面影响。

全球的能源格局出现了两大重要的变化：一是供需的一体化，如美国页岩气革命；二是供需的相对割裂状态，特别是在亚洲以及中国。这将造成国际政治领域出现两个不同的结果：一是中国需要承担更多国际性的公共物品，如在能源安全保障、机制和全球治理方面，中国需承担更多的责任和义务；二是对外能源和对外资源联系方面，美国与外部世界能源联系的下降，将削弱美国对于提供全球公共物品特别是能源经济秩序的一种动力，这也就增加了全球能源安全的不稳定性。

另外，以化石燃料为主的能源结构还带来了严重的气候变化和环境破坏问题。化石燃料燃烧排放二氧化碳引发的全球变暖已经引起世界各国的广泛关注，控制二氧化碳排放量刻不容缓。燃煤电厂产生的烟气和颗粒物

① 国家煤炭工业网，http：//www.coalchina.org.cn/page/info.jsp? id=4536。

② 中新网，http：//finance.chinanews.com/ny/2010/07—08/2389532.shtml。

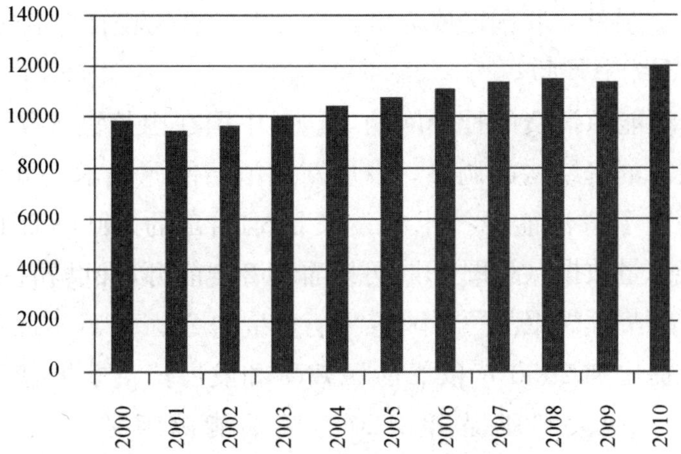


**图 1　2000—2010 世界一次能源消费总量/百万吨油当量**

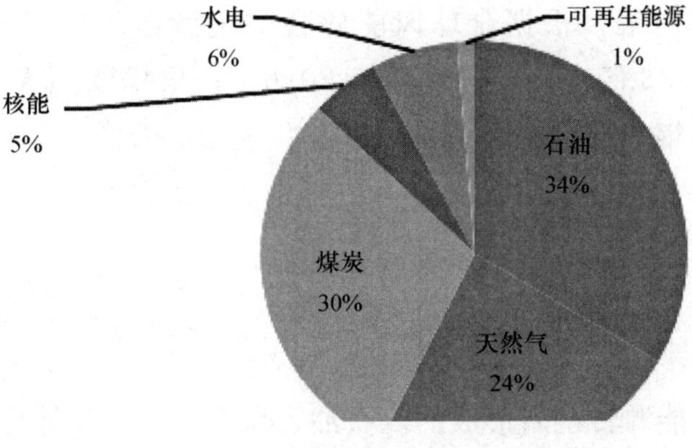


**图 2　世界一次能源消费结构图**

形成酸雨，并导致大气质量下降，给生产生活带来严重危害。汽车尾气中的有害气体和颗粒物导致城市空气质量下降，严重威胁居民健康。

世界能源消费面临的问题在我国也同样存在。能源需求方面，目前我国经济的高速增长带动了能源需求的快速增长。从 2000 年开始，我国能源消费年均增长速度接近 8%，且预计未来会进一步增长。同时，我国人均化石能源拥有量远低于世界水平，可以开发利用的煤炭资源储量不足，油气资源则更为匮乏。据中国工程院预测，2030年我国石油进口依存度将达到70%。另外，我国已成为世界第一大二氧化硫和二氧化碳排放国，环境污染情况十分严重。

由于传统能源消费的种种问题，包括中国在内的世界很多国家都在大力进行能源消费结构的调整，发展新的清洁能源技术。世界各国政府和机构都提出了清洁能源技术的发展目标。美国奥巴马政府提出要在2012年实现美国10%的电力供应来自于清洁能源；欧盟首脑会议提出2020年使清洁能源占欧盟25国能源消费量的25%；日本政府推出绿色能源新政，提出到2050年依靠能源效率和发展清洁能源使温室气体减排80%以上；澳大利亚提出2020年清洁能源满足20%电力需求的目标。

在各国政府的大力推进下，近年来世界清洁能源技术实现了大规模的发展。清洁能源技术包括风力发电、太阳能光伏发电、电动汽车、地热能、潮汐发电等。根据全球风能协会的统计，2011年世界风电总装机容量达到2.38亿千瓦，同比增长20.6%；根据欧洲光伏协会的初步统计，2011年世界光伏总装机容量达到6735万千瓦，同比增长69.6%。①

### （二）清洁能源和大国竞争

经历两次能源转型后形成的以石油、煤炭和天然气等化石能源为主导的能源体系极大地推动了人类社会的发展，使人类从农业文明过渡到工业文明并不断进步。但是，随着时间的推移和能源消费量的大幅度增加，化石能源的不可再生性和地域分布不均带来的能源安全问题及其利用所带来的环境污染等难题也日益突出。在这一背景下，发展替代能源、推动能源转型的呼声日渐高涨。国际社会试图摆脱化石能源的努力最早可以追溯到

① 能源观察网，http：//www.chinaero.com.cn/zxdt/djxx/ycwz/2012/04/119354.shtml。

20世纪五六十年代核能的兴起。第二次世界大战后，核能作为高效和环保的清洁能源登上历史舞台。20世纪60年代，西方国家普遍看好核能，认为它有望挑战石油而成为新的能源主导。但以后事态的发展却出乎了人们的预料，出于对核扩散和核电事故等的担心，国际社会反对核能的呼声越来越高，核电的发展受到诸多制约。第二波替代能源发展热潮出现在20世纪70年代的两次石油危机之后，包括太阳能、风能、水能、地热能等在内的新能源和清洁能源得到极大发展，核能也进入第二个发展高潮。1973年爆发的第一次石油危机使西方国家受到严重冲击，为降低对石油的依赖，西方国家大力开发替代能源，开始对清洁能源进行大规模研发。20世纪70年代末，全球经历了第二次石油危机，进一步增强了西方国家发展替代能源的意愿和决心。联合国于1981年8月通过了《促进新能源和可再生能源发展与利用的内罗毕行动纲领》，在全球范围内推动了清洁能源和清洁能源的发展。

从全球权力转移的历史演变来看，当前能源创新是能源气候博弈的核心，国际体系重大结构性变化的前提和条件是能源权力结构的变化，即出现了下一代能源的主导国。[①] 乔治·莫德尔斯基、康德拉季耶夫等认为主要大国均重视创新优势的竞争，丹尼尔·耶金认为技术和制度创新对能源权力结构具有重要意义。气候变化危机为权力竞争带来了新的机会和特征，格莱布和麦斯纳把国家竞争力变迁和技术投资与减轻气候变化成本联系起来。[②] 乔纳森·戈卢布和尼古拉斯·斯特恩等指出欧盟推动气候变化谈判不仅让其在全球治理中占据主动，也为提升创新优势奠定了基础。[③]

---

① 转引自于宏源："权力转移中的能源链及其挑战"，《世界经济研究》2008年第2期，第29—34页。

② M. Zebich-Knos, "Global Environmental Conflict in Post-Cold War Era: Linkage to an Extend Security Paradigm", *Peace and Conflict Studies*, Vol. 5, No. 1.

③ Henry Shue, "Avoidable Necssity: Global Warming, International Fairness, and Alternative Energy", in I. Shapiro and J. W. Decena, eds., *Theory and Practice*, NewYork Univeristy Press, New York.

因此，世界主要大国都把清洁能源和低碳经济作为减缓气候变化的优选途径。霸权兴衰的前提条件是国际能源权力结构的变化，即是否有国家（或非国家实体）拥有了可以挑战现行体制的新的能源链条，这包括：新型能源的发现、能源资源的排他性占有、能源应用技术的革命性进展、能源技术的普及与社会经济能源利用率的提高、国家对能源使用的控制力等。例如，16世纪英国实现了从生物能源向煤炭能源的转型，而其工业革命比欧洲其他国家提前很多年。富有制度和技术创新优势的美国率先将石油用于工业，领导了内燃机工业革命。美国对各种清洁能源（核能等）技术的占有优势、技术效率优势和逐步加强的国家控制力使其从二战至今保持了世界超级大国的地位。

但自20世纪80年代中期以后，随着国际油价进入长达十多年的低迷期，替代能源的发展速度一度有所放缓。直到进入21世纪后，在能源需求增长、油价攀升和气候变化问题日益突出等推动下，新能源和清洁能源再次引起世界各国的重视，掀起了新一轮发展高潮。

目前国际能源体系的主导权正在朝向清洁能源方向发展。低碳经济已经成为国际经济的增长热点，清洁能源产业已经在全球范围内成为重要的经济增长点，直接拉动投资在1000亿美元以上，带动数百万人口就业，具有深远的社会和经济效益。① 因此，欧美发达国家认为垄断国际体系的前提就是必须发展清洁能源。② 清洁能源与油气资源不同，它属于自产自销的资源，谁掌握了清洁能源开发装备的制造技术，谁就掌握了发展先机，它在促进本国的能源转型和带动经济发展方面有着双重的直接作用，同时还可以投资国外市场掌握他国的能源命脉。所以，包括风能、太阳能、生物质能、智能电网、电动汽车和储能技术等清洁能源技术的研发、

---

① 麦肯锡2009年报告《中国的绿色革命——实现能源与环境可持续发展的技术选择》，http：//www.mckinsey.com/locations/chinasimplified/mckonchina/reports/china _ green _ revolution _ report _ cn.pdf。

② 参见于宏源："权力转移中的能源链及其挑战"，《世界经济研究》2008年第2期，第29—34页。

产业化发展和商业化应用已经成为世界各国关注的重点。推动本国清洁能源产业发展、保持国内清洁能源产业的竞争优势、促进清洁能源技术进步、引领未来清洁能源的发展潮流、抢占新一轮能源革命制高点已经成为各国考虑的重要任务。2012 年 11 月，奥巴马再次当选美国总统。在竞选期间，奥巴马极力推动所谓“绿色新政”，即大力支持发展清洁能源，推动创新，以确保美国有最好的技术和最好的技术员来开发清洁能源。目前，美国的能效已经大幅度提高，风能和太阳能发电量翻番。奥巴马还计划推动政府和企业共同投入数百亿美元来加强清洁煤技术。奥巴马在制造业回归中的最重要创举是绘制美国未来清洁能源的蓝图：未来 6 年支出 530 亿美元用于高铁建设，增加美国能源部 295 亿美元的预算要求，大力发展地热技术、电动汽车、太阳能、风能和生物质能，还成立了基础能源科学研究中心，以便发现新的方法来生产、储存和使用能源。[①] 奥巴马由此宣布：“在 2035 年时，将有 80%电力来自清洁能源，包括风能、太阳能、核能及天然气；在 2015 年拥有逾 100 万辆电动车。”美国总统奥巴马 2012 年的国情咨文有四大目标，包括在 2015 年要见到逾百万辆电动汽车在路上行驶、在 2016 年 98%的美国国土有高速无线网络覆盖、2035 年有 80%的美国人可乘搭高速铁路列车，以及 80%电力由洁净能源供应，四大目标中除了加大高速无线网络覆盖范围外，其余三项均与能源创新革命有关。

欧盟在金融危机期间依旧着力推动清洁能源发展计划。[②] 2010 年，欧盟提出了下一个十年的发展规划——《欧盟 2020 战略》。规划强调，欧盟的经济增长方式将向“智慧增长”、“可持续增长”和“包容性增长”转变。也就是说，在今后的十年中，欧盟追求实现一种以知识和创新为基础，资源效率型、更加绿色和更具竞争力的经济增长。低碳经济是知识经

① Achim Steiner，“Focusing on the Good or the Bad：What Can International Environmental Law Do to Accelerate the Teansition towards A Green Economy?”，*American University International Law Review*，Vol. 25，No. 5，2010，p. 848.

② 张敏：“高科技产业的‘欧洲梦’”，《瞭望》2010 年第 9 期。

济的重要组成部分，它的发展有助于欧盟提升经济结构并提高欧盟的经济竞争力。其中的关键在于：迅速从传统经济结构向低碳经济结构转变，提高能源使用效率；加快高新、绿色技术的开发和应用，帮助欧盟国家迅速摆脱经济衰退；巩固欧洲国家高新制造业基地的地位；利用低碳节能技术、清洁能源技术为欧盟在国际市场赢得竞争力和经济效益。[①] 欧盟领先的碳捕获与储存技术（Carbon Capture and Geological Storage，CCS）具有很强的经济可行性，这项技术能够在捕捉 $CO_2$ 的同时制造出“氢”用于燃料电池。而且，作为一项末端（end-of-pipe）技术，它不需要对现有的能源基础设施进行结构上的更新便可以简便地应用。欧盟委员会主席巴罗佐指出，“决不能忘记欧洲向低排放经济过渡所产生的巨大经济机遇……到 2020 年，仅再生能源部门就将带来 100 万个就业机会。欧洲可以成为低碳时代的第一个经济体：必须逐住机遇”。[②] 欧洲商会的研究也表明，气候政策对就业形成了正效应。因为通常能源进口不会给地方带来新的就业，而应用新的能源技术可以在与其相关的支持和服务行业创造工作岗位。数据表明，快速成长的风电企业已经在德国雇用了 6.4 万人，在丹麦雇用了 2.1 万人，在西班牙则为 3.5 万人。[③] 欧盟“生物量行动计划”（Biomass Action Plan）预测，行动计划通过生物发电和生物燃料，可以给欧盟 25 国的电力和交通行业直接提供 25 万—30 万个工作岗位。[④] 另外，欧盟已经建成全球最大的碳交易市场，随着全球气候治理的深入，全球碳市场的交易量不容小觑。通过欧元定价的碳交易，可以带动欧盟相关

---

① 约翰·施密特：“为什么欧洲要主导全球变暖问题”，《国际政治》（中国人民大学书报资料中心）2009 年第 4 期，第 82 页。

② Commission Staff Working Document，Limiting Global Climate Change to 2 Degrees Celsius：The Way Ahead for 2020 and Beyond，Impact Assessment，COM（2007）2 final，p. 28.

③ Ibid.

④ 周剑、何建坤：“欧盟气候变化政策及其经济影响”，《现代国际关系》2009 年第 2 期，第 43 页。

的金融服务发展，并向全球渗透，从而挑战美国在全球金融市场的优势地位。[①]

## （三）东亚国家面临的能源困境

作为仅次于北美洲的新的能源消费中心，东亚国家的能源挑战更为迫切和严重。东亚地区存在的四大风险是：供给源风险、价格风险、运输风险和溢价冲击。[②] 由于存在这些风险，[③] 以及消费国的恶性竞争，中国、日本等付出了高昂代价以满足能源需求。[④] 首先，部分东亚国家面临能源安全和环境安全的双重挑战。东亚主要经济大国日本、韩国和中国都存在较大的能源缺口，能源对外依赖严重，石油进口主要来自中东，能源运输都主要依赖印度洋—马六甲一线，无论是在进口来源还是在运输上都存在较大的风险和安全隐患。中国以煤为主的能源消费，粗放型的经济增长模式，加上燃煤技术低下，能源发展与环境保护的矛盾十分尖锐。其次，东亚各国缺乏有效的能源安全协调机制。东亚主要能源消费国之间长期处于各自为政、疏于协调的状态。各国的能源进口来源和进口路线较为接近，互相存在较多的同构性竞争。由于东亚地区缺乏有效的区域合作机制和对话平台，加上一些尚未解决的冲突和潜在热点问题，深层次的不信任阻碍了东亚各国在能源安全领域的合作。再次，东亚各国总体上缺乏有效的石油战略储备和预警系统，抵御石油能源危机的能力较弱。除了日本和韩国

---

① 薄燕、陈志敏："全球气候变化治理中欧盟领导能力的弱化"，《国际问题研究》2011年第1期，第37—46页。

② 陈志恒、金京淑："东北亚能源安全与东北亚能源共同体探讨"，《东北亚论坛》2005年第6期，第9页。

③ 是指不考虑运费差别，亚洲主要的石油消费国对中东石油生产国支付的石油交易价格，比从同地区进口原油的欧美等西方国家，每桶原油要高出1—1.5美元的现象。

④ A. F. M. Maniruzzaman, "It is Time for Asia to Co-operate on Energy Supplies", *The Financial Times*, November 14, 2005; "Energy Cooperation in the Asia Region", Pinsent Masons, March 12, 2006.

作为国际能源机构成员国，分别拥有169天和75天石油战略储备外，其他国家大多没有足够的石油战略储备，印度和中国的石油储备仅够一到两周的国内需求。这还造成了中东石油输往东亚地区的价格偏高于输往其他地区的“亚洲溢价”效应。最后，在清洁能源领域，东亚国家合作的利益远远大于传统能源带来的冲突和危机。中国拥有丰富的自然资源和相对廉价的劳动力，而日本和韩国则在新能源和清洁能源等方面具有先进经验和技术。

对于亚太地区来说，一方面现在有很多的机制让各个国家把清洁能源作为优先的发展方向，也有很多的机制愿意来探讨能源的问题、环境的问题，这是非常好的方面。另一方面，可以看到，由于资源的压力，比如说水、粮食、环境带来连带的安全冲突，水的问题会带来国家之间的不信任，同时新的资源也可能成为国家之间新的竞争焦点，但又缺乏一种治理的机制。刚才讨论到由于中美能源位置的互换，中国一方面没有能力来提供这么多供给；另一方面又面对着美国不断减少国际贡献的挑战，这对全球的能源合作带来了一种新的威胁和挑战。

### （四）清洁能源面对新的挑战

推动清洁能源的发展是环境和气候变化使然。有数据显示，如果不算水电的话，清洁能源在全球的能源结构中从2013年来说只有1.9％的比重。无论是从比重还是结构来说，与目前全球的环境保护要求、气候变化的要求是不适应的。

另外，全球面临安全的新挑战，那就是所谓的连带安全，其也是写在2015年后的发展议程当中的。传统意义上的安全可能是所谓的军事安全等，在新的领域，特别是随着气候变化问题的兴起和对人的安全的重视，不再仅是关注安全，而且关注一种关联，这种安全的关联性对于人类的冲击更大。所谓的关联最重要的就是人的基本生活要素的三个部分，即水、粮食和能源。这三种关联性导致全球会出现更多的问题，几十亿人口有饮食结构的变化、交通出行方式的变化、能源使用方式的变化，其会给人类带来巨大的挑战。这种挑战不是单方面的，不是单维度的，不仅是粮食问题、不仅是能源问题，而是能源、粮食、水三个问题共同作用的问题。所以，清洁能源的治理也不仅是单维度的，需要考虑多重维度。

清洁能源要发展可能会遇到一些很大的问题，首先是粮食问题。如上所述，在亚太地区越来越多的国家采用生物燃料作为能源结构的一部分，这对全球的粮食进口和粮食贸易产生了很大的影响和冲击。目前，全球还有十几亿人口处于挨饿状态，这种生物燃料直接对全球的粮食安全产生很严重的影响。其次是水电问题。虽然中国和亚太国家都把发展水电作为很重要的问题，但中国有多条国际河流，每一条国际河流都有领土和主权上的一些冲突或者争议，其中最严重的发生在中国和印度、中国和东南亚国家之间，也包括中亚特别是阿富汗沿阿姆河之间的一些新的冲突。可以看到，一方面各个国家都希望发展水电，因为水电也是清洁能源；另外一方面，亚太地区大部分国家，包括中国和印度都没有签订水的公约，也没有加入相应的一种机制，在亚太地区没有相应水的治理机制存在。因此，一方面是不断地发展水电大坝，另一方面由于国际河流产生的问题也可能会引起新的冲突。

发展新能源和清洁能源离不开新的材料、新的战略因素。以前依靠的是石油和传统化石能源，如果将来要发展清洁能源，如新的电动汽车清洁能源的时候，可能依靠的是锂、矿等金属，但是这些金属本身不是可再生的。如果全球都在使用电动汽车，按照这种速度，20 年之内锂矿产将会被消耗殆尽。

除此之外，全球清洁能源的治理机构也非常重要。面对当前气候变化、环境危机和能源安全等多重相互关联的挑战，国际能源机构（IEA）的职能也有待扩展。IEA 的成立是西方发达能源消费国对 20 世纪 70 年代初世界石油危机的反应，其最初的职能是在石油供应紧急时期协调成员国的政策。随着后来 IEA 强调能源供给来源的多样化，致力于完善应急反应机制、共同加强能源需求管理、维护世界能源市场的稳定等，IEA 的职能亟需扩展到实现全球能源安全、经济发展和环境保护三方面健康平衡的发展领域。由于IEA在新能源领域力不从心，欧盟已带头建立了国际可再生能源署（IRENA）以填补这个职能真空。

清洁能源不是完全可再生的，它的背后是一种新的挑战——与战略性矿产资源相伴随的挑战。战略性矿产资源背后缺乏全球治理的机制，它和传统上非常成熟的石油和粮食不同，如目前在金属钴和其他现有战略性矿产资源中还没有成熟的全球治理机制。这不仅仅是能源和技术问题，也是科技政策和国际政治相结合的问题。这不仅仅是一个能源问题，也是与能源、粮食、水有关联性的问题，需要用关联性的意识来解决。这也不仅仅是发达国家或联合国的问题，更多的是新兴发展中国家在面对供需分离时如何通过承担更多的国际义务来维护自身的安全、为全球提供一种公共物品的问题。

## 五、中国和国际合作伙伴关系在清洁能源服务方面的作用

Shantanu Mitra*

我谈三个问题：第一，中国在低收入国家普及清洁能源方面的潜在作用；第二，在这项工作中的一些挑战；第三，包括中国在内的国际合作伙伴关系在应对这些挑战中的作用。我认为，中国处于一个很独特的位置，可以帮助应对在向发展中国家最贫困人口提供现代能源服务方面的挑战，但要充分实现这方面的潜力，要求在政府和私营部门两个层面上加强国际合作。

### （一）挑战

联合国秘书长在2012年启动了人人享有可持续能源的倡议，用以协

* Shantanu Mitra，英国国际发展署高级经济顾问。

调国际行动并提供一个可持续能源的平台，这反映了国际社会对清洁能源议程日益增长的关注。这一倡议强调为所有人提供能源服务（应对能源贫困）的目标，扩大可再生能源的比例以及提高能源效率。倡议确认享有现代能源服务对包括经济发展和创造就业、健康和教育成果、妇女和女孩福利、环境可持续性等各种全球发展目标的重要意义。

到目前为止的政策注意力和投资大多集中在大型公用事业规模技术上，但是分散的离网型解决方案可能与能源服务挑战更具有直接的相关性，因为千百万穷人没法利用电网供电，在可见的未来也是这样。要克服这一挑战，需要用商业上可持续的私营部门引导的做法。

但是，这些技术要普及到贫困家庭会带来不同的特别挑战，这和类似大型太阳能和风能等技术不一样，后者的私人投资迅速增加，成本迅速降低。分散型技术包括迷你电网和类似太阳能灯和清洁炉灶等个人电器，如果要加速规模化利用，对技术（成本和质量两个方面都要符合当地需要）以及融资和商业模式的创新难度要求更大。对离网型技术而言，财政积极性往往比较弱，营销、物流和售后服务等方面的挑战更复杂。

## （二）中国的贡献

为什么中国对这一议程这么重要？中国的影响现在通过各种渠道已经能够感觉到了。总的来说，中国处于一个独特位置，在这个近年来国际社会更加关注的问题上发挥全球性影响。具体说，中国的影响体现在以下几个方面：

第一方面，作为投资者。据估计，中国对外直接投资总和在 2012 前五年超过 2000 亿美元，能源和资源部门至少占了 30%（有些估计甚至高达 47%）。[①] 2004—2013 年期间，中国在可再生能源方面一共投资了 2330

① China's overseas investment in the energy/resources sector：its scale，drivers，challenges and implications，Xiaomei Tan，Energy Economics 2012.

亿美元，2012年超过美国而成为可再生能源最大投资者。[①]

第二方面，作为资金提供者，官方和商业两个方面。国家开发银行和进出口银行正在成为其他发展中国家越来越重要的项目融资者。

——特别是在非洲，国家开发银行已经资助了195个项目，为40多个非洲国家贷款额达210亿美元（2010年为50亿美元），覆盖包括能源的各个部门。

——国家开发银行旗下的中非发展基金到2012年已在30个国家的60个项目中累计有20亿美元的股本投资，撬动总投资大约在100亿美元。

——中国对发展中国家的外部援助预算2012和2013两年每年超过30亿美元。中国政府第一份援外白皮书称，“应对气候变化已经成为中国外援的一个新领域”，“中国政府决定在太阳能、生物能和小水电站等领域里支援非洲国家100个清洁能源项目”。[②] 中非合作论坛第五届部长级会议包括一项在清洁能源和可再生资源合作方面的具体承诺。

第三方面，作为制造基地。中国现在是全球最大的太阳能板和风力发电机制造国。中国以全球48%的产量统治了太阳能光伏元器件制造的全球市场。根据国际金融公司的数据，由其“照亮非洲”（Lighting Africa）项目认证的离网型照明产品98%由中国制造，大多是由原始设备制造商承包生产的专利产品，再由设计和分销公司在非洲和亚洲各市场上销售。

第四方面，作为日益重要的知识中心和创新者。虽然在可再生能源研发投入方面发达国家占了统治地位，2011年占了研发总投入的75%，但中国在其余部分占了大头，而且其研发投入正在迅速增长。2008年以来，中国的研究经费总额以每年平均18%的速度递增。2011年，中国占全球研发经费的以12%，超过日本，仅次于美国。中国第12个五年计划要求在2015和2020年研发经费要分别达到国民生产总值的2.2%和2.5%，

---

① South-Originating Green Finance：Exploring the Potential，S Zadek and C Flynn，IISD 2013.

② 中国政府援外白皮书，2011年4月由中国国务院发表。

能源资源列为国家科技计划中 11 个优先项目之一。

第五方面，作为国际机构和谈判中的重要声音，包括联合国气候变化框架公约、联合国 2015 年后发展议程、世界银行和其他多边金融机构。

第六方面，作为发展成功案例，吸引其他发展中国家学习中国在脱贫、特别是能源服务和可再生能源方面的经验。英国国家科学、技术和艺术基金会（NESTA）研究报告称，“大水电、大太阳能光伏和大风力发电——这些通常是中国低碳技术的焦点所在。但是，另一种大不一样的创新对如何在中国和世界实现低碳经济和社会更具有重要示范意义。这些创新包括云南的一个合作农场、北京乡下的木头和玉米碎片、杭州和深圳只用盐和水的空调”。① 除了具体技术以外，中国在建立鼓励政策框架方面（例如可再生能源法和绿色信贷政策）的经验可能会引起更多人的兴趣。

简而言之，中国有一个独特组合：一个强有力支持低碳技术发展的政府，设计、改进和生产低成本低碳技术的越来越有创意的制造商，对发展中国家提供日益增长的外援资金流，在国际论坛上拥有相当的分量。中国自己也有能源贫困人口（虽然中国人口的 94％连接电网，还是有大约 8000 万人没有电网供电），这在发展中世界的很多社区里是很典型的情况。

## （三）应该做什么

问题是：怎样最有效地利用这些优势在发展中国家的贫困社区里尽可能加速清洁能源解决方案的商业应用？

我认为，如果中国各种行为者之间加强合作，如果中国更多参与近年来发起的各种国际清洁能源行动，如果活跃在这一领域里的中国企业和国际企业结成更多的合作伙伴关系，就可以取得很多成就。这样的合作有很多方面的益处，例如：

---

① “Game-Changing China：Lessons from China about disruptive low carbon innovation”，UK National Endowment for Science，Technology and the Arts（NESTA），June 2010.

• 向中国的清洁技术创新者、制造商、投资者、标准机构等提供有关市场潜力、当地社区需求、国际产品标准和认证机构，以及国家政策和法规等方面的信息；

• 通过将中国的创新和制造能力与具有产品开发和管理商业模式其他方面（例如分销、营销和融资）的知识和经验的合作伙伴对接，可以建立更有效的国际商业合作伙伴关系；

• 鼓励中国企业更积极地参与“市场营造”或“市场聚合”的国际间行动；

• 让中国的官方融资（商业的和南南合作基金）与国际行动提供的机会对接；

• 为更广泛、更有效地传播中国在政策、技术和加快发展等方面的国内经验提供平台。联合国人人享有可持续能源倡议可以为分享知识和监控进展提供一个宝贵框架。

国际行动的例子包括旨在加速发展撒哈拉以南非洲商业离网型照明市场的国际金融公司和世界银行的联合项目照亮非洲（Lighting Africa）、由世界银行信息发展计划管理的气候创新中心，以及旨在支持普及清洁炉灶和燃料的公共—私营合作伙伴关系全球清洁炉灶联盟（GACC）。令人鼓舞的是，考虑到中国在国内宣传清洁炉灶方面取得的很可观的成功，中国最近加入了全球清洁炉灶联盟。

除了与这些以及其他国际项目合作以外，英国国际发展署（DFID）还从财政和技术两方面支持侧重于为清洁能源推进创新和鼓励私募融资的其他各种行动。这些行动的运作方式多种多样，但都寻求应对市场失灵并通过适当利用公共支持鼓励私营部门的创新和投资，例如通过基于结果的融资、制定关税或补贴方案，以及灵活融资方式，如担保、贷款和股权、创新种子资金。

由于在这个领域里中国企业的重要性，中国更多的参与可以使这些行动更迅速地实现大规模影响力。这还可为中国和其他国家的企业创造商业机会，因为这些行动中很多都有形成市场和因此而建立商业合作伙伴关系的作用。

机会的规模以及清洁能源服务议程对全球脱贫的重要意义都是很清楚的，我希望看到它作为南南和南北合作的一个重要新领域而得到发展，中国处于其核心位置。

## 小　结

Sergio Balibrea*

本议题的目的是讨论清洁能源的全球性，审视可持续能源对发展提出的挑战，分析发达国家清洁能源管理对全球的影响，研究公共部门和私营企业之间在提供清洁能源方面的互补效应，并讨论中国对联合国全球能源议程的支持。

讨论会的背景有两个方面：一是尽管能源对可持续发展和减缓贫困非常重要，但大约 24 亿人仍然没有或没有可靠的电力供应；二是在充分享有现代能源服务的地方，碳排放正在加剧气候变化。

座谈小组解释说，1992 年环境和发展里约峰会没有把能源作为与贫困和可持续发展相联系的一个因素，千年发展目标没有包括任何有关能源贫困的行动。10 年前情况开始发生变化，集中体现在 2011 年由联合国秘书长和世界银行行长共同发起的“人人享有可持续能源倡议”，其目标是实现全世界普遍享有现代能源服务，提高能源效率，提高可再生能源的使用比例。不久前，联合国大会宣布启动 2014—2024 联合国“人人享有可持续能源 10 年计划”。

座谈小组建议，需要发动一场“资源外交”来克服一些跨越各个部门的挑战。比如，生物能源可能会过度使用农业资源而破坏食品安全政策；有些水电项目可能引发地区性争议，特别是在关系到水源控制时，需要地

* Sergio Balibrea，世界知识产权组织总干事办公室会议部主任。

区性治理；还有，可再生能源需要的金属可能比较稀缺，或处于冲突地区之内；最后，清洁能源不能脱离能源安全的相关目标。

有一位发言者指出，世贸组织有关补贴和知识产权的规定可能也会对公平获取能源带来障碍，建议对此作出评估。能源获取要求在国家层面有一整套政策、法律和金融工具，还应该包括技术评估。

在亚洲，出现了一种失衡局面。大量资金流入可再生能源的结果是产能较高，但消费比例失调，保持在过低水平。各国政府应推行更多政策在亚洲鼓励清洁能源消费，例如强制性目标、联网义务、差价结构、费用分摊系统，以及更多公共资助，比如补贴、减税和优惠贷款等。反过来，这类政策会创造更多的绿色就业机会。

中国有一个好的政策框架以及独有的制造、技术和财政能力。座谈小组一致认为，中国是可再生能源领域里的天然领袖，应该对可再生能源在世界范围内特别是在非洲的推广作出更大贡献。中国公司和中国当局应与全世界促进清洁能源的各项动议联手合作，尤其是联合国秘书长最近刚刚发起的“人人享有可持续能源倡议”，这项倡议对促成这类合作和知识交流可以发挥宝贵的作用。

在问答环节中，座谈小组详细介绍了这项倡议的各项目标，即确保到2030年，全世界的人口普遍享有现代能源服务，将提高能源效率的速度提升1倍，将全球使用的能源中可再生能源的比例提高1倍，即从15%提高到30%。

这项倡议要求私营部门的大力参与，否则不可能会有任何改进。另外，各成员国应该更有力地支持这项倡议。

主持人、座谈小组成员和与会者感谢会议主办者举办这样一次很有意义的会议。

# 食品安全与全球治理

## 背景

1996 年联合国粮农组织（FAO）在罗马举行了世界粮食首脑会议，这一会议具有重要的历史意义。在此论坛上，世界领导人讨论新千年所面临的最主要的议题之一：消除饥饿。这次会议认为食品安全的含义是“为了享有健康、积极的生活，任何人在任何时间能够有充足、安全、富有营养的食物”。食品安全需要从可持续发展的视角审视，它充满了复杂性。食品安全可以是因营养不良影响健康方面的问题，它也与经济持续发展、环境、贸易等发生联系。食品安全有赖于三大方面的因素：食品的供应（常态化的食品充足供应）；获取食品的可能性（有足够的食品资源，以保证合适的、富有营养的饮食）；食品的食用（具备对食物的营养、保管方面的知识，并能基于此正确地选用食物，此外应有充足的水和良好的卫生条件）。

2000 年，联合国制定的新千年发展计划的第一个目标是：到 2015 年全球受饥饿之苦的人的比例减半。目前的情况是，尽管与 2010—2012 年相比，3000 万人不再长期承受营养不良之苦，但是全球忍受饥饿之苦的人数依然有 8.4 亿到 8.7 亿，其中有成年男女，也有孩童，他们长期遭受饥饿之苦。在发展中国家，缺少充足、安全、富有营养的食物，这成为减少贫困的主要障碍。今天和将来人口不断增加，而资源有限，由此所造成的压力日益增加，那么在此情境下，我们该采取怎样的方式实现粮食安全呢?

## 联合国面临的挑战

2050 年，全球人口预计超过 90 亿，这意味着利用日益缩减的农田和有限的水资源生产出的粮食数量需要翻一番。全球金融危机加剧了粮食危机和食品短缺，食品供应产生波动，因为生产成本增加，食品、能源需求增长以及气候变化等因素，食品价格也在上扬。

也许如今我们正在面对一个令人吃惊的悖论：世界上的粮食够所有人吃，然而 8.4 亿人却不能享有安全的食物。这是为什么？粮食供应不均、缺乏变革动力是主要问题吗？我们需要应对由于生产力低下、费用高昂、缺乏现代科技而导致的更多挑战吗?

为了提高产量，扩大获取食物的渠道，可以采取政策革新、有目标的投资和创新方式等减少风险。在新的具有主动性、具有创新的经济资助和多方利益伙伴的合作的情境下，应该齐心协力共同应对不安全食品。因此，我们可以问自己以下问题：

- 鉴于发展中国家纷繁复杂的情况，食品和农业贸易的进一步自由化会产生哪些直接的影响？

• 国内的经济与社会政策，尤其是食品、农业和农村发展政策，在何种程度上会与非常复杂的（有可能是负面的）国际政策（例如那些与国际贸易相关的政策）相制衡？

• 如何把贸易中所获得的总体经济收入用于食品安全问题中的潜在受害者？

• 采取过度开发自然资源进行食品和农作物的生产与销售从长远讲会危及国家的食品安全。如何减少这种做法？

• 如何保证进口食品质量，放心食用？

### 研讨目标与成果

△概述目前全球食品安全和发展的现状与挑战；

△讨论全球应对食品安全和发展的途径；

△确定增强食品安全的原则和各种有效的实际政策；

△讨论在以可持续的方式实现食品安全和发展中，联合国和中国的作用，以及需要什么样的可持续发展？

## 一、全球食品安全与发展：以可持续方式供养不断增长人口的任务

Idriss Jazaïry*

非常感谢中国政府领导人和中国浦东干部学院给此良机，让我们聚首上海，研讨全球食品安全这一专题。对您们的盛情款待，我们表示衷心的

* Idriss Jazaïry，阿尔及利亚前常驻日内瓦代表。

感谢。此外，本次研讨会有幸获得联合国训练研究所的鼎力支持，得益于他们训练有素的组织与安排。

20世纪，世界人口翻了一番。虽然马尔萨斯悲观的预言迄今没有成为现实，但我们有理由提问质疑：在西方饮食方式普及化以及气候变化长期影响的背景下，食品供应和获取食品的适当措施能否跟得上人口数量不断增长的步伐？为此，全球食品供应速度不得不快速增长，到2030年前增长40％，2050年前增长70％。

现在，每天都有2.5万人死于饥饿，其中大部分是不足5岁的儿童。深受饥饿之苦的人中有2/3是妇女和女童；80％的饥民生活在农村。在我们这个时代，按照发达国家法律的规定，应不断加大汽车和货车使用的混合燃料中生物燃料的比重，然而北方富裕国家一箱油的费用够南方一个穷人购买一整年所需的粮食。从由此引起的基本粮食价格上涨以及温室气体有效排放看，人们低估了第一代生物燃料的负面影响。此外，世界50％的饥民生活在干旱地区，然而在气候变化的影响下，干旱地区面积逐年扩大，令人堪忧。我们的时代是全球化的时代，无论是从国家内部还是从国际视野来看，贫富差距都在日益增大，但是，富有进取精神的中产阶级却备受排挤。在全球化过程中那些发横财的人们不加节制地消耗粮食和水源。与此同时，在耕地不足的国家和地区，由于畜牧业和蔬菜种植业所需土地相对较少，而提供就业机会较多，因此它们比粮食种植业产出更多的食物。更多的扶持政策通常会倾向于粮食获取而非粮食加工。在全球化初期，人们发现种植经济作物获利丰厚，趋之若骛，但这对口粮作物造成了严重影响，因而不久便形成一个日益普遍的现象：为了解决发达国家粮食供给不足的问题，发达国家在发展中国家进行跨国投资，而这对南方小农场主造成了不利影响，他们在这一过程中失去了土地或收入。在此情况下，妇女倍受影响。因为在南方70％的饥民是妇女（或女孩），其中60％到80％的人靠种植基本粮食作物为生。在古代，人们认为粮食欠收造成饥馑尤其是大饥荒是命运之神的捉弄，如今却日渐成为人类任意妄为形成的恶果。

## (一) 中国：与饥饿和贫困作战的希望之塔

上世纪50年代之前，中国是世界上饥荒最严重的国家之一。1960年，3000万人死于可怕的大饥荒。1978年中国实行了改革开放，随后还实施了一系列其他革新，将贫困率从53%降到了8%，取得了前所未有的成就，令世界叹为观止。

中国通过采取土地包产到户的政策，重视粮食作物的种植，着力提高生产力，用9%的耕地养活了世界22%的人口。获取粮食和市场准入仍是一个挑战，这也是为什么中国自2004年以来已成为一个粮食净进口国[①]，粮食自给自足或者说粮食安全的预期目标尚不明确。但是，我们这次研讨会的东道主——中国——已展示了战胜饥荒的远见卓识与坚定信心。

## (二) 消灭饥荒：重新审视联合国目标

国际社会制定了减少和消除饥饿的全球性政策目标，但这只是艰辛旅程中的第一步。为了实现最终目标，应规划实施进程。这一目标应内容明确，具有高度的统一性。该目标的制定意味着人类已深刻认识到：饥荒灾害的频发是人为造成的，因此人类理应担当消除饥荒的责任。如果在商定的时间段内，能够发挥人类的创造力，积极采取行动，共同实现这一崇高目标，那么制定这一目标是大有裨益的。在2008年联合国大会的讲话中，比尔·盖茨谈到千年发展目标的1.C项，认为这是“让大家都来关注贫困问题，参与到与贫困作战之中的最佳思路”。

然而，如果为了迁就长期难以改变的现状而降低目标本身的要求，那么这一目标的制定就具有了欺骗性。从某种程度上说，这已成为国际社会解决饥饿问题惯用的方式。

---

① “北京放弃了自己的粮食立场”，《金融时报》2014年2月12日。

1974年的世界粮食会议郑重达成一致意见，要在“十年内消除饥饿现象”，也就是说预计达到这一目标的时间为1984。同年，基辛格宣布：“1984年以后不会让任何一个孩子饿着肚子上床睡觉。”

22年后，即在1996年，世界粮食首脑会议召开，各国元首和政府首脑在会上决定“最迟到2015年，要将营养不良人口的总数减半”。

因此，1974年的目标被降低了（目标从“消除饥饿”降低为“把饥民总数减半”），延长了完成目标的时间（与1974年世界粮食会议上预期时间相比，这一目标的预期实现时间推迟了31年）。根据粮农组织的数据，南半球约有6亿人营养不良，这还不包括来自其他国家约1800万饥民。按此计算，1996年世界粮食首脑会议制定的目标是：到2015年世界饥民人数不超过3.09亿。

时隔仅4年，在联合国大会的另一峰会上，虽然参会政要基本未变，但1974年世界粮食会议的目标却进一步降低了，他们甚至也降低了在1996年世界粮食会议上亲自制定的目标。在他们所采用的千年发展目标的1.C项中宣告了如下承诺：“从1990至2015年要将世界饥民比例减半。”由此一来在目标中计算人数的起始年份就从1996推至1990。虽然世界人口在持续增长，但是通过降低饥民比例，减少了饥民总数，进一步更改了目标。改动计算人数的起始年份之后，最初的人数变成9.89亿，而非之前的6.18亿。在实施千年发展目标期间，仅此一项改动所产生的结果是：至少1.855亿人依然陷在食不果腹的艰难生活中，而这1.855亿饥民原本是世界粮食首脑会议声称要救助的。饥民人数减半，即把1990—1991年世界43亿人口的23%改为目前世界70亿人的12%，仅此一项数字改动就降低了目标中饥民总数，而改动这一目标无疑就是违背之前的承诺。

将我们的饥民人数从1990年世界人口的23%改为目前世界人口的12%，由此饥民比例就降低了一半，因而罗马联合国粮食机构报来佳音：我们即将达到千年发展目标的1.C项要求。如今，我们在减少贫困方面成绩卓著。与减少贫困行动所取得的成绩相比，减少饥饿与营养不良现象的行动要稍逊一筹，但也取得了显著的成就。

但是该报告也揭示了存在的问题：饥民人数计算总数从 9.89 亿降至 8.42 亿，也就是在 25 年间有 1.47 亿饥民被排除在外，而他们正是千年发展目标旨在帮助的群体。以每年帮助饥民约为 600 万的速度计算，要达到本世纪消灭饥荒的目标十分困难。如果在本世纪后期世界人口保持在 90 亿，那么这一速度应该是每年减少 1500 万饥民。那么照此速度，消除饥荒也需要长达 150 年的时间。

人们也许会问是何原因导致政要在 2000 年改变他们 4 年前所作的承诺。在 1996 年他们宣称定要在 2015 年前将饥民人数控制在 3.09 亿之内，而 4 年后饥民增长了近两倍之多（2.7 亿），面对这一沉重的数字，他们却默许不作为，那么是什么使他们的雄心不再？由于这一立场的倒退，引发诸多担忧，如此之多陷于贫困中的人们被断然排除在救助之外，甚至无望获得慈善资助，他们的生活会因此更加窘迫，这的确令人堪忧。

迄今为止，联合国大会制定的消除饥饿目标一直令人失望，甚至具有欺骗性。一方面，现实中饥荒严重，问题尖锐；但另一方面，在联合国多边会议上，衣食无忧的专家们商议着相关文件，用“联合国文体”拟定充满温情的官样文本，二者形成巨大反差，似乎的确很难将它们联系在一起。

2013 年联合国首脑会谈声明，决心“在 2030 年前消灭贫困和饥饿”，这是唯一让人倍感鼓舞的成果。然而人们应该想到：1974 年，世界粮食理事会也为国际社会制定了同样崇高的目标，而且预期在 1984 年之前就达到这一目标。时隔 39 年后正如同首脑会谈所做的那样，高调宣布了志在消除饥饿现象的声明，并预期在 2030 年实现该目标，而 1974 年世界粮食理事会预定实现目标的时间为 1984 年，两个预期实现目标的时间相距 46 年之久。以前那些激动人心的宣言内容大同小异，都如遭魔咒般一一沦为一纸空文，若想要使这一次的目标不再重蹈覆辙，富有意义，就需要提出明确的纲领，制定具有创新性的实施策略。

综上所述，可得出结论如下：（1）国际社会制定了减少和消除饥饿的目标，但在制定方式上缺乏连贯性；（2）迄今为止所采取的行动给人的印象是：所商定的目标持续降低，在一定程度上是在努力适应长期以来难以改变的现状，而非努力改变现状，以逐步实现既定目标；(3) 对于联合国目前制定的后 2015 目标而言，尤其是消除饥饿的目标，要想使其具有可信度，须认识到如前所述在概念上不足之处与缺乏一致性的问题。

## (三) 国际社会的政策承诺与严重饥荒残酷现实之间差距巨大：问题症结何在

千年发展目标的 1.C 项将要实现，所以也许有人认为是该欢庆的时候了，但是读了前面第二部分的第二小段后，可能就难以为该目标的实现而欢欣鼓舞了。同样，当人们看到报道称在千年发展目标实施期间，非洲撒哈拉以南饥民绝对数量以 30%的速度增长，也会倍感沉重。饥民比例由 33%变为 25%，从千年发展目标来看是在下降，而对在此大陆上新增饥民而言，不会为此感到任何安慰。

要进行后 2015 的战略磋商，参与制定者首先要理解问题的症结。世界粮食理事会 1974 年提出的目标在何种程度上符合实际？还是为了实现这一目标所采取的策略存在不足？无法预料的灾害会对整个目标的实现造成多么深远的影响？对于 1996 年世界粮食首脑会议所指定的目标，这些问题也同样存在。

政府开发援助项目提供的救济粮越来越少，许多依靠援助的国家深受其苦。雪上加霜的是，国际金融机构向非洲撒哈拉以南国家以及南亚国家施压，迫使其生产经济作物以供出口，而这些国家的人们却无粮可吃。其他国家迫于国际金融机构和世界贸易组织的压力，不得不开放本国农业，与享有补贴的进口农产品竞争。由于引进了转基因作物，小农户被迫离开自己的农庄，传统农业日渐衰微，他们只得将保有的土地出售或出租给外国投资者，失去了生计，只好迁往大城市的贫民区。

一些发展中国家的国家发展战略存在缺陷，而且对消除饥饿这一挑战的跨领域特性认识不足。作为国际开发基金会（International Fund for International Development）的前任主席，我深感官方机构之匮乏。例如尚未建立能够满足小农、无地农村居民和流浪牧民具体需求的银行。因此，我通过农发基金重点倡导并资助小额信贷项目的开发。发展中国家的国家管理中存在的问题已有非常全面的报导与论述，许多多边机构对此提出了大量政策建议，所以对联合国机构在这方面作出的合理关注，我就无需多言了。

上述内因与外因会有助于分析所定目标和顽固现实之间存在差距的根源。但是，国际社会选了旨在消除饥饿却又不甚相关的两个目标，后来又降低目标，再后来则弃之不用，接着又采用第三个目标，而该目标与前两个目标也不甚相关。对这些目标的选择变化，人们会发现前文的分析难以解释。

总而言之，解决饥荒问题既是道德义务也是社会责任，从中期来看，它不仅具有重要的经济意义，而且也体现文明世界对人权的尊重。解决饥荒问题，一方面要科学评估粮食需求的涨落变化，另一方面，首先要估算还有多少剩余土地和水体可用于粮食生产；其次要思考在多大程度上丰富生产力，实现其最大化发展，从而满足不断增长的粮食需求。根据供求关系合理规划消除饥饿所需的时间，仅依靠法令不能解决饥饿问题，若没有切实可行的科学策略实现既定的目标，那么该目标就可能沦为又一个政治口号，至多是个痴心空想罢了。

### (四) 如何缩小机构目标和政策制定与现实之间的差距

如果说能轻而易举地找到解决问题的最佳方案，跨越两者之间的重重障碍，或许有些信口开河。但下列分析和建议或许可以给联合国可持续发展目标开放工作组一些解决问题的思路，该工作组将启动并实施联合国消除饥饿的最后一次声明，这次实现目标的时间定为 2030 年。

造成两者差距的第一个原因是方法问题，要解决该问题，须认识到以前多边目标制定中缺乏统一性和概念不够完善的现象。为了实现 2030 年消除饥饿的既定目标，联合国是否在努力寻求最佳策略？如果是，如何与正在实施中的千年发展计划的 1.C 项有效进展速度相协调？最近联合国高级别小组宣称从2015年至2030年将消除饥饿。如果通过为期25年的分期拨款来达成目标，也许所需的时间是联合国高级别小组分配的10倍之多。也许有人说这是一个高调的政策性命令，是信心的跨越，但在实施策略方面却缺乏创新，依然是穿新鞋走老路。

有待缩小的第二个差距是决策与现实之间的一致性。

既定目标应该分解为若干小目标，这些小目标应该内容具体，便于检测，内容实际，完成时间要求合理。简而言之，它们是非常切实可行的目标。在实施过程中，应制定中期考核指标（如每年一次），以便检测进度，必要时采取措施予以调整与改进。

联合国最近的粮食和农业政策强调饥荒仍然严重的国家应采取国内措施克服饥饿，但反对减少政府开发援助中农业的额度。因此，需要改革多边政策和国家政策，提倡以平等和平衡的方式制定政策。

巴西的“零饥饿”（Zero Hunger）计划值得称赞。巴西强调采取国内行动是因为认识到消除饥荒主要是所在国家的责任，通过“家庭补助”（Bolsa familia）体系，巴西认识到粮食与卫生和教育之间联系的重要性。“零饥饿”理念随后得到联合国秘书长潘基文的大力支持。其愿景包括五个方面，并设定了生产领域的目标、粮食生产的效率和可持续性，以及重要的健康目标。人们还可以在这个国内政策的清单上再加，如与教育相关的政策。中国的经验是，在广泛实施“田地均分”政策的同时，努力提升教育水平，这是中国摆脱饥饿桎梏，取得辉煌成果的关键所在。当然，在联合国层面上提倡“零饥饿”计划，易出台相关的国际政策加以实施，以完成其目标，这是极其重要的。

罗马联合国粮农组织的2013年报告非常出色。为了在下次修订时更加完善，在此提出如下建议：在2030年之前消除饥饿的新目标的背景下，应改革地区和多边政策以有助于扩大消除饥饿的国内改革的影响。

换言之，为了顺利实现2015年后消除饥饿的战略发展目标，发达国家与发展中国家既需各自努力，又需通力合作。这一全方位共同努力的局面在20世纪60、70年代曾构筑了辉煌，但再未重现。

如下相关问题可供讨论：

(1) 2008 年粮食危机之后，发达国家应更加尊重发展中国家的粮食主权。此外，应当认识到各国和各个地区基本食物的价格稳定是对抗饥饿难题的合法手段。

(2) 那些签字承诺在 2015 年之前消除饥饿的富国应顺理成章地扭转在政府开发援助中农业和农村发展资金持续下降的局面。

(3) 根据最近世贸组织巴厘部长级会议协定的成果，各方须意识到各国的首要义务是确保其公民享有获取食物的权利，这要优先于推动国际贸易自由，后者要服从于前者，其本身不是目的。发达国家提供近 4000 亿美元的出口补贴，这打击了难以向本国农民提供补贴的穷国赖以生存的农业。发达国家最终应更积极地考虑停止这种做法，切实履行其在 2030 年之前实现“零饥饿”目标的承诺。

(4) 2008 年金融危机后，发达国家的金融利益岌岌可危。布雷顿森林机构采取非同寻常的量化宽松政策取代长期以来实行的紧缩和需要管理原则，以应对危机。如果能在结构调整中相应地转变其对发展中国家的农业思路，将是大有裨益的。在农业领域，作为世贸组织的成员国，发展中国家获得的关税优惠要明显多于发达国家。鉴于此，布雷顿森林机构不应单方面废除国家间为保护农业而签订的协议，也不应迫使国家在农业种植中以经济作物代替粮食作物。这样一来，布雷顿森林机构才会为对抗全球饥饿难题作出巨大贡献。

(5) 干旱地区饥民人数占到全世界饥民人数的 50%，联合国可以考虑采取专项大型国际活动筹集资金，以改善干旱地区饥民的生活。

(6) 不同的生物燃料对粮食供应、推高粮食价格的影响程度不同。类似情况是，从温室气体排放看，与矿石燃料相比，生物燃料的优势也是相对的。我们应尽快改进，推出第二代受到公认的生物燃料。但在此之前，应明令禁止加油站将生物燃料与化石燃料混合加入油泵供气的做法。

(7) 为了给粮食短缺国家提供粮食作物，改善人民生活，联合国需加快制定跨国购买或租赁贫穷国家大宗土地的指导性政策，也可考虑制定专门相关国际条约的必要性

（8）全球气候变化使自然灾害数量增多、程度加剧。在此恶劣环境下，国家、地区和国际层面的救援机制为应对饥荒问题已不堪重负，最近菲律宾台风“海燕”中的情况充分说明这一问题。因此，面对突发灾难，国家之间亟待合作，应强化应急机制，加强应急措施，增强统一协调性，这一点至关重要。

（9）食品不应成为一种政治或经济的武器。对于人民尚未获得自治的非自治领土国家，其宗主国无权以任何形式掠夺或占有其附属国领土、领海范围内的粮食。

（10）第68届联大通过的决议强调粮食权利问题，成员国应予以高度重视，并进行通力合作，共同承担这一责任。

卢森堡大使让·费戴尔（Jean Feyder）的德语著作《对抗饥饿之战：谁动了贫困国家的利益?》（Mords hunger Wer profitiert vom Elend der armen Länder?）极富影响力，其以精彩的论述、雄辩的语言阐明人类将赢得消除饥饿这一战争。如果联合国能够提升世界各地小农户的能力，提供技术培训，予以资金扶持，改善农村地区就业状况，提高获取食物的能力，那么人类就一定能够赢得这场战争的胜利。到目前为止，消除饥饿这一问题历来是从城市消费者的视角出发，但这是本末倒置。要解决该问题，决策者应追本溯源。解决饥饿问题应从小农户入手，她或他们是一个国家粮食安全的根本。这是消除饥饿的关键，是我们消除饥饿的新前线，也是最后的作战之地。

这一新前线正在召唤着我们勇敢向前。我们要充分利用这一阵地消除饥饿，满足人类最基本的需要。我们已认识到这一点，然而目前问题重重：资源分配严重不均，市场疲软惨淡，收入分配日益分化，这些问题既是全球化的推手，也是形成饥荒的诱因。要解决对上述问题，我们是否有强烈的愿望与坚定的意志？因为正如歌德所指出的：“上帝给我们坚果，但他不会为我们敲碎。”（Gott gibt Uns Nüsse aber Er knacked Sie nicht aus fûr Uns）

## 二、中国与粮食安全

Meenakshi Raman*

粮食安全对发展中国家很重要。发展中国家希望自给自足，不要依赖进口，因为那样就会出问题，如外汇问题、政治压力问题、粮食短缺或粮食价格高昂，如2008—2009年粮食危机。

因为这些关切，发展中国家正在把注意力转向粮食安全和自给自足，但有些问题阻碍了发展中国家粮食生产的增长。主要问题是，发达国家在世界粮食和贸易体系中占优势，给本国农业部门大量农业补贴。如果没有这些补贴，他们就没有竞争优势，就只好从发展中国家进口粮食。因为强有力的游说集团，再加上自给自足的愿望，发达国家通过提供补贴生产出廉价的粮食，以低于生产成本的价格出口到世界市场。另一方面，在过去，发展中国家可以保护当地生产者和农户免受美国和欧盟享受大量补贴的廉价粮食的冲击。他们利用很高的进口关税，即使是非洲最不发达国家也能做到自给自足，甚至出口粮食。但是，由于世界银行和国际货币基金组织的政策，为了防止破产而去这些机构贷款的发展中国家被迫降低了农业关税，并撤销了政府对粮食生产的支持。于是进口增加，冲击农业部门，这些国家成了净进口国，依赖进口。2008年粮食危机中，粮食价格猛增，这些国家日子很不好过。通过这一教训，发展中国家认识到有必要改革世界粮食生产和贸易体系。改革包括下列方面：

第一，西方补贴农业的改革是个大问题，但他们的游说集团拒绝这些改革。例如，经合组织国家农业补贴从1996年的3500亿美元猛增到2011年的4060亿美元。这是世贸组织留下的问题，世贸组织必须约束富

---

* Meenakshi Raman，世界网络高级法律顾问。

国的补贴，否则穷国不会有粮食安全。

第二，富国和穷国签订的自由贸易协议使情况变得更糟，因为：（1）富国拒绝将农业补贴和取消补贴写入自由贸易协议，发展中国家因此无法享受这类措施的最大优惠。（2）几乎所有产品的农业关税都下降了，例如美国的自由贸易协议把关税降到零。就欧盟而言，发展中国家只好选择关税不为零的产品。世贸组织仍然允许穷国征收关税以保护农户免受补贴农业的廉价进口冲击。（3）自由贸易协议将发展中国家的遗传资源和农作物品种在发达国家申请知识产权和专利保护。富国通过制定准则和机制控制了专利制度，发展中国家的遗传资源专利成了生物剽窃。发达国家的大公司垄断了种子和作物品种，拥有这些种子和作物的知识，牺牲了原产国发展中国家的利益。

第三，遗传资源专利应该列为世界议程。《遗传资源获取与惠益分享的名古屋议定书》讨论了发展中国家如何防止生物剽窃并获得惠益。

第四，粮食安全——发展中国家需要以可持续方式扩展本地生产。长远看化学农业没有好处，因为施化肥后破坏土壤，产量没办法维持。还有用水、害虫、盐碱化等问题。化学农业的环境可持续性是个问题，各国都在寻找替代方案。关于转基因生物很有争议，有人说安全，但很多人特别是消费者担心食品安全和健康，因而大多数发展中国家不采用这个办法。考虑到气候变化，化学农业是造成二氧化碳排放和全球变暖的主要原因，全球趋势是废除化学农业。

第五，可持续农业才是解决方案，但还没有像过去化学农业那样用各种资源加以推进。因此，怎样利用各种资源来推进环保型、经济可行的可持续农业是个重要问题。

下面，我想谈谈中国的作用。中国粮食自给自足，粮食生产不断增长，这是对粮食安全的极大贡献。中国未来有很多挑战，特别是加入世贸组织后被迫降低关税，还有未来美国和欧盟自由贸易协议的很多条件。

首先，中国应该关注粮食安全，特别是因为协议不减少农业补贴。

其次，中国能增加国内粮食生产是件好事，并通过可持续农业做到这一点，再加上其人口挑战，向世界表明可持续农业是行得通的。

第三，中国应该积极参与下列讨论决策农业问题的国际进程和组织：(1) 世贸组织——包括中国在内的33国集团提出的粮食安全建议现在是世贸组织最优先议程，在世贸组织就粮食安全问题达成一项永久性解决方案是最优先项目。(2) 联合国进程——联合国粮农组织粮食安全委员会，2015年后议程中应包括粮食安全的重要目标。中国应该在这些进程中推动发展中国家的粮食安全。(3) 在地区性和多边行动中，中国可以通过南南合作帮助粮食生产及分享技术和食物。(4) 在中国和其他发展中国家的贸易关系中，要确保贸易条件的公平，即使中国本身也在抵御不公平粮食进口。

## 三、联合国应在粮食安全全球治理中发挥主导作用

钱文荣*

### (一) 改进粮食安全全球治理的必要性和迫切性

粮食安全是一个全球性问题。自从1966年联合国举办的世界粮食会议首次提出粮食安全概念40多年来，这个问题已成为世界各国和各地区高度关注的焦点，尤其是近几年来，随着国际粮食供求关系的严重失衡和两极分化，全球粮食短缺已威胁着人类特别是发展中国家人民的生存与发展。

虽然这些年来在执行联合国确定的千年发展目标规定到2015年把饥饿和贫困人口减半的指标方面取得了显著进展，关系到全球几十亿人基本生活的粮食安全问题依然困扰着许多国家，主要是发展中国家尤其是非洲国家。国际粮农组织2013年12月公布的数字表明，在世界71亿人口中

---

* 钱文荣，新华社世界问题研究员、新华社联合国分社前社长。

仍有8.42亿人没有获得足够的粮食，这意味着每8个人中就有1个处于饥饿状态。这些饥饿人口大约95%生活在发展中国家，占发展中国家人口的15%。在过去几年内，非洲国家的饥饿人口从1.75亿增加到2.39亿，即增加了约2000万人，平均每4个人中就有1人生活在饥饿中。撒哈拉南部地区尽管在2007年之前饥饿形势有所改善，但之后又出现了逆转，饥饿人口以每年2%的速度增加。人们不禁要问为什么会发生这种悲惨的情况？

造成粮食安全问题的因素有很多，但主要有三大原因：

第一，人口压力不断增加。世界粮农组织最新报告预计，到2030年世界人口将从2013年的71亿增加到83亿，到2050年将达91亿。人口增加几乎也主要是在发展中国家。而全球粮食需求的增加又大于人口的增长。预计到2030年，粮食需求将增加50%，到2050年将增加70%。但全球粮食生产增长率却从1970年至2000年间的2.0%下降到今天的1.1%。在过去的8年内有7年世界粮食消费量比生产的多。

第二，气候变化和水资源短缺。众所周知，气候变化严重损害农业生产，其负面效应是造成干旱、荒漠化、暴风雨频繁、暴雨和水灾严重。暴雨淹没大量庄稼，冲走了水土。气候不断变暖又增加了农作物的病虫害。现代耕作技术、过度放牧、过度使用化肥和农药又导致全球土壤质量持续下降，每年约有250亿吨土壤被腐蚀而流失。联合国估计，如今全球约有40%的农田严重退化。

水对粮食安全至关重要。全球约70%的淡水用于农业生产。然而，世界各地的水资源却越来越短缺。一项重要的国际研究表明，到2030年全球每年水的需求量将达到69万亿立方米，较目前水的供应量增加40%以上。农业用水需要量为45万亿立方米。按照经济合作与发展组织（OECD）的预测，到2030年世界将有一半人口生活在严重缺水地区。美国国家情报委员会2013年发表的《全球趋势2030——变换的世界》称，届时非洲和中东大部地区将面临粮食和水短缺的风险，中国和印度也将受到影响。

此外，据联合国粮农组织2013年6月发表的一份题为“生物燃料与粮食安全”的专题报告，利用大量玉米制作燃料的快速发展，也是造成粮食短缺和粮价上涨的原因之一，因为生物燃料的生产挤掉了小麦等其他农作物的耕种地。

第三，不公正和不合理的世界农业生产和贸易体制。当今世界包括农业生产、粮食加工、畜牧业饲养和市场等整个的农业生产和销售链，基本上都被一小部分西方跨国公司所控制。正是这些跨国公司在决定着粮食价格。且看一下数据：

·种子：世界最大10家种子公司控制了全球3/4（75%）的种子市场，其中3家最大的公司控制了全球53%的市场。

·农药：仅6家企业就控制了全球76%的农业化学品市场。

·化肥：世界10大化肥企业控制了全球41%的化肥市场。

·家畜药品：全球10家最大家畜药品制造公司控制了全球81%的市场，其中3家控制了全球46%的市场。

·家畜饲养：全球有72家公司从事家畜和鱼类用基因技术饲养业，其中4家最大企业占有了全球99%的基因饲养的鸡肉市场份额。

·动物饲料：全球最大的10家饲料加工公司占有全球61%的饲料销售量，并控制了大部分销售价值链，他们还开发了特种饲料控制整个市场。例如，全球90%的鲑鱼养殖饲料市场被3家跨国公司所控制。

·农产品零售：100家最大超市公司控制了全球35%的食品零售市场。他们常常对农产品供应者施加压力，利用不公正的采购办法来控制价格和市场，如经常修改供货条件、提高产品上架费、威胁取消产品上架资格或限制与其他零售商竞争经营水平等。[①]

这就是近些年来在粮食收成一再创历史记录情况下粮食价格继续直线上涨的主要原因。

国际粮价上涨始于2002年，自那时以来，粮价涨速加快。尤其是在粮食丰收年，粮价反而快速上涨。如，2005年1月至2008年2月间，玉

① 资料来源：ETC Group Communique no. 111，September 2013 and AGROPOLY _ Berne Declaration/Eco Nexus，September 2013。

米价格上涨了131%，小麦上涨了177%，大米上涨了62%。同样，2005年12月至2008年3月间，大豆油价上涨了175%，椰子油上涨了153%，棕榈油上涨了137%。仅2007年一年，粮食价格平均上涨了42%。其根源就在于整个粮食生产链被极少数西方跨国公司所垄断。许多发展中国家都受到粮价上涨的影响。据联合国粮农组织报告，至少有22个国家受影响最大，因为他们是最贫困的国家，他们的粮食又是大多数依靠进口。

虽然联合国粮农组织发表的最新粮价指数显示，近年来粮食价格的涨幅有所下降，但国际粮价总体上仍高于历史上最高的2008年。联合国粮农组织和国际研究机构预计，由于人口压力、环境制约、气候不断恶化以及少数大公司操控等因素，直到2030年国际粮价将继续呈上涨趋势。

在一个不平等、不公正的国际贸易和粮食产销分布结构不平衡的条件下，拥有大型跨国公司的发达国家一方面千方百计运用贸易自由化的武器占领广大发展中国家的国内市场，另一方面又不断加强国内农业保护，提高市场壁垒，严重限制了发展中国家农产品对发达国家市场的进入。

上述事实足以表明切实改进和加强对粮食安全的全球治理的必要性和迫切性，它应是建立公正、平等和合理的国际经济新秩序的关键之一。

### （二）联合国应该也能够在粮食安全全球治理中发挥主导作用

自从联合国2011年首次举行关于全球治理的辩论以来，联合国大会迄今已通过了三个相关决议，这些决议均强调联合国在应对包括粮食安全在内的21世纪全球挑战的全球治理中应发挥核心作用。这是因为联合国是由193个成员国组成的最具代表性、最有权威的政府间国际组织，世界上没有任何其他国家组织可以挑战它的合法性和全球性地位。尤其是粮食安全的全球治理几乎涉及政治、社会和经济的所有领域，如农业生产链、农业技术、气候变化、环境恶化、生态环境和社会稳定等。联合国是唯一一个具有动员整个国际社会来应对各种挑战的国际组织。其次，联合国又是一个实际操作的实体，它拥有实际经验和部署在全球各地的专家，成为全球治理的核心要素。联合国设有联合国粮农组织、联合国粮食安全委员会、联合国开发计划署、联合国环境计划署和联合国贸发会议等18个机构负责处理粮食安全问题。

今天最重要的是如何加强联合国在改进粮食安全治理中的作用。在这方面，联合国及其附属机构以及其他国际组织和研究机构已通过了一系列决议和发表了大量研究报告。本人认为以下6个方面应得到优先处理：

（1）首先尽早召开一次新的粮食安全峰会，为建立更加公正、平等和合理的全球农业生产和市场体制与秩序制定新的战略方针。一个更加合法的全球粮食治理体系应产生于一个所有国家都能平等参加的国际论坛，特别是应对那些粮食安全最缺乏保障的国家能够给予实质性的参加并发表意见的机会。峰会应赋予通过战略方针和对一些重大问题制定政策方向的权力，建立必要的有效监督机制，并在今后赋予这些政策具有为所有国家必须执行的强制性质。

（2）改革现行不公正、不合理的全球农业生产和贸易体制。在这方面至少有以下几项工作是必须做的：

A. 建立一个赋予制定强制性规则和行为法则的机构，以利于有效地管理那些大公司和投机公司对粮食安全造成的不利影响。

B. 重新建立一个类似被撤销了的联合国跨国公司中心的机构，专门监督跨国公司的行为及其技术活动。

C. 加强农产品市场信息的收集和交流，防止和控制再次发生类似2005年至2008年间那种粮食价格飞涨的情况。

今天，全球粮食问题最大的挑战是如何稳定市场以及让全球最贫困的国家能得到适当的、安全和可靠的粮食。面对今后粮价将继续上涨的趋势，迫切需有一个强有力的管理框架来减少其负面影响。应鼓励公民社会在建立更有效的粮食全球治理方面发挥更强有力的作用，特别是监督作用。

（3）加强对发展中国家的援助，帮助他们发展农业生产，尤其是应增加对他们的财政和技术援助。应放松甚至取消那些技术转让的条件。

（4）采取有效措施保护发展中国家的粮食主权，把人人拥有粮食的权利作为制定食品、农业、畜牧业和渔业政策的核心思想，拒绝把粮食仅仅作为另一种商品或国际农产品交易的组成部分；各国有权控制自己的领土、耕地，牧场、水资源、种子生产和使用、饲养家畜和发展渔业的数量，反对通过法律、商业合同和知识产权机制对自然资源实行私有化；还应拒绝那些破坏、威胁或污染粮食生产和收割的体制的技术，如转基因技术等。

（5）采取有效措施保护农业生态和应对气候变化。

（6）加强联合国与其成员国政府以及其他相关国际组织和地区组织之间的协调。同时，也应加强联合国内部各机构之间的协调并改进他们的工作。

## （三）中国对粮食安全全球治理应该并能够作出的贡献

中国早已准备好与国际社会一道促进全球减贫工作，并为建立一个更加包容和和谐的世界作出贡献。中国始终在联合国主导的粮食安全全球治理中发挥着积极和建设性的作用，并将继续这样做。中国在参与粮食安全全球治理中主要通过以下三个途径作出自身贡献。

### 1. 首先必须坚定不移地执行粮食自给战略

中国清楚地认识到，作为一个全球人口最多的大国，中国在应对全球粮食安全挑战方面的作用是至关重要的，最重要的是首先能自行解决13亿中国人的粮食需求问题。中国人民经过30多年的艰苦努力，终于在仅占全球耕地面积9%的土地上解决了占全球总人口22%的中国人的吃饭问题。虽然近年来，进口粮食有所增加，但数量有限。据统计，中国进口的口粮（小麦、大米和玉米）仅占全国需求量的1%，占全球生产总量的2%。粮食自给战略是中国政府一个长期不变的基本战略和国策。同时，中国早在2007年实现了联合国千年发展目标规定的到2015年贫困和饥饿人口减半的指标，比预定的目标提前了8年，成为实现该目标的第一个国家。这是中国对全球粮食安全作出的最大贡献。

这个奇迹是靠长期坚持执行粮食自给战略创造出来的。2013年12月间，中国接连召开了全国经济工作会议和农村工作会议，这两次会议再次重申必须把确保国家粮食安全置于2014年经济工作最优先的地位。

会议强调，“中国人的饭碗任何时候都要牢牢端在自己手上，我们的饭碗应该主要装的是中国粮，一个国家只有立足粮食基本自给，才能掌握粮食安全主动权。”为此，中国政府设定了耕地面积不得少于18亿亩的红线，继续深化农村改革，实现农业现代化，从而确保粮食自给率不低于95%的水平。

2. **密切与联合国以及其他国际组织和地区组织的合作，共同维护全球粮食安全**

中国十分重视农业生产和全球粮食安全方面的国际合作。多年来，中国一直支持联合国发起的包括粮食安全在内的各项农业发展计划和联合国千年发展目标。2013年12月，联合国粮农组织在其罗马总部举办了一个隆重的招待会，庆祝粮农组织和中国40年来富有成果的合作。早在2006年，中国与粮农组织就签订了一项协议，规定中国将派出至少3000名农业专家和技术员到发展中国家去提供技术援助。随后，2009年中国又参加了粮农组织发起的粮食安全特别项目——南南合作，旨在通过加快发展粮食生产、减少干旱和水灾的影响以改善一些最贫困国家人民的生活。

同时，中国还加强了与亚太经合组织、上海合作组织和“10+3”（东盟与中国、日本和韩国）等其他国际组织和地区组织在发展农业和农业生产方面的合作。

3. **通过双边合作帮助发展中国家加快发展自己的农业，解决饥饿问题**

中国的农业援助遍及亚非拉地区。中国提供农业援助项目的主要目的有三个方面：减少贫困、提高农业生产率和提高当地发展农业的能力。这种援助主要通过以下3种合作方式来实现。

（1）提供贷款、直接投资或粮食援助以及逐步增加从发展中国家进口农产品。以非洲为例。2009 年至 2012 年，中国对非洲地区的农业直接投资从 3000 万美元增加到 8247 万美元，增加了 175%。这些投资增加了这些受援国的粮食生产及其农业综合生产能力。

同期，中国从非洲进口的农产品增加了 146%，主要得益于中国从 2005 年宣布对大多数非洲国家实行农产品零关税政策。

此外，从 2000 年至 2010 年的 10 年间，中国对外提供粮食援助总计 2.7421 万吨，其中向邻国尼帕尔提供了 4198 吨粮食。

（2）提供技术援助。众所周知，中国成功开发了杂交稻技术，它已被证明是一种提高稻米产量十分有效的技术。全世界约 50%以上的人口和中国总人口的 60%以上以大米为主食。据享誉中国杂交稻之父称谓的袁隆平院士介绍，中国杂交稻技术的单位面积产量较用天然稻种种植的产量平均高出 20%以上。近年来，在中国种植杂交稻面积已达 1500 万公顷，占全国稻米种植面积的 50%。全国杂交稻每公顷产量平均高达 7 公吨，比天然稻种的产量（5.6 公吨）多 1.4 公吨，因此，杂交稻已在解决中国粮食安全方面发挥了关键作用。[①]

杂交稻技术在国外也被证明有效地提高了当地大米产量。多年来，越南和印度已应用杂交稻技术进行商业化生产。2011 年，越南种植了约 60 万公顷的杂交稻，平均每公顷产量高达 6.3 公吨，而当地用传统稻种种植的产量只有 4.5 公吨。从那以后，越南开始大规模地种植杂交稻，现在已成为亚洲第二大大米出口国。

同样，在非洲的坦桑尼亚，中国援助的农业技术示范中心种植的杂交稻每公顷产量高达 9—12 公吨，比当地用传统稻种种植的产量高出 4 倍。

至今，杂交稻技术已在包括美国在内 20 多个国家推广，种植面积总计为 520 万公顷。中国希望这种技术在全世界推广，从而为联合国主导的粮食安全全球治理作出更大贡献。

---

① 引自袁隆平院士 2013 年初在联合国粮农组织的会议发表上题为“杂交稻技术与世界粮食安全”（Hybrid rice technology for food security in the world）的讲话。www.fao.org，March 29，2013。

(3) 培训当地农业技术人员和农业工人。中国通过在非洲一些国家设立技术示范中心，派遣专家和技术人员，帮助这些国家提高自力更生发展农业的能力。从2006年以来，中国已在卢旺达、刚果共和国、莫桑比克和坦桑尼亚等国建立了15个各类农业示范中心，计划还将增加7个示范中心。这些示范中心的主要任务是培训当地人员、传播技术和帮助当地开展研发，然后把这些技术传播到更多的非洲国家。

例如，中国在坦桑尼亚建立了多个棉花种植示范基地，向当地提供播种机和人员培训。现在坦桑尼亚的棉花生产产值已达9亿美元，如中国的棉花种植技术得到更广泛的推广，预计该国的棉花产值还可增加1倍，达到19亿美元，届时有望使棉花成为坦桑尼亚外汇收入最大的产业，从而帮助数百万农民脱贫。

中国对其他发展中国家的援助，不管采用何种方式，始终坚持三项基本原则，即不干涉内政、不附带任何政治条件和互利共赢。最近，中国政府又提出了一项新的政策，即在与发展中国家进行双边合作中要采取“多予少取”。我相信，这项新政策将首先贯彻到与发展中国家的农业合作中。

## 四、中国粮食安全战略的模式转变

刘学明*

千年发展目标的第一条是到2015年将饥饿人口比例下降一半。联合国粮农组织、国际农业开发基金和世界粮食计划署联合发布的最新数据显示，目前的情况是，2011—2013年总共有8.42亿人，也就是世界上每8个人中大约有1人长期挨饿、经常没有足够食物维持正常生活。全世界这些男女老少长期忍受饥饿。不能享有充足、安全和营养食品是在发展中国

---

* 刘学明，联合国粮农组织高级经济学家。

家减少贫困的主要障碍之一。发展中地区总体上说已经在实现千年发展目标1饥饿目标方面取得了重大进步。如果过去21年平均下降水平能够保持到2015年，营养不良的状况就会下降到接近目标的水平。但是，要达到目标还需要毫不拖延地进一步作出很多努力。

在实现千年发展目标1的进程中，中国走在了发展中国家的前列。从历史上看，粮食不安全感是中国人的噩梦，新中国建立以前多少代人遭受了饥饿和营养不良的痛苦，即使是1950/1960年代出生的也有吃不饱肚子的鲜活记忆。考虑到中国的土地面积和人口，以及类似粮食禁运等冷战地缘政治影响，中国长期以来奉行自给自足的粮食政策完全是有道理的。

过去30年中由农业改革启动的经济迅速增长使中国进入了发展新阶段。虽然媒体特别关注中国的所谓“世界工厂”，但中国粮食生产的极大增长也是世人瞩目的，从1980年大约3.2亿吨增长到2013年将近6亿吨。按每人平均来算，中国在热量摄入方面已经实现粮食安全，如果再考虑这一期间的人口增长（从10亿到13.5亿），这个成绩就更不寻常了。

但是，取得并保持这样的成绩是有很大代价和制约的。技术创新当然可以发挥作用，但是根据联合国粮农组织和其他国际机构的预测，以后几十年里生产率增长不会保持过去几十年里的增速。中国国内粮食生产潜力受到很多因素的严重制约，包括有限的人均土地面积、土壤退化、水资源情况等，边际生产成本极高（如果把土壤恶化等恶劣的外部因素也考虑进去）。中国多少年来一直缺水，地下水位急剧下降，特别是中国北方，工农业和饮水需求互相竞争，最后只能靠兴建“南水北调”大型项目。相当一部分可耕地（主要是城市周围的优质土地）被迅猛的城镇化和工业化吞噬，而精耕细作，特别是滥用化肥和杀虫剂造成土壤肥力耗尽和作物产量下降的严重恶性循环。因此，按目前年产6亿吨粮食的水平，中国在可持续增产方面总体的相对或绝对优势都没有。

世界粮食市场在过去几十年里也有明显发展。冷战结束后，粮食禁运的相关性和可行性都下降了。1996年世界粮食峰会特别警告，“粮食不应该当作政治和经济施压的工具”。世界粮食市场也变得更加公开透明，特别是在2007—2008年全球粮食价格危机之后。国际努力的结果使得粮食市场更透明，并且鼓励协调政策行动应对市场波动。20国集团建立的农业市场信息系统旨在加强主要生产国和进出口国家的合作和对话，并联合国际粮食市场的其他利益相关者，例如商品协会和商品市场中的机构投资者。

联合国粮农组织对粮食安全的定义是，“所有人所有时候都能以实物和财务方式获得充足、安全和营养食物以满足其正常健康生活的饮食需要和食物偏好”。联合国粮农组织还进一步确定了粮食安全的四大支柱：可供量、获得、利用和供应稳定。中国能够更好地利用“以经济手段获得”。根据经合组织和联合国粮农组织的数据，中国的农业贸易（进出口）2001到2012年从279亿美元增加到1557亿美元，其进口依赖程度从6.2%翻倍到12.9%，中国农业和粮食净贸易逆差2012年为310亿美元。很明显，最近一些年来，中国已成为一个重要的粮食进口国，2012年总量达到7000万吨（主要是大豆）。

中国政府的粮食政策近来有些变化，从过去的所有粮食“95%自给自足”变为因各种商品而异的自给自足目标，强调“三大主要粮食（水稻、小麦和玉米）的自给自足”，其他所有农业商品则向国际市场开放。

这在更大意义上是代表了中国粮食安全战略的模式转变，而不只是默认现实状况。如果更深入领会这些政策变化，就会发现，政府充分分析了如何最有效利用有限土地和水资源，优先生产主要粮食作物，确保基线粮食安全，同时主要进口饲料用粮。这当中还有一个战略考虑，因为三大主要粮食比起饲料用粮在未来更容易经受“出口限制”，就像2007—2008年粮食危机时的情况。中国粮食安全这种双管齐下的做法兼顾了国内生产和国际市场，也反映了政府正在努力缓解因不断提高农业生产目标而造成的环境压力。

有了这个经过改革的粮食安全战略，中国将成为一个可预言的重要粮食进口国，因此对世界粮食市场的稳定作出贡献，这也是全球粮食安全的一个重要层面。不幸的是，具有很大生产潜力的发展中国家在过去几十年里农业投资急剧下降，而要确保粮食安全和环境可持续性需要大幅度增产。在这样的背景下，中国可以利用其农业增长和适用技术的已有业绩以及走出去的投资战略来加大参与国际粮食供应链的力度，挖掘生产潜力，因而增加全球粮食可用量。在海外农业投资试点过程中，中国应该遵守农业和粮食体系负责任投资的指导原则（由 20 国集团提出并由联合国粮农组织进一步发展）：（1）承认和尊重对土地和相关自然资源的现有权利；（2）投资不破坏粮食安全，而是加强粮食安全；（3）与农业投资相关的进程应透明和受监控，确保所有利益相关者在一个适当的商业、法律和监管环境中的责任性；（4）项目的环境影响要量化，采取措施鼓励可持续的资源利用，同时尽可能缩小和减缓风险和负面影响。

总而言之，中国政府新出台的粮食安全政策应该得到世界的认可，它不仅有益于中国自己的国家利益，也因为改进粮食安全的关键层面（即可用量和稳定供应）而强化了世界粮食安全。

## 五、全球食品安全面临的挑战与应对

樊胜根*

我不为联合国机构工作，而为另外一个机构工作，它是国际粮食政策研究所（International Food Policy Research Institute，IFPRI)。我们有2000 多个科学家希望解决国际粮食方面的问题，为政策的制定提供很多支持。刚才专家讲了很多关于中国食品安全、全球食品安全的内容，中国的食品安全与全球食品安全是相互的。有几个因素现在在威胁到中国和全球的食品安全。刚才专家讲了，中国在实现中国食品安全和国际食品安全方面有重要的角色扮演，在过去二三十年里由于我们有农业方面的改革，在减少饥荒、减少贫困方面，中国做的贡献非常好。但是，目前中国还有大概 1 亿人营养不足或者处于饥饿中，所以说超过 10%以上的中国人口

* 樊胜根，国际粮食政策研究所所长。

还是营养不良、还是饥饿，这个数字只是低于印度。

还有一个方面，比如说维生素 A、铁这些微量元素，这是隐性的饥饿，这个不够的话，有 20 亿人口在全世界看起来虽然胖，但是他们的营养是不足的，因为缺少微量元素。我们有人口的增长，但是我们没有提到城镇化的发展，城市居民增加之后说明食品的数量和质量都要提升以真正满足需求。中国现在还有非常严峻的环境压力和挑战，我们知道中国目前已经碰到了很严重的环境问题。一些地区是食品生产很多的区域，同时也是污染最严重的地区。我们看看和食品安全相关的风险，在中国我们已经增加了食品污染的事件，其中包括奶粉等的污染，中国的一些消费者对于食品安全没有信心，所以说他们开始向其他地方，向香港、英国、海外去买食品。这样一来就可以解释香港和英国相关产品价格那么高的原因，因为很多的中国消费者去购买他们的产品。还有一个是疾病，中国上海这边也有很多这样的疾病，很多小的农场主就是因为像禽流感这样的疾病造成了很多的损失。

我们有很多方法提升中国的食品安全和全球的食品安全，我们可以做更多的投资，可以做更多的合作。我们还需要提升南南对话，提升食品安全，我们必须采取行动提升中国和全球的食品安全，第一个是要做研究，不仅仅是要提升食品生产力，另外一个要开发智能的产业，确保这个技术让小农场主也能够受益，另外食品生产要确保它生产出来的不仅仅是量，而且是高质的产品，富含营养的产品，过去几年内我们看到这样的趋势，让更多的食品添加营养含量。很多贫困人员他们花钱买营养，我们要给予更多的社会保障，来确保大家享受到有营养的食品。还有公私合营，中国的私营领域也在蓬勃发展，未来我们想更多地发展我们的私营行业，私营行业有这样的雄心，希望公私合营，从而为这个行业作出更多的贡献。这个是南南学习，比如说南亚、北非、西非的一些国家，都可以向中国学习。中国也可以跨出国门，去非洲一些地区传播自己的经验。还有我们要进行技术分享，中国的很多技术都可以向南亚和非洲进行转移，这样一来的话我们也可以提升他们的生产率，我们还可以向他们购买粮食。一定要通过提升自己的能力来提升联合国的发展，当然还有基础设施的改善。我们还要强化全球的食品治理，我们要让更年轻的中国人参与到食品的事业当中来。另外有很多的国际机构，中央银行、国际货币基金组织以及联合国，他们可以与各个国家政府紧密合作。

最后，在这些贡献者之间我们要强调合作协同。有很多人都会去做一些贡献，比如说中央银行和国际货币基金组织，他们没有看到中国这边的作用，他们可能更多看到的是其他国家，我们希望听到中国的声音，希望听到经验分享，希望能够和中国合作，传统的贡献国也要鼓励新的国家作出贡献，提供更多的可能性，让更多的国家进行参考。

## 六、民以食为天

赖世伦*

我是一位普通的传统中医师，并不是专门研究食品科学的专家，今天想借这个机会和大家谈谈我们中华文化是怎样看待食品，以及从传统文化角度我们应当如何认识当今的食品安全问题。

中华文化的哲学观自古以来认为宇宙万物皆由天地所生，人亦如此，即所谓“天人合一”。我们中国传统文化就是建立在“天人合一”的基础上来认识世界的万物、万有。而且我们中国传统文化也非常重视食品，所以我们古人就讲“民以食为天”，一方面说我们吃的问题是像天一样的头等大事，另一方面指食物的生产也应该符合天的规律。

《黄帝内经》有：“人以天地之气生，四时之法成。”就是说人的生命是由受精卵与天地之气和合而生，古人把这种气（炁）叫阴阳之精气。人在出生后就要禀受一年春、夏、秋、冬四季之精气的滋养才能发育成长。宇宙万有无论动物还是植物，都是借助此天地之气而生长。当然，现在很

---

* 赖世伦，中医医师、百草箱校长。

多科学家也承认这是一种“能量”。这种能量可以穿透一切，随时随刻都在影响宇宙万物。中国传统养生理论认为：如果有人能与天地之气相应，顺应天地之气的频率来生长，这个人就一定能健康长寿，反之就半百而衰。这个如何解释呢？就是说我们人类跟整个宇宙是连为一体的，宇宙的整个星象的变化一定会影响宇宙的万物万有，这种变化（炁）是无时无刻的，无论什么地方都存在，而且具有穿透性。这个气，白天叫阳气，晚上叫阴气，我们人的生命就是由父母的精卵结合之时再加上注入了这股天地之气（炁）而产生的，世界上的万事万物都离不开这个气，人如果顺应这个气的运行规律生活则百病不生、颐养天年，反之则半百而衰。

食物同人一样，也是在宇宙中禀天地日月的精华之气而生，借助春、夏、秋、冬四季的精气滋养而成，也正因为其生成规律与人类一致，所以食物才会对人类有补益的作用。

在这里我就为大家举一个简单的例子：鸡是一种食品，自古以来中医都把鸡当作最好的补阳食品（药）。大家看看这个鸡在宇宙中的生理特性吧。正常的鸡一般需要喂养 1 年左右才能食用。它们喜欢阳光，群居奔跑，打斗做爱，吃活食，是一种居高处而不愿落地，且不能入水的动物。故中医认为它们禀受天地之阳气多一些，所以鸡的身体能量就是属阳性（偏热性）的。而鸭也是一种食品，但是鸭子喜欢在草丛篱笆中栖息，喜欢游水甚至会潜水，中医就认为鸭的身体能量属阴性（偏寒性）。所以阳虚的病人吃了鸡就有补阳的作用；反过来，一些高血压病人、阴虚的病人就不宜吃鸡了，如果吃了，病情可能会加重。从这个例子中我们可以看出，鸡的生长状态与它给人类作为食品提供的补益特性是完全吻合的。

现在人口的增加造成了物资的匮乏，食物的种子、养殖出现了很多改良、进化，但是我们认为这种以增加产量为目的的变革首先要保证它的一个必要前提，那就是不能改变生物种的生理特性，否则它不能再为人类提供必需的营养，就很可能失去了作为人类食品的本来意义。仍以鸡为例，现在经过改良的鸡只需要人工喂养 44 天就可以宰杀了。这些可怜的鸡一经孵化出来就被强迫关进一只只小笼子里，空间狭窄、活动量小，每天喂养着使身体快速成长的人工饲料。我们都知道，人如果只吃不运动就会容易生病，同样地，长期处于这样状态下的鸡必然也容易生病，为了维持快速成长所造成的虚弱身体不受疫病的侵害，鸡定期被迫注射大量的抗生素，身体变态地快速生长，到最后甚至连自己的腿都不能支撑自己的体重了。它们与自然状态下的鸡相比，无法享受自然的阳光、新鲜的空气，不可能与自己的同伴奔跑打斗，也无法与自己的情侣做爱，更不可能吃到大自然给的活食（小虫等）。在这种环境下改良的食品带给人类的补益效果是不言而喻的。同样地，那些靠大量化肥、农药、激素手段种植的农作物、果物所提供给人的营养必然是不全面、不均衡的，更何况还有农药、激素、抗生素残留的问题呐！

再比如现在的奶牛，产崽后3个月又会用人工受精的方法受孕，天然牛奶中含有的雌激素、孕激素是少量的，但是这种人为受孕的方式会使得雌激素、孕激素的水平大大增高。孩子的性早熟，妇女乳腺癌、子宫肌瘤的患病人数增加恐怕与此不无关系。

接下来，我谈谈对食品改良和食品中添加剂安全性问题的认识。食物，正如世界卫生组织定义的：应该无毒无害，符合当有的营养要求，对人体健康不造成任何急、慢性危害，这样的食品才是安全的食品。无论改良食品还是食品添加剂都应该符合这个要求。而现在对于改良食品和食品添加剂安全性的检测基本上是通过小白鼠的实验来判定的，只要小白鼠没有发生器质性的病变、没有死亡便被认为是安全的，但是小白鼠和人体的生理特性能相同吗？显然是不同的。对人体来说，食品添加剂的使用是否会导致慢性疾病或损伤是需要长时间观察才能知道的，光依靠小白鼠的实验报告，我想也未免草率。

以下有个活生生的例子。20世纪早期人们认为植物油比动物油更健康，就对植物油进行部分氢化，部分氢化的人造脂肪看起来既降低了成本也达到了动物油脂的某些特性，一时间用便宜的氢化植物油代替动物油脂成为流行，这项技术也在当时被认为是一种科学进步。然而，进入21世纪有越来越多的研究显示氢化植物油即人造脂肪有碍健康。若干食物生产商，如Kraft、KFC等涉及使用人造脂肪的官司，美国、加拿大、英国等食品店、食品厂开始在食品的生产与加工上停止使用氢化植物油。营养学家认为，氢化植物油中的反式脂肪酸对人类健康有害，它影响了人正常的代谢，其危害主要表现在这样几个方面：形成血栓，影响发育，影响生育，降低记忆力，引发肥胖，引发冠心病。2013 年 11 月 7 日美国食品和药物管理局宣布：基于现有科学证据及专家委员会的结论，已经初步决定禁用对人体健康不利的人造脂肪。这是个活生生的“人造病”的例子，科技上看起来进步了，但是却埋下了潜在的祸根。但是，谁来替那些因此而患病的人来买单?

所以对于食品的改良，我认为这是一个人命关天的大事，每一个国家，乃至国际上最有权威的联合国都应该郑重对待，一定要严肃地对待这个事，不要因为我们数量上缺乏的问题就把安全上的问题忽略了，放松了要求。自从出现 FDA 的宣判以后，可以看出历史的教训是非常的无情的。

时代的步伐不停向前，天地之大趋势也在随之而变化。现在，民众的食品安全意识已较前有了很大程度的提高，更多的人越来越倾向选择传统的、自然的食品，民众越来越需要符合天地规律的方式而种植、养殖出来的、纯天然有机的食品。新一届的政府也更加重视人民的生计，听取民众的心愿。中华人民共和国质检总局官方网站 2013 年 12 月 20 日发布消息称，截止到 2013 年 12 月 19 日，我们的出入境检验检疫机构已相继从 12 批共 54.5 万吨美国输入中国的玉米中，检出含有未经我国农业部批准的 MIR162 转基因成分。这 12 批含有转基因成分的美国输华玉米分别由深圳、福建、山东、广东、浙江、厦门等口岸检验检疫机构全数检查出来，已经由各个口岸依法做了退货处理。这正说明了中国政府对转基因食品的安全性是持谨慎态度的，并未因转基因产品的高产廉价就打开大门，中国人民不能做高科技的小白鼠，类似反式脂肪酸的事件不能再发生了。

人体是一个复杂的整体，人的健康依附于食品的安全提供，食品的安全性要经得起时间的考验。从这个方面来说，食品技术的改良与革新不能浮躁，要安下心来踏踏实实地来做，不能因为眼前的利益或供给上的暂时短缺就放松对食品安全的管理和控制，否则就会人为地为人类健康埋下隐患。而这种隐患常常是不知不觉的，等到察觉时后悔晚矣。

今天我不是什么专家，我只是站在我作为一个传统的中医医生的角度来谈谈我对食品及食品安全的认识，从另外一个方面，希望有关的政治家、经济学家和国家领导从另外一个角度再来考虑考虑食品的安全，也考虑考虑另外一个层面老百姓的声音，我讲的就是这么多，谢谢大家。

# 小 结

Philip Tissot*

主席先生、各位来宾、各位同仁：

我很荣幸向大家报告讨论会之四关于全球食品安全和发展问题的讨论情况。

讨论会的目的是：

- 对有关全球食品安全和发展的当前形势和挑战作出全面回顾；
- 找出全球应对的选项；
- 明确加强食品安全需要采纳的原则和最佳实践政策；
- 讨论联合国和中国在实现可持续食品安全和发展方面的作用；
- 明确我们需要哪种类型的发展，特别是在 2015 年后。

各项发言都很有内容、很有启发、很有广度。这些发言明确指出，食品安全是一个很复杂的问题，为日益增长的全世界人口提供可持续食品安全是一项真正的挑战，需要我们立即行动。在一些发展中国家里，需求已经超过供给。实现全球食品安全以及中国的未来食品安全，这两者是互相关联的。中国用全世界 9%的可耕地养活了全世界 22%的人口。虽然中国目前自给自足，但在这个伟大的国度里仍有超过 1 亿人在饿肚子，论数目仅次于印度。全世界估计有大约 8.5 亿人（或者八人中有一人）挨饿。还

* Philip Tissot，英国前外交官。

有一个隐性饥饿的问题，就是缺乏某些关键微量元素，例如铁、维生素A和碘等等。

虽然在实现各种重大国际会议和国际峰会（例如，1996年世界粮食首脑会议和千年发展目标）制定的各类目标方面取得了进步，但这些目标中有一些不太切合实际。因此，2015年后促进食品安全的未来目标必须可信和灵验（后者包括具体、可量化、可实现、切合实际、有时限）。

各项发言都认识到，所有国家都希望粮食自给自足，但因为存在一些障碍，这一点很难做到。例如，对发展中国家而言，发达国家有农业补贴，这就是一个障碍。发展中国家要求改革这些补贴。

大家在这一点上看法一致，即需要扩大本地粮食生产的那些国家，特别是发展中国家，必须走一条可持续的路子。化学农业和转基因替代方案有时会引起争议或者被指控为加剧环境破坏，因此未来不应该按照这些路子走。应该走的路是专注于生产高质量、有营养、可持续生产的食物，对小业主友好的项目，增加研究，加强食品安全，以及分享技术。

中国在这方面可以发挥关键作用。食品安全和农业应该继续在发展议程中占据重要位置。中国应该积极参与各种国际讨论，例如联合国、联合国粮农组织、联合国环境规划署、世界银行、南南合作或者其他形式。也有人建议，或许需要一种新的国际机制。一位发言者建议，需要召开一次食品安全峰会。

讨论会还考量了中国的食品文化，讨论了食品对中国文化和传统中医的重要意义。在这种情况下，要从精神层面来看待食品安全。比如，使用食品添加剂以及人造食品对食品安全构成潜在威胁。因此，可持续的有机食品生产更加可取，要兼顾到食品生产的数量和质量。

在活跃的问答环节，讨论主要围绕有关转基因替代方案的争议问题。一般认为，转基因食品不一定会提高产量或安全性，食用转基因食品对健康和营养的全部影响可能在几年内或几十年内都看不出来，因此，应该加强对天然肥料的研究。讨论中还触及拥有转基因专利的少数跨国公司的作用，几位座谈小组成员认为，跨国游说的力量过于强大，不仅是针对各国政府，还针对联合国。

主席先生，讨论会得出的结论是：

——全球食品安全是一个很复杂的问题；

——它影响到全球人口，需要立即行动；

——全世界需要采取全方位政策，重点是体制改革、增加农业投资、可持续生产、富有成效的社会保障体系、有益的国际协定，以及增加国际合作。

——从今往后中国发挥的作用将是关键性的，中国加强自身的食品安全也是对世界作出重要贡献。

# 21世纪变化中的南北对话

## 背景

自联合国创立以来，南北对话以多种模式开展，然而南北对话最重要的功能在于开展技术援助项目。殖民时代结束后，北半球的发达国家为新兴国家以技术援助、资助以及贷款方式提供援助，这是至关重要的。直到今天，约有 90％的全球性发展援助项目都由欧盟、美国和日本提供。

随着新兴国家的成长，北方发展性援助转变为南北双方合作。过去，北方对南方的援助一直以捐助的方式为主，南北双方的关系是由具有财富和专业知识的一方所主导，而如今这一关系已转变为伙伴关系。

此外，南方经济无力支持日益增长的人口，而北方人口增长非常缓慢，甚至是负增长，因此南方到北方的移民潮从未消退，移民人数在不断增长。

北方逐渐意识到，加强与南方主要经济体开展合作，讨论经济发展、金融市场准入和清洁能源等全球问题的重要性，因此在1999年建立了20国集团，它是南北对话发展的一个里程碑。2010年金砖国家（包括巴西、俄罗斯、印度、中国和南非）也加入进去，对地区和全球事务发挥影响。

在南北对话中，经济发展和温室气体排放之间的关系是备受争论的话题之一。争论焦点是南方需要获取能源的渠道，用以支持其工业化进程，而北方在一个世纪之前已经完成了工业化。

## 联合国面临的挑战

21世纪的南北格局较之20世纪将会大有不同。有人认为在2027到2050年之间，金砖五国（巴西、俄国、印度、中国和南非）的经济将赶上世界最发达国家。仅从南北未来人口数量看，南方人口增长最快，这是显而易见的。这意味着世界经济发展将越来越受南方需求影响，也意味着需要供应更多的自然资源与能源。

南方劳动力会持续快速增多，这对北方劳动力带来挑战，北方认为这是南方在进行不公平竞争，移民潮也会使南方的精英随之流失。

北方会将南方能源需求视为负担，这将加剧南北之间关系的紧张局势。

在20世纪，南北关系常被喻为父子关系，而如今这种关系已不复存在，那么他们之间的关系该如何重构?

## 研讨目标与成果

△从南—北这一概念相联系的问题出发，阐述目前全球问题；

△讨论在在经济和政治视域下的南北关系；

△为重新思考传统的南北关系，以构建新的合作关系提出见解；

△讨论中国在这些新关系模式形成中可能扮演的角色。

## 一、南北关系的新发展

徐浩良*

•南北合作已经有60多年了，现在还是发展融资的主干。但在过去几十年里，相当数量的发展中国家已变为充满活力的新兴经济体，经济和地缘政治影响越来越大。南部的崛起从根本上改变了21世纪的世界，发展中国家驱动经济增长，几亿人脱离贫困，几十亿人进入新的全球中产阶级。这些国家中有几个已经成为发展援助的源头。

•这一历史进程正在改变南北关系并带来新的合作伙伴关系的机会，南北双方面对共同的挑战，例如气候变化、不平等加剧、失业、生态系统耗尽以及全球治理。就发展援助而言，北部不再像过去那样占统治地位，新的行为者进入发展领域，包括南部发展援助提供者，以南南合作方式提供援助，帮助推动其他地区的人类发展。另外，垂直基金、私人基金会、国际非政府组织和私营企业在发展合作中起着越来越重要的作用。最近一项新发展是用创新和新的信息技术改变发展方式，特别是用众包（crowd sourcing）方式。

•这些新行为者的出现已经改变了发展环境，对援助国、受援国和包括联合国等国际组织在内的中介机构都是如此。所有行为者必须调整他们的做法，以适应变化中的现实情况，包括探索新的合作伙伴关系。中国习惯于传统的南北对话和关系。随着中国成为越来越重要的援助国，世界的期望值也在上升，中国为寻求定义其在未来发展合作中、特别是在2015

---

* 徐浩良，联合国助理秘书长、联合国开发计划署亚太局局长。

年后发展议程中的作用，需要制定一项与所有行为者合作的战略。

## 二、新兴国家与南北对话[①]

Kilaparti Ramakrishna*

我们怎样在变革当中加强全球治理，这个问题确实是非常重要的。我们已经听到了很多这方面的观点，但是我觉得我们在这里要做一个区分，一个叫变革，还有一个叫渐进，我们要增加我们的很多能力，包括生产和协调各方面的能力。我觉得很多时候转变并不是一下子就实现的，它是用一种渐进的方式来启动的。从这个角度来说，好像有点像一台机器一样，它是逐步转动起来的，过了一段以后，我们会看到跟原来的地点已经是大不一样了，我想这个世界也是这样，它每天发生着很多变化，包括很多挑战需要来迎战，在这个当中我们需要不断地延续。

当然，我想单纯的延续也并不意味着我们可以很快地解决问题，但是这个过程是非常重要的。我们现在看到有一些统计数据表明中国在不少方面都发挥着重要的作用，这样的数据是能够充分说明问题的。比如在2012年的时候，中国吸收的外资是8400亿美元，这个数字非常大。在发展援助方面，中国从原来51亿美元上升到2012年的250亿美元，这让我们看到中国确实是作出了重要的贡献，尤其是对第三世界国家的贡献很大。

另外，我想中国的经济发展对亚太地区的影响是非常积极的，你可以看一下中国和印度所取得的经济进展，除了本国，对亚太地区的邻国都产生了重大的影响。身体越大，你的影子也越长，从这个角度来说，中印两国为解决世界问题确实发挥了巨大的作用。

---

① 根据会上发言的中译速记整理。

* Kilaparti Ramakrishna，联合国亚太经社理事会东亚和东北亚地区办公室主任。

昨天好几位发言者对此已经做过一些阐述，如果你看世界上金融状况的话，你可以发现整个世界变化太大了，我们现在看到亚洲，包括亚太经济体都经受住了全球金融危机的冲击，这一点我想也要加以注意。

变革在很多方面也是我们所努力追求的，我知道包括第三世界国家在内做了很多的合作，也在推动这样的转型。比如在说气候变暖的问题上，发展中国家也在取得成就，这是值得世界其他国家加以认真和效仿的。对于布雷顿森林体系的改造，这也需要第三世界国家努力。尤其看到发展中国家当中，新兴的金砖国家作用越来越巨大，他们准备要建设发展银行，这些都是重要的举措。

我们需要承认这样一个事实，像一些比较大的国家，尤其是中国这样新兴的重要国家，它们确实能够为我们这个世界带来重要的动力，发挥重要的作用。在这样的新兴国家带动下，世界转型一定可以完全发展。

我们现在来看一下东北亚，比如说气候变暖方面，不少国家，不管是中国还是韩国、日本，甚至是蒙古，大家都提出了一些降低碳排放的目标，甚至蒙古都提出了清洁、绿色发展的计划，从这个角度来说，2015年后国际发展合作议程将也会是这些国家所致力推动的。我在两年半当中也看到这个区域有关的一体化努力也是大家很重视的，报纸经常有这方面的报道。我想不同国家在这方面的重视程度是有区别的，现在大家不仅仅考虑到东北亚地区的一体化，还有整个亚欧大洲之间的一体化，大家都在推动。安南前秘书长已经说过，我们不能靠 19 世纪规则来解决新世纪的问题，我想确实是这样的。

因此，我们很重要的是能够维护好各个国家在 21 世纪的利益，在这个过程当中必须要对原来的一些机构和制度，还有一些规则进行改造，包括像 77 国集团也需要重新进行革新。我们需要找到新的方法来应对新的问题，2015 年后国际发展合作这样的项目有助于我们来充分关注所面临的问题。在这个意义上，世界把眼光放在中国，也期待在中国这里获得支持和指导。谢谢！

# 三、中国与南北对话[①]

沈丁立*

大概10年前，我去新西兰参加新西兰基金会的会议，提出中国在东、南、西、北里面都有份。东，在政治上处于世界的东风，我们从而说东风要压倒西风；西，在太平洋的西部，美国才是地理的东方，我们是西方；南不用说了，我们是经济的南方，到2012年人均GDP是6300美元，2013年恐怕是7000美元；北，地理上我们又是在北半球。

从另外一个角度来说，我们累计起来的GDP总份量很大，2012年时我们是8.26万亿美元，恐怕占世界的19%，不能不说中国是世界上超重份量之一，达到美国的52%，去年的结果还有待统计局宣布，但估计达到美国的57%，会达到9万亿美元，会是印度、俄罗斯和日本三个世界主要国家GDP的总和，超过俄罗斯4倍、印度5倍。

中国浦东干部研究院现在不光培训中国的干部，也培训一部分他国的干部，甚至包括发展中国家的干部。他们到这个大院里面来，很难觉得这是发展中国家的培训中心，这里恐怕超过了超级大国顶级的培训中心。

中国具有复杂的身份，将越来越多地具备北的身份，但它心里面装着南方国家，它是从南方来的，但不愿意永远待在南方。我们不愿意再越穷越光荣，而是希望越富越光荣，要走向北，北是方向，是前进的目标。

我们中国自己内部不光要一部分先走向北方，同时带动南方，中国还要在世界上要求北方国家向南方国家主动提供一个公平、合理的国际政治经济秩序，同时自己也要尽自己的国力，我们通常是超出国力来援助南方，希望南方国家要自力更生、独立自主，靠自己的力量尽快消化掉这些

---

① 根据会上发言速记整理。

* 沈丁立，复旦大学国际问题研究院副院长、上海联合国研究会副会长。

东西，然后获得打渔的本领，而不仅仅是被喂几条鱼。

由于中国处于东西南北的多种身份，并在政治上、经济上逐步成长为新的身份，所以其在推动世界繁荣和安全的过程当中，起到了越来越多的作用。

举几个例子，中非论坛有苏丹领导人来中国参加峰会。在北京奥运之前，这位先生是被罗马法庭宣判在世界要逮捕的，他飞都飞不过来，飞到中国要经过很多国家。越斯诺登想飞到拉美去，要飞大家都知道，很多国家，尤其是美国会层层阻拦。中国就会跟这个国家打招呼，中国有这个分量跟他讲话，我们不是去助长他做一些法庭认为不适当的事，这个事情本身我们没有研究，也没有发言权，但是我们不管你过去做不做，通过跟我们的合作将来会没有这种事情。苏丹内部出现分裂，在南部苏丹变成南苏丹的过程中，美国对中国怎么认定？美国认为中国做了很多的工作，国家分裂的过程是不可避免的，但要和平地分裂，不能武装地分裂，要冲突地分裂，不能流血地分裂。

中国顺应历史潮流，让这个过程是和平的；顺应非盟和联合国系统的要求，但非盟搞不定、联合国搞不定、美国搞不定，中国同苏丹有长期友好合作的传统友谊，人家信任我们，他就接受了分步走的国际治理，先由非盟部队进来，帮他来维和，再是联合国维和部队，联合国维和部队不愿意有西方国家队伍去，中国说我来担当联合国部队的维和，人家信任中国。

联合国的相关治理措施通过中国军人在那边实行，苏丹感谢中国、美国感谢中国、南苏丹也感谢中国，因为中国让他和平地得到他的身份，中国做的工作是非常特殊的。用南南的身份来讲中国可能做不到，用北南的身份来讲也做不到，中国有混合性的身份，因为它要保护发展中国家的独立、自由、民主，同时要有国际治理，这是联合国相关的规定。所以他们的政府应该遵守诺言，要推动对话，让中国来协助你完成对话，大家都感谢。美国最终觉得就应该让这个人飞到中国来，让中国领导人来见见他。

2012 年《金融时报》做了一个研究报告，这个报告的准确度是存疑的，但毕竟提供了一家之说。通过记者、研究人员、调查人员的研究发现，世界银行从2008年北京奥运到2010年上海世博这3年里面，给发展中国家的援助是1000亿美元，中国人均GDP是个穷国，是个南方国家，中国有权利获得这里面一部分的援助。

一个国家在同期的3年向发展中国家提供的援助、贷款达到1108亿，超出世界银行10%，这个结果存疑。我们可以看到这1000亿美元是2012年、2013年中国外汇储备的3%，小意思，而且这不完全是政治捐款，是外交援助，这里面还有低息、无息的贷款，还有投入、产出，是双方合作的，中国也是南方国家，也需要产出，我们投入后也希望有回报，希望有稳定的环境，希望可预期的经济回报。在有些国家以各种理由不愿意给他们援助的情况下，中国给了，中国跟他们之间达成了经济互赢，同时也获得一定的话语权。没有中国对伊朗的投资，中国在六国机制中对伊朗说话，恐怕也没有相应的分量。

中国说话有两个前提：第一，要和平，伊朗要发展认为有理的计划，不能转用到不和平的方向上去，要尽快打消各国的怀疑，这需要他合作；第二，解决问题必须谈判、必须磋商，而不是靠战争，即使他搞核武器又怎么样呢！不是外部战争把他核武器去掉，有本事找中国，中国也搞核武器，怎么不用战争对付中国呢？那就是你怕中国，欺软怕硬算什么呢？中国还要为这个问题的解决找到一个更靠谱的办法，不是通过战争来解决伊拉克对美国所谓的威胁问题，而是通过谈判、磋商，但美国不愿意这么做，最后造成伊拉克严重伤害，美国对自己加害，造成对大家都不利的结果。

这就是中国的发展给中国带来的多元身份，使得中国可以处在灵活的角度。首先是要维护世界和平，其次是保障世界的共同增长。不光中国这样，在伊朗核问题发展过程中，土耳其能作出了一些漂亮的工作，土耳其提出，土耳其给伊朗浓缩铀来换取伊朗可以搞核能，但是他自己不发展，20%的浓缩铀，土耳其有这样的实力，还说我的东西给你，你不要搞。这就给联合国做不成的事情提供了中间道路，联合国很简单，说不能搞铀浓缩，什么都不能搞，伊朗不听，不愿意遵守联合国安理会的各种决议。决议就是不准搞任何形式的铀浓缩，秘书长知道太原则了以后造成根本不可能达到目的，那么怎么办？妥协，妥协的中间方式是土耳其提出来的。

最终我们赢得了时机，他们领导人发生了变化，换了领导、换了安全观念、换了发展观念，结果就是，美国愿意接受这种思路，退一步允许伊朗有低浓缩铀的发展，但伊朗也退一步，要高透明地保证绝不搞超出 5% 的铀浓缩，大家找到一种方法，伊朗靠 5% 是不可能搞核武器的，但是美国总觉得可以再突破，要心里防范，但目前情况之下达成大家不得不接受的妥协。土耳其在过去几年当中为了避免伊朗问题的激化，避免以色列同伊朗、美国同伊朗发生武力冲突作出了重大的贡献。我都不知道土耳其算南方还是北方，他要加入富国集团受到阻碍，如果说他是个穷国，我也不是很相信。

世界在发生变化，我们的目的都一样，南方要尽快摆脱南方身份，我们是越富越光荣，不能永远说南方是好事；进入了北方还要帮助南方，使得他们能够尽快富裕起来。我们要共同努力，走上共同安全、共同增长的 21 世纪崭新发展的世界。

谢谢大家！

## 四、南北对话中的新型合作伙伴关系

Richard Black*

这个讨论会的焦点是变革 21 世纪的南北对话，探讨在未来几十年中怎样继续变革。有两套前提支撑着这些问题。首先，世界在过去 30—40 年里发生了许多变化，最初南北对话主要是关于“富裕”和“受过教育”的北部国家向正处于“发展”进程中的南部国家提供技术援助，现在南北国家正在寻求更加真实的合作，其基础如果不是总体财富上的平等，则少

* Richard Black，伦敦大学东方和非洲研究学院教授。

不了是某些领域里能力和资源方面的平等。其次，未来几十年里，金砖五国（巴西、俄罗斯、印度、中国和南非）很可能超过世界上一些最富裕国家的经济，与此同时，人口增长将集中在世界最穷国家内，特别是在非洲和中东。这两套支撑因素并非互不相关，希望更加平等对话的愿望至少部分源于“富裕”和“贫穷”两个世界经济状况客观上的趋近。但与此同时，南部之间更加平等合作的对话本身也可被看作是一个重要的目标。

在这种经济和政治上似乎趋同、而在人口方面相异的背景下，在越来越希望国际合作伙伴关系更加平等的背景下，南北关系变革有什么选择呢？新型合作伙伴关系有什么选择呢？我想从两个角度来回答这个问题。首先，作为国际移民领域的一个研究者和学者，国际移民这个进程本身就激发出各国之间很有意思的聚合和分散样式，在这个进程中，南北之间的国际合作和外交日益增长；其次，作为英国一家领先专业大学的教授主任，背景是教育机动性和合作伙伴关系在最近几十年里有很大增长，展示出新型南北对话的前景。

总体而言，南北对话中的新型合作伙伴关系有很大的发展空间，在全球治理方面就更是如此。移民和教育领域提供了有意义的案例，说明随着全球互通性的增长，发挥治理作用的对话和机构也越来越多。“北部的”和“南部的”行为者越来越多层面、多方位地参与治理问题，这是全球治理变革的一部分。但是，这些新型对话和治理的实践和方式还有待加强，以期进一步摆脱技术和发展援助的传统模式，朝着互相合作和互相学习的方向靠拢。

### （一）围绕移民的对话和合作伙伴关系

先看移民。很明显，作为一种经济和社会现象，作为一种国际对话，移民在全世界具有越来越重要的意义。全球移民总人数，即居住在出生地以外国家的人数，从1990年的1.54亿增加到2000年的1.75亿，2013年估计为2.32亿。反过来，虽然世界人口在这一期间内也增长了，但移民增长率超过了人口增长率，尽管世界人口中只有3.3%被正式划分为“国际移民”。与此同时，世界人口还在增长，但这种增长呈现高度差异化。世界“发达”地区人口预计直到 2050 年都会保持不变，大约在 13 亿，但 49 个最不发达国家的人口会翻一番，从现在的 9 亿增加到 2050 年的 18 亿左右。

移民的重要性不仅限于这些数字上。特别是过去 10 年里，人们越来越认识到流动工作者汇款的重要性，不仅在于钱的数目，而且在于其刺激发展的潜在作用。流动工作者寄回穷国的汇款估计在 2013 年超过 4000 亿美元，可能这个数字低估了实际情况，因为中央银行有时统计会出错。反过来，这些数字不仅使海外发展援助目前水平相形见绌，而且一般远高于最穷国家的国外直接投资。这不一定意味着汇款有助于发展，更不意味着有助于公平发展，但其作为一个因素的意义是很明显的。

移民在未来会变得更重要吗？虽然目前国际移民的主要来源地区人口继续增长，但移民并不是单靠人口驱动。穷国人口增长本身并不会增加移民，但是，穷国减少贫困和改进教育，再加上富国的劳工需求，可能会一起推动移民的增长。这虽不如人口增长那么确定，但未来 20—30 年里还是一个相当肯定的预测，除非出现严重的破坏因素，例如全球经济危机、发生地区规模的暴力冲突，或与气候有关的长期冲击。实际上，虽然移民经常被看作是由危机造成的，不管是经济、政治还是环境危机，我们也可以说，这类危机发生之后更可能破坏国际移民的样式。这是因为移民通常是由经济因素驱动，特别是对劳工的需求。比如欧洲到北美跨大西洋移民恰好出现在欧洲和北美经济都在迅速增长的时代，即 19 世纪末到 20 世纪初，这绝不是偶然的。过去 20 年里国际移民的增长也伴随着经济增长，个体移民更有经济能力迁移，目的地经济有更多就业机会。

但是，未来全球移民不单单是个数目问题。尤其是在更多国家经历快速经济增长并且/或者变为成熟经济之后，移民目的地可能也会多样化，这样一来，移民不再是一个“南北”外交问题，而是变成一个真正的全球治理问题。国际机构中已开始有这种认识，国际移民组织（IOM）的预算和成员国数目都在增长，各种正式和非正式专家小组和行动计划开始推进各国之间以及国家和非国家行为体之间的国际对话。这类论坛包括由前联合国秘书长科菲·安南在2003年建立的国际移民全球委员会（Global Commission on International Migration），该委员会在2005年发表了报告；2006年和2013年分别举行的联合国关于国际移民和发展的高级别对话；以及移民和发展全球论坛，这是一个国家引导的进程，推动全球移民治理建议的开发，并且涉及到南北国家之间新的接触方式。

这些论坛中有一些又开发出比较新的工作方式，用来推动更加公平和多样化地参与国际对话。例如，全世界地区性磋商已经成为这些论坛的重要工作元素，全球论坛的会议和论文由南北国家共同组织和写作，确保能听到更多各种各样的声音。新的行为者也加入进来：全球移民和发展论坛分别举行政府和公民社会小组的会议，后者向正式的政府会议提交报告，尽管有人批评这种报告机制，说其对各国政府讨论的影响很有限。

### （二）教育流动与伙伴关系

再谈教育。教育是移民去向的一个关键因素，也是全球互通、因而也是南北对话的一个重要元素。因此，教育成了一个过滤器，决定个人到底能不能移民，特别是从“南”到“北”长距离移民。很多人移民是为了受教育，学生为接受高等教育而移民（最近几十年大量增加）。例如，南方国家培养的医生或其他医护专业人员的所谓“人才外流”的一个原因是在获得资质后想进一步深造，这是从事医护行业必不可少的，但经常非要移民到另一个地方才能获得。

在这种情况下，教育伙伴关系（学生流动很多是靠这种关系）也很可能成为未来全球治理和南北对话的一个重要因素。例如，高等教育是英国主要出口赚汇部门之一，根据最近估计每年达到将近300亿美元，因此其远远不是一个边缘或专业部门。南北国家大学之间的各种教育伙伴关系推动学生交换、合作研究和学术人员的流动，越来越多地为一个学校学生到另一个学校攻读学位提供“联接”过渡。这类学生流动也得益于全球招生机构网络，这些机构在世界各地教育机构之间穿针引线，促进学生移民，就像所谓的“帮工头”促进低技术水平农业工移民。

但是，尽管教育机构之间学生（和教职员）的流动性有了很大提高，新型南北对话还有待于取得更多成果。目前大多数教育伙伴关系是在“北方”大学之间，不是欧洲就是北美，通过类似欧洲“伊拉斯谟”（Erasmus）[①] 这样的项目安排。虽然美国奥巴马政府的政策越来越强调美国学生“出国学习”，但多半都是去欧洲和/或美国大学在国外的“分校”。这样的流动可能对学生来说很宝贵，能感受不同的环境和文化，有助于全球沟通，特别是如果“当地”学生也能入读这些分校。但是，这种流动可能不足以推进那种可以变革未来全球治理的深层和持久的跨文化对话。

实际上，即使是“南北”合作伙伴关系，通常招收学生主要是去北方国家的，或采用“技术转让”模式，南方国家的大学和伙伴一般被认为需要“能力培养”。不仅学生交换是这样，研究方面也是这样。例如，出于各种原因，包括品质认知度、成本和“官僚体制”，欧洲和北美的学术人员常常情愿以国际合作项目“顾问”的个人身份与南方国家学术界打交道，而不是采用北方国家通行的做法与学术机构通力合作。按这样再往下走一小步，南方国家学术界就被看作是数据采集者或分析者，而不是概念推导者理论研究者、或者学术论文作者。

可是，围绕教育合作和伙伴关系的南北对话本来不应该是这样的，而且随着 21 世纪的发展完全可能变成另一个样子。首先，可以而且很可能会变得广泛得多，越来越多的亚洲大学开始步入全球研究排名榜的高端，一些非洲大学也开始崭露头角。简单点讲，来自南部国家大学的优秀研究人员数目很可能会增加，说不定会急剧增加，即使目前最棒的亚洲大学都

---

① “伊拉斯谟 Erasmus”项目是欧洲高等教育领域的一个合作性的学生交流项目，其每一课程都是由欧洲几所大学联合经营。伊拉斯谟是“European Action for the Social Mobility of University Students”的缩写，即欧洲大学生社会流动行动计划，同时也是为了纪念 15 世纪欧洲一位著名的学者、教育家 Desiderius Erasmus（伊拉斯谟）设立的。德西德里乌斯·伊拉斯谟（Desiderius Erasmus，约 1466—1536），荷兰哲学家，16 世纪初欧洲人文主义运动主要代表人物。1987 年，欧盟开始颁发 Erasmus 奖，使得超过 100 万的欧洲学生获得到欧洲其他国家学习的机会。

在日本、韩国、香港和新加坡。高质量毕业生的数量也是这样的。有些国家高等教育投资猛增，教职员条件也随之得到改善，合作伙伴关系与个人而不是与机构打交道的机会和动力都会减少，虽然可能会出现一些精英研究人员，他们从属于不同国家的多个机构，并且越来越多地采用个人运作方式，用不同方法与不同地方的研究团体互动。

其次，国际合作和伙伴关系很可能会变得更加多极化和多层面。我自己所在的大学——伦敦大学东方和非洲研究学院（SOAS）是亚非研究联盟的一部分，这个国际校际联盟总部在日本，包括的合作伙伴分散在韩国、新加坡、美国、法国和荷兰。目前这种多样化的合作伙伴还比较少，但是在慢慢多起来。与此同时，我们的学生中大约有 50%学一门语言，相当一部分出国学习，这在英国也还不多见，但也慢慢多了起来，至少对非欧洲语言是这样的，政府和公众越来越认识到语言的重要性，这不仅体现在推动国际对话方面，而且体现在推动贸易和经济增长方面。这样的多极联盟、高层次的语言学习和出国学习不仅在英国大学里少见，而且需要认真计划，确保让所有合作伙伴都得到真正的好处。实际上，南方一些国家的大学缺少资金，这对基于投入产出“平等”的真正合作伙伴关系依然是严重的阻碍，尽管在另一些国家里情况正在迅速改观。

### (三) 结论

把教育流动和移民放在一起考虑，在某种意义上这么做并不难，因为教育流动和交换经常就是移民的一种形式。我们可以就此得出一些结论，这些结论对未来几十年里变革南北对话和全球治理具有相关性。这些结论在南北对话积极变革方面给我们一些对未来的希望，但也说明容纳新行为体和采纳新做法的进程会很费时，不是一夜之间就可大功告成。

首先，很明显，对话和治理的目的是（或应该是）侧重于合作，确保尽可能给全球更多人带来更多益处，而不是一味调控移民以及学生或者研究人员的流动。这一点很重要，但不容易做到，因为很多人对移民的益处往好里说是仍然持怀疑态度，他们希望确保自己的孩子优先受到高等教育，来自世界其他地方的则排在后面。实现一个开放的教育体系，或一个开放的劳务市场一点也不比实现更加开放的国际贸易来得容易，实话说很可能还要难得多。但关键一点是，无论是一般意义上的移民还是教育流动都在增长，而且预计还要进一步增长。南北对话要在这一认识的基础上进行。

其次，无论是一般意义上的移民还是教育流动很可能会变得越来越多极化和多层面，但反过来，它们在某些意义上又会变得不那么必要。我们所处的时代，可以用无人飞机远程作战，控制飞机的人则远离战场，远离他们行为的真实后果。如果用这类技术通过远程教育普及真正意义上的全球教育，不仅是资源，而且实时授课和评分都在网上，这不是更重要得多？但是，虽然这类技术确实是在使用、扩展和改进，大型在线开放课程（MOOCs，慕课）和各种远程授学分课程都在增长，但有必要看到，通过实实在在的流动获得面对面接触还是有其价值，即使这只构成学位课程的一部分。因此，虽然技术有可能向更广大的受众开放全球优秀教育，而且美国和欧洲很多学校已经在这么做了，但这也一样很可能释放出新的教育需求以及联带的教育流动，而不是减少为了教育而移民的人数。与此同时，几乎可以肯定的是，在线教育最好是在一个多机构合作伙伴关系环境中实施，一点都不奇怪，类似 Coursera① 或 FutureLearn② 这样的大型在线开放课程大多是校际合作的产物，而且越来越多是跨越国界的合作。

最后，教育机构和移民（不管是不是学生）本身可以说就是南北对话和全球治理的新行为体，在变革全球治理中可以起到越来越重要的作用。把学生派往别国的那些大学经常把交换生叫作“大使”，在某种意义上，移民带来的个人之间的接触确实可以增进新的沟通和联系，尽管也存在误

---

① Coursera 是免费大型公开在线课程项目，由美国斯坦福大学 2 名计算机科学教授吴恩达（Andrew Ng）和达芙妮·科勒（Daphne Koller）创办，旨在同世界顶尖大学合作，在线提供免费的网络公开课程。

② 由英国 12 所大学联合发起的一个 MOOCs，发起者包括利兹大学、伦敦国王大学、伯明翰大学和英国远程教育组织等在内，欲将其打造成为世界范围内的英国高等教育品牌。

解、敌意和直接冲突的风险。与此同时，学术机构之间的理解备忘录堆积如山，虽说是大学官僚体制国际化的表现，但也展现了原先没有多少或者根本没有接触的机构之间互相对话和学习的真实潜力。总体而言，各国、联合国和其他国际机构虽然可以在推动这类对话方面起重要作用，但机构和个人也有发出独立声音的空间以及“全球地”思考和行动的机会——这在半个世纪以前根本无法想象。如果我们要真正变革 21 世纪的对话，要真正向普世目标迈进，我们就应该抓住这种机会。

## 五、从文化视角考量南北关系中的新行为体和新关系

Sandra Coulibaly Leroy*

我衷心感谢上海联合国研究会和联合国训练研究所给我机会参加这个非常令人振奋的会议。我们要讨论的问题特别有意义，因为南北之间传统关系视角仍然是西方国家在外交关系中使用得最持久的模式之一，也是目前最受到挑战的模式。

我所在的法语国家组织（OIF）成立于 1970 年，在南方国家塞内加尔、突尼斯、柬埔寨和尼日尔的领导下，已有 77 个国家和政府加入，长期坚持基于多样化的文化和技术合作。

从这一视角出发，我想说明全球化的文化层面可以是南北对话的强有力变革引擎，文化领域可以是一个极好的实验室，用以促进由新行为者驱动的新型合作伙伴关系。

### （一）新的平衡

南北对话的变革是全球化不可避免的结果之一。事实上，20 多年来，

---

* Sandra Coulibaly Leroy，法语国家组织文化多样性发展部副部长。

我们这个世界发生了全球规模的巨大变化。从北到南，由东往西，数字化技术革命正在改变我们的社会习惯，不断改变我们的生产方式和消费方式。另外，人和物随之发展，新的经济行为者和地缘政治局势也随之出现。

金砖五国的快速增长是这种新局势的最好例证之一。这些国家利用一些相对强劲的优势，例如低成本劳力、高生产率，以及在基础设施和教育领域的投资，不仅在经济上发挥重要作用，而且展现出挑战发达国家的发展模式。另外，在南方，人民收入增长，国内市场发展，南南交流的巨大潜力促进了全球架构的变革。

因为商品贸易，非洲大陆现在被视为一个新的理想中的“黄金国度”（El dorado，西班牙文），西方的财富也在向亚洲转移，所谓南北之间的界线确实已经模糊不清了。

21 世纪来临时，这些新行为体重新塑造了一个多极世界，西方确实丧失了主导地位。这些正在兴起的经济和政治力量中心迫使我们立即重新考量国际社会必须以什么方式在一个共同框架里应对全球问题。

## （二）全球化和文化多样性

我们可能认为，全球局势只与技术、经济和金融问题有关，但我们还要考虑全球化的文化层面。由于信息技术的广泛应用以及货物与服务的交流，全球化推动了全世界各种文化和社会之间越来越多的互动。这又造成由文化因素驱动的身份宣示、紧张或凝聚力，这些文化因素是全球变革的基石。

因此，伴随着这些经济和政治问题，全球化的文化层面驱动了世界各地之间越来越多的差异化。事实上，文化差异化是靠语言等载体带动的，语言携载了身份和概念、艺术创造、价值观和符号象征。

南方国家把这些因素当作全球变革性对话的一部分，而不再由北半球拥有的排外性领导所主导。

在这样的视角下，文化多样性和文化发展成为改变南北传统关系的主要杠杆之一，不仅用来编织新的政治声明（发出南方的声音），而且造就由新兴国家支持的国际发展议程。

联合国科教文组织 2001 年通过的宣言称，“作为交流、革新和创造的源泉，人类不能没有文化多样性，就像自然界不能没有生物多样性”。宣言还说，“文化多元性是文化多样性现实在政策上的表达。文化多样性拓宽了每个人的选择范围，是发展的根源之一，不能简单理解为经济增长，而是在智性、情感、道德和精神等方面获得更满意生存方式的手段之一”。①

从此以后，这些趋势不断得到加强。2005 年，通过了《保护文化内容和艺术表现形式多样性国际公约》，在处理全球化和保护文化多样性的关系方面建立了一个国际法律框架。这使我们回想起非殖民化时期和 20 世纪 80 年代民主化进程时的政治声明中使用的文化身份多样性概念。

该宣言很有新意，不仅体现在目标的性质上，还体现在其界定的诸多概念上，例如文化间对话（第四条），在文化的无形和有形价值之间建立起平行关系。文件围绕三个中心：（1）保护文化表现形式包括人的文化身份的表现形式；（2）需要从法律上承认文化产品的内在价值，而不管其货币价值如何；（3）最终考虑到文化和可持续发展之间不可分割的联系。

公约首先确定了国家的文化主权，其次肯定了文化在可持续发展和战胜贫困中的中心作用。公约还强调，发展中国家能不能有一个充满活力的文化领域取决于是否有前瞻性政策和具体措施，以加强文化产业、技术转让、财政支持，以及对南方的特别待遇。公约由此提出了在国际层面由南方支持的文化领域团结合作新模式。

2002 年约翰内斯堡峰会以及“里约＋20”会议上把强调国际发展议程的文化层面，提高文化意识当作可持续发展的第四支柱。2010、2011 和 2012 年联大会议通过的各种有关文化和发展的决议确认了这一点，最

① 联合国科教文组织宣言：第一条：文化多样性是人类的共同遗产；第二条：从文化多样性到文化多元性；第三条：文化多元性作为发展因素。

近在 2013 年 5 月又通过了杭州宣言“将文化置于可持续发展政策的核心地位”。在宣言的导言部分，与会者再次确认，“当我们把以人为本、因地制宜的措施纳入发展计划和维和倡议时，文化在促成真正意义上可持续发展方面的超常力量将显得尤为突出”。[①]

## （三）文化作为差异化和一体化的工具

一方面是“文化多样性和发展”，另一方面是文化差异性，这两个命题确定了一个新的国际合作途径，这一途径得到南部国家的广泛支持，特别是得到具有经济实力和良好发展势头的金砖五国的支持。

考虑到这些因素，目前对 2015 年后可持续发展目标（SDG）议程的讨论确实提供了一个重新考量南部发展模式的真正机会

通过既定的指标和已有数据评估文化因素的重要性，这也是一个集体思考的机会，以南部开发出的“最佳实践”为基础，审视在实现可持续发展目标过程中新的合作途径。最后，这是一个重新思考 1948 年以来传承和发展的价值和标准体系的机会，采纳文化多样性的概念，但又不贬低普世价值观。

在经济方面，最新的联合国开发计划署和联合国教科文组织报告确认，创新经济不仅是全球经济中增长最快的部门之一，而且是一个具有高度变革性的产业，特别是在产业收入、提供当地就业机会和可持续收益等方面。另外，这个部门是包容性、公平性和可持续性发展的一个重要因素。在政治方面，不需要重温软实力之类的外交影响力是怎样利用文化的吸引力和象征力的，但是，“新的”挑战还是帮助推动文化表现形式的多样化，特别是在本地和全球层面推动南方国家内部文化表现形式的多样化。

---

① http：//www. unesco. org/new/fileadmin/MULTIMEDIA/HQ/CLT/pdf/final _ hangzhou _ declaration _ english. pdf.

## (四) 更新视角/合作活动

我们怎样把变革的号召化为行动？根据法语国家组织的经验，我们可以设想一些思路和行动路线。

### 1. 跨地区组织的附加值

基于文化或语言纽带的跨地区组织可以当作政治平台，用来克服地区阵营之间阻碍联合国体系的意见分歧或僵局，推动成员之间的政治对话和合作。

例如，法语国家国际组织中既有20国集团国家，也有最不发达国家，是共同的语言和共同的价值观把它们连到一起的，并用文化多样性带动一个应对复杂问题的政治框架。

在这种视角下，金砖国家的异质性传统上被认为是一个弱点，但实际上可用来建造新的平台以重启政治对话，把文化多样性和新兴南方国家的愿景结合起来，聚集其他国家，开启与文化上的跨地区组织，例如法语国家组织、葡语国家共同体（CPLP）以及伊比利亚美洲国家组织（OEI）和地区经济组织，例如西非经济货币联盟（UEMOA）或中非国家经济共同体（CEEAC）（这两个组织最近都通过了一份文化政策文件要求大量投资）的多边对话。

### 2. 共建和优先

鉴于在发展政策中有效融入文化和文化多样性原则的重要意义，包括金砖五国在内的捐助国在南南合作中应考虑合作政策中的这一层面。通过支持南方国家发展和实施文化政策，可以加强它们生产和传播文化表现方式的能力，以可持续发展的视角加强它们的创意文化产业。反过来，它们也会作出努力，改变捐助国和受助国之间的关系。

我们现在满意地看到越来越多的国家像尼日尔那样把文化纳入其加快发展和减少贫困的战略，或者像塞内加尔和布基纳法索那样把文化作为加速增长和可持续发展战略的一部分。

### 3. 筹资渠道/经济模式的多样化

考虑到金融危机对公共预算的影响以及私营部门日益增长的重要性，法语国家组织和联合国等多边组织必须认识到，筹资模式不再能单单依赖于官方发展援助的传统形式。

融资合作必须利用具有杠杆影响的创新机制。例如，在西非，伴随由多边组织（例如法语国家组织、欧盟、非洲加勒比和太平洋国家集团、国际肥料发展中心、联合国教科文组织）提供的影响力有限的一般投资基金，还有专门针对文化方面的投资基金，但一般都位于非洲大陆以外，主要为各自的当地市场服务。在这种情况下，创建由公共部门支持的保证基金可能起到有意义的杠杆作用。

金砖五国在 2013 年 3 月在南非德班召开的第五次峰会宣布建立一个投资银行、一个工商理事会和一个智库理事会，这给我们很多有益的启示。这些架构可以在投资和促进互惠伙伴关系中整合文化多样性，从而促进经济上可行架构的形成。

### 4. 全球本地化（Glocal）和本地全球化（Lobal）

怎样逆转北方（生产者）和南方（消费者）之间文化生产和消费的流向？怎样在全球市场上树立南方国家的正面形象……一种办法是创建一个本地文化市场，植根于本地环境，由可以达到国际标准出口的文化产业支撑。各种文化领域（不仅限于音像部门）例如表演艺术（特别是音乐）具有强劲的文化和象征性价值，可以在当地产生社会连接，在这些领域里投资可以创建一个“生态系统”，包括法律和税务措施，这方面已经有成功案例（巴西、韩国等）。这样做的目的是将本地文化产品出口到国际市场，以此推动文化表现方式多样化、贸易发展（市场或非市场）以及文化领域里的南南合作。

### (五) 结论

总而言之，南北模式的相关性已经不如过去，新兴国家是多极世界里增长和发展的引擎。政治和经济影响力方面出现了新的平衡，极大地推动了全球文化方面的新平衡。

全球治理变革的基础是更新了的政治话语，包括一个文化层面和由南方支持的新的政治议程。与文化相连的一些重要因素必须加以考虑，并且可以转化为合作，其推动力是对来自南方具有当地标准的项目有了越来越多的需求。

在这种视角下，金砖五国，特别是中国可以驱动这一新局面。从南南角度看，这种新的合作模式应该可以本着团结精神有效地利用普世工具促进文化多样性和对 2015 年后新议程的全球政治定义。实施由南方领导的这些文化干预战略可以推动南北对话变革向纵深发展。

## 六、南北对话与全球治理：变化与中国角色

刘　鸣*

全球治理是国家治理在国际层面的延伸，其中国际规则是治理的核心。多年来，由于以美国为首的西方发达国家在国际事务中具有绝对发言权，全球治理有被“半球化”或非全球化的危险。21 世纪以来，世界秩序发生了变革，新兴大国参与能力与意向强化，这引发了全球治理的权力转移，并促成了南北对话机制形成。在这种变化中，新兴国家如何参与全球治理，用什么理念与机制来完善南北对话，如何通

* 刘鸣，上海社会科学院国际关系研究所常务副所长、研究员。

过参与全球治理争取和维护自身权利，为全球与人类的可持续发展作出贡献，是这些国家需要重点解决的问题。特别是新兴国家中的中国参与全球治理的角色定位、形式、力度、作用需要在理论上进行明确。

## （一）全球治理与南北国家对话状况：从“西方治理”到“南北共治”

### 1. 从“西方治理”到“南北共治”

全球化是在 20 世纪 90 年代就开始流行的议题。随着信息时代的到来，以美国为网络中心的国家间相互依存加深推进了全球化进程，同时也引发大量全球公共问题。由于全球问题具有跨国界、辐射面广泛的复杂特点，需要多国合作参与，全球治理机制核心也随着全球问题复杂化与新兴国家的崛起而发生变革，由“西方治理”向西方与非西方“共同治理”转变。[①] 在此基础上，国际社会增强了南北对话的开展意愿。

20 世纪 90 年代初期，全球治理存在国家间能力分布不均问题，国际制度主要依赖西方主导国制定与推行，更多地反映了霸权国家在国际社会的权力与利益，以美国为首的西方发达国家依然在国际事务中具有绝对发言权，从而导致全球治理被“半球化”或非全球化，加大了南北国家之间隔阂。[②] 随着 21 世纪世界秩序的变革，它加强了新兴大国参与全球治理的能力与意向，这引发了全球治理的权力转移，并促成了南北对话机制的形成。

2001 年，“9·11”事件引发的国际社会对非传统安全的关注，全球治理的范围开始扩大、难度加大，其对国家间紧密合作的要求更迫切。自

---

① 黄仁伟：“全球经济治理机制变革与金砖国家崛起的新机遇”，《国际关系研究》2013 年第 1 期，第 54 页。

② 吴志成、何睿：“国家有限权力与全球有效治理”，《世界经济与政治》2013 年第 12 期，第 6 页。

2007年美国经济开始收缩至2008年爆发全球金融危机，国际社会逐渐意识到“美国单极”时代已过去，随后的欧债危机问题引发了人们对于以西方发达国家发展模式的质疑，有学者甚至提出国际货币基金组织等国际金融制度本身就是金融危机的问题。[①] 另一方面，随着北方国家发展速度普遍放缓与新兴国家的群体兴起，发达国家依赖国际规则发挥的“半球治理”遭受挑战，依靠少数国家已很难单独统领国际社会或治理“全球”，[②] 国际体系多极化趋势促使西方也开始愈发重视同新兴国家之间的合作。2008年，金融危机促成了20国集团（G20）的崛起，作为当今主要的南北对话平台，G20提高了发展中国家在国际社会的话语权，发展中国家通过参与国际制度、国际规则建构可维护自身利益。南北对话开展意味着非西方国家群体性崛起，不仅为国际政治多极化趋势注入新活力，推动了“南北共治”趋势，还为推进发达国家与发展中国家的良性互动与合作，共同建构互利共赢的国际环境提供了机遇。

### 2. G20 **南北对话机制推动南北国家良性互动**

根据G20组织的成就与局限性，对于现行南北对话机制可以做两分法的评判。

首先，全球经济体长期以来一直呈现圆锥形国家地位分布，[③] 由此高居顶端的美国等发达国家主导了世界经济决策权，并在20世纪后半期以发达国家的多边合作俱乐部模式运行国际社会治理机制，[④] 即全球治理机

---

① 庞中英：《全球治理与世界秩序》，北京大学出版社2012年版，第5页。

② 吴志成、何睿：“国家有限权力与全球有效治理”，《世界经济与政治》2013年第12期，第9页。

③ 李兴：“主治还是共治：谈G2和G20”，蔡拓、曹兴主编：《公共权力与全球治理——“公共权力的国际向度”学术研讨会论文集》，中国政法大学出版社2011年版，第74页。

④ 吴志成、何睿：“国家有限权力与全球有效治理”，《世界经济与政治》2013年第12期，第15页。

制是由来自少数富裕国的内阁部长或致力研究相关问题的重要专家官员共同协商制定规则的。[①]

G20作为国际经济合作与协调的首要国际性论坛，首先它对国际秩序稳定与南北国家良性互动起到了积极的作用，特别是为发展中国家平等参与国际事务提供了平台，20国集团已经逐渐成为最具活力和影响力的全球经济治理机制。[②] 有学者指出，G20的扩展无非就是对当前国际环境变化的表现，国际权力并不完全由美国掌控，所以扩充G20国会员有利于增强G20会议决议的合法性与有效性。[③] 2010年召开的多伦多峰会议，对话议题就涉及到国际金融体系改革、如何救援希腊引发的欧元区危机，同时强调了G20对全球经济金融问题的关注度提高，并就当前国际制度改革与创新提出了宝贵意见。[④]

其次，以“金砖五国”为代表的新兴经济体整体实力提升，积极参与各种国际对话，让新兴国家进一步走向世界中心。

第三，新兴国家在国际决策层面上的活动，使国际格局呈现出扁平化的态势，在全球治理决策、创造公共利益与公共品供应议题上产生深远影响。它有效地拓展了全球治理领域，加深了对共同发展理念的理解和倡议；改善了当前全球治理存在的“富国俱乐部”模式缺陷，弱化了国际社会“西方主导”状况，推动了发展中国家与发达国家多边协商机制。现在，发达国家已经明白，只有让渡其在国际组织的发言权与决策权，并鼓励新兴发展中国家参与国际事务，才能实现地有效全球治理与共同利益维护。

---

① ［美］约翰·唐纳胡、约瑟夫·奈，王勇等译：《全球化世界的治理》，世界知识出版社2003年版，第23页。

② 王颖、李计广：“G20与中国”，《现代国际关系》2012年第6期，第44页。

③ Mark Quarterman. Reflections on the G20 Summit，Commentary，CSIS，December 1st，2010，网址：http：//csis. org/publication/reflections-g－20－summit.

④ 约翰·柯顿，朱杰进译：“G20与全球发展治理”，《国际观察》2013年第3期，第14页。

第四，在理念扩散与传播过程中，南北对话机制的合法性与国际影响力逐渐提升，完成了从非正式国际组织向制度化转型。

第五，由于G20的决策一定程度上反映了发展中国家的利益诉求，所以，相关的全球治理方案在实施时也将会得到更多国家的支持，相对容易达到至少部分的目标。

“当行为者通过政策协调，将自己的行为调整到与其他行为主体的实际偏好和预期偏好一致时，合作就会出现。”[①] 从这点而言，全球治理最有效的手段莫过于国际制度的建立，而在多极化的国际社会中国际制度的有效实施需要各民族国家的一致性认同，而这些问题在G20治理的几个维度上都有所体现：审议（Deliberation）、引领（Direction-setting）、决策（Decision-making）、遵约（Delivery）、发展全球治理（Development of Global Governance）。[②]

## （二）南北对话机制的局限性与面临的挑战

### 1. 局限性：西方主导话语权

有学者指出，像G20这样的非正式国际组织具有嵌套复合机制，能够有效地将各个国家嵌套在一个同心圆中，[③] 并通过各方努力共同化解全球危机。然而在这一过程中，当前南北对话趋势仍存在明显的西方主导话语权问题，例如G20会议虽然在应对国际金融危机中发挥了举足轻重的作用，但G20中的合作精神并没有扩展与延伸到全球治理的其他领域，一些发达国家坚持把自身国家的利益置于全球治理的责任之上。以美国为首的西方发达国家利用其在国际组织中的领导地位和各种话语权，控制全

① Robert O. Keohane, *After Hegemony: Cooperation and Discord in the World Political Economy*. New Jersey: Princeton University Press. 1984, pp. 51－52.

② 约翰·柯顿，朱杰进译：“G20与全球发展治理”，《国际观察》2013年第3期，第19页。

③ 朱杰进：“复合机制模式与G20机制化建设”《国际观察》2013年第3期，第7页。

球治理谈判中的发展方向和目标。以全球气候治理问题为例，美国与欧盟把他们早已承诺的经济和技术援助责任与中国对碳排放控制的承诺挂钩，拒绝按照《京都议定书》相关的内容实现它们的数值目标。从这方面来说，G20 从应对国际金融危机到解决全球化问题跨度还很长，这表现为组织成员间在一些解决方案实施中存在利益分歧问题，特别是 G20 中的大国仍然单边行使权力，更不要说大国国内政策的“外溢效应”都给实现南北平等参与国际事务造成了困难。①

### 2. 挑战：国家立场分歧难以调和

总体上讲，G20 南北对话机制覆盖成员国广泛，所以只要所有成员国对磋商的问题形成一致的立场，它们在出台国际政策并应对全球性挑战方面就将会有较高的效率。但是，由于全球问题具有覆盖面广、关联性强与扩散迅速特点，所以相应的全球治理磋商、政策制定都会触及到不同国家的重要利益，任何妥协与精心安排都很难面面俱到地平衡好各国的利益，这无疑增加了就国际制度达成共识的难度。

特别是鉴于发展中国家的发展水平、国情与西方发达国家存在巨大差异，在 G20 对话中，当前南北对话机制存在难以调和各国立场分歧的局限性，特别是存在于发达国家与发展中国家的矛盾，造成了全球治理的举步艰难，这就给进一步推行有效全球治理决策增添了困难。

即使在新兴国家之间，也存在着各种利益差异的矛盾。中国和印度、巴西、俄罗斯、南非在处理国际问题上就存在严重分歧甚至相互打压倾向。在减排责任分配问题上，巴西、南非提倡基于历史责任分配减排义务方法；② 面对人民币升值问题，巴西、俄罗斯也一度指责中国政策，巴西

---

① Paul Heinbecker. The Future of the G20 and Its Place in Global Governance. CIGI G20 Papers，No. 5，April 2011，http：//www. cigionline. org/sites/default/files/G20No5. pdf.

② 许琳、陈迎：“全球气候治理与中国的战略选择”，《世界经济与政治》2013 年第 1 期，第 123 页。

首先就批评包括中国在内的多个国家操纵本国货币汇率。[①] 联合国安理会的改革也引起了现任常任理事国与潜在争常国的竞争。全球治理从根本上对民族国家角色以及国家立场等国家核心利益提出了挑战，然而国际社会中的主体依然是民族国家，从这点来看，这是当前南北对话机制难以调和的矛盾。

综上所述，全球化发展阶段不仅对国际协调和集体行动提出了要求，更对发达国家与发展中国家立场协调，以及就某些国际问题达成共识提出了要求。G20 虽然为发达国家与发展中国家提供了建立国际制度与应对全球治理的对话平台，然而 G20 由于其自身合法性与权威性不足，所以它难以保证发展中国家的平等参与，当前的南北对话机制依然存在“小圈子参与治理”的问题，国际制度运行也依赖于美国霸权在国际社会运行。同时，全球问题具有多样性与重叠性等复杂特点，所以当前的南北对话机制难以调和各成员国之间的立场分歧，以至应对全球治理政策难以推行。所以，要解决、协调、统一各成员国，立场分歧也是当前南北对话机制难以突破的难点。

### 3. 改善当前南北对话机制

G20 会议自开展以来，已进一步扩大了对话议题范围，其中包括宏观经济问题、气候变暖、农业、能源等重要问题，这也是南北对话机制的发展。2009 年 12 月的《哥本哈根协议》就是在我国所提出的“共同但有区别的责任”原则下达成，这是在人类可持续发展道路上迈出的重要一步。这充分说明，随着全球化进程加深，发达国家已不能无视新兴国家在世界格局中发挥的重要作用和影响力，“南北共治”已是大势所趋。虽然 G20 仍存在西方主导话语权与各国立场难以协调一致等局限性，但通过双方努力，在一些议题上仍然可以增强相互理解与信任并建立共同利益与目标，从而推动南北对话与合作。

---

① 巴西拟力促人民币升值，http：//www.p5w.net/news/gjcj/201101/t3384996.htm。

正如基欧汉对国际关系中的合作定义，“协调各方不同点”与“达成共同得益”缺一不可，完善南北对话机制以及推动南北合作关系建立显然离不开双方的共同努力。就这点而言，发达国家应鼓励或督促发展中国家进一步完善承担国际事务的能力，同时为其发展留有时间与空间，并放弃一味以西方国家利益至上的霸权主义国际制度运行；发展中国家则需要进一步完善公共政策制定，提高政策执行水平，并努力吸纳创新技术与知识，从而更好地发挥自身国际责任。

由于发达国家享有较大的国际权力与发言权，他们拥有着更大的国内政策空间，甚至可以把国内自身利益凌驾于国际制度之上，并同时利用这种国际特权迫使新兴国家承担超越它们能力与时代责任的义务。最典型的案例就是美国在全球环境问题上的“推卸责任”与西方国家在清洁能源与节能技术转让及资金援助方面的口惠而不实的做法，这是南北合作与全球治理的主要障碍。全球治理的关键在于各国携手完善与维护国际制度，并相互督促与鼓励推行政策完善。

因此，发达国家首先应该承担先发国家的历史责任，勇于承担过去60年以来转移高污染、高能耗产业至发展中国家后产生的破坏生态的后果。西方在领导全球治理过程中也需要明确承认，由于它们过去奉行的殖民主义政策和构建的不合理的世界经济分工体系，导致了发展中国家产业发展的落后与人民生活水平的贫困。所以，全球治理应鼓励与督促发展中国家在本着“互利共赢、务实有效”的基本原则下承担“共同但有区别的责任”，并留给发展中国家更多空间和时间。因为对于新兴国家来说，它们现阶段的发展模式与方向具有较大的灵活性，同时也需要考虑如何将国内的发展任务与国际治理责任相结合，并加快调整产业结构。而到目前为止，发展最快的中国也没有充分完成经济发展转型，所以说要求新兴国家承担国际问题责任是一个循序渐进的过程，西方发达国家应更多地包容、鼓励的态度优先理解发展中国家的发展任务，通过技术转移、制度开放政策等进一步提高发展中国家承担国际责任的能力，从而更有效地促进南北合作全球治理。

对于发展中国家而言，需要进一步做学习型国家并不断加强治理机制和调整发展政策，主动采取措施承担力所能及的国际责任，只有这样才能有效地参与南北对话以及推动全球治理向前发展。从中国角度来说，应对全球气候变化问题的主要途径与方式是加快经济增长方式的转型，加大节能减排的力度，对各地排污和碳排放的大户企业进行重点技术治理和充分利用经济与法律手段来逐步淘汰与调整石化能源密集型的产业群。新能源、可再生能源是清洁、可持续利用的能源，包括太阳能、风能、地热能、海洋能，这些能源将是我们重点的发展方向，其发展将是我们走出高碳排放经济结构的最佳发展道路。对发展中国家来说，应当充分认识到全球治理合作的重要性，以及自身在组织全球治理方面经验尚浅的情况下，积极主动与发达国家共同建立具有建设性、合作性、现实性、规范性的国际制度。

总之，在参与全球治理方面新兴国家还需进一步加强全球治理机制的外交，需要新的理念与机制来完善南北对话。同时，新兴国家也应继续做学习型国家，积极参与国际变革进程，争取和维护自身权利，并通过建立非政府组织来更有效地表达本国诉求与治理意愿，同时增进与西方发达国家之间的相互理解与合作。

## （三）中国参与全球治理中的角色与目标

### 1. 国际角色：推动多边协商机制

从 20 世纪 90 年代起，全球化浪潮和全球治理的观念思想对中国改革开放起到了一定的积极推动作用，“对外开放”和与“世界接轨”成了不可逆转的时代趋势，中国一直在努力全面地“融入”国际体系。[1] 然而作为国际体系“参与者”与全球化“受益者”，特别是居世界第二大经济体，中国的国际作用与责任同其实力地位是不相称的。随着中国在全球治理中的地位和作用不断提升，参与全球治理的意愿和能力逐步增强，

---

① 庞中英：《全球治理与世界秩序》，北京大学出版社 2012 年版，第 197 页。

中国应该在南北对话与国际多边机制中发挥更大的作用。同时，中国也应当平衡国内与国际责任以寻找深化自身国际事务角色与作用，这需要中国政府机构与非政府多边机构共同完善制度化建设并深化彼此间的认同。①

首先，鉴于南北对话中存在的“西方主导”与发展中国家在参与国际事务中存在立场分歧问题，中国应积极推动多边协商机制的建立，以提高效率解决全球问题。在南北对话中，中国应始终坚持世界各国拥有平等参与国际事务与维护本国权益的基本权利。针对国际争端，可主张通过对话、平等协商加以解决。

第二，鉴于现存的国际制度存在诸多不合理问题，国际组织仍然存在着西方优先、组织与话语垄断，发展中国家在全球事务中难以有效平等参与和维护本国权益这种情况，所以中国应发挥有效国际影响力，积极参与国际组织和制度，并对当前国际秩序提出建设性意见，推进国际秩序向民主和多边转变，并为维护发展中国家的权利发挥有效作用。

第三，随着中国综合国力的全面提升，“中国责任论”成为当今热门话题。国际责任是国际社会成员为维护国际体系正常运行承担的成本，②毫无疑问，中国作为新兴大国应主动承担、争取国际责任，在“承担共同而有区别的责任”原则下就气候变化、环境保护、国际市场金融体系变动等全球问题发挥稳定作用。

对于中国在气候变化方面的责任，我们要以一个负责任的大国和对我们子孙万代生存环境负责的态度去积极承担。它既是一个国际问题，也是一个国内人与自然和谐发展，避免生态环境进一步恶化的问题。节能减排

---

① CCIEE，“Reconfiguring Global Governance-Effectiveness，Inclusiveness and China's Global Role”，Report of High-level Policy Forum on Global Governance in Beijing，China，17th December 2012. http：//issuu. com/undp/docs/undp-ch _ global _ governance _ report _ 20/31.

② 俞新天等：《国际体系中的中国角色》，中国大百科全书出版社2008年版，第266页。

已是世界性的趋势，而我们国内高污染和高能耗的经济发展也确实已经给人民生活和健康及城市的正常发展带来了严重的后果。但是，在承担这个责任方面，我们需要强调三个要求。第一，作为主要工业化国家美国和澳大利亚有必要优先履行《京都议定书》的义务，力争在2020年使全球的温室气体排放量减少20%，到2050年时减少50%（以1990年水平）；第二，美欧日等国应采取积极的姿态向中国、印度、俄罗斯等国转让高效利用化石燃料技术、节能、环保、可再生能源和清洁能源技术；第三，鉴于中国庞大、复杂的经济体的转型速度较慢和相关的就业人口需要重新培训和渐进分流，我们原则上不接受强制性和量化减排指标，但应该自觉参照国际标准，通过内部调控、政府的技术援助和制定强制性的达标要求来逐步向国际指标靠拢（如在批准了500多个清洁发展机制项目与建立了清洁发展机制基金基础上，让更多的地方企业参与；[①] 强化对重点企业的节能减排；限时关闭严重污染和高能耗企业等）。

**2. 通过参与全球治理完成外交转型目标**

首先，新时代的外交总目标仍需围绕三个方面展开：一是在参与国际治理中，应在维护和加强世界的和平与稳定方面进一步“有所作为”，实现为中国现代化建设创造良好国际环境的战略目标。二是应当在国际社会中维护和推进中国的国家利益同时，争取和发展世界的共同利益，这符合中国的和平发展道路，新时代的外交战略目标应更加坚持突出和平，重视合作，追求共赢的原则。[②] 中国应发挥在国际组织的影响力，主张国家遵循联合国宪章宗旨，恪守国际法和公认的国际关系准则，这样才能有效地进一步推动南北对话与南北共治。三是应积极完成从有全球影响的地区大国向有全球影响力的地区强国外交转型战略目标。我国历来以“地区性大国”自称，然而要在重大国际政治、经济、安全等问题上发挥积极作用，

① 上海WTO事务咨询中心：“全球气候变暖——中国面对的新挑战”，2007年7月16日，www.sccwto.net。

② 王逸舟：《中国外交新高地》，中国社会科学出版社2008年版，第50页。

中国还需以“地区强国”姿态得到国际社会广泛认可。

值得一提的是，中国的飞速崛起会给世界秩序带来冲击，并在发展过程中难以避免地与其他国家产生利益冲突，这需要国家间加强文化交流以化解矛盾。应对国际社会“中国威胁论”的不利言论，中国应通过对发展中国家外援与承担一定国际责任、公共品供给等友好行为进一步向国际社会展示中国“和谐世界”的文明观，[①] 并进一步通过参与全球治理建立新型文化外交战略。通过参与全球治理加深与发达国家和发展中国家的文化交流，通过参与国际事务提高国家文化软实力与国际形象，完成中华文化现代化的提升和世界性的传播。

# 小　结

Vesselin Popovski[*]

第五会场上的发言人讲到，以往 60 年当中原有的南北对话是完全可以继续坚持下去的，没有必要另起炉灶。另外他们说到南北对话当中也需要有一些新的发展，特别是 21 世纪特别的议题，我们需要来扩大新的渠道，但是对于新渠道的有效性还需要加以进一步评估。像中国、巴西这样的金砖国家，它们应该更多地介入到南北对话关系当中，给其他发展中国家更多的关注，应该把它们的作用加以扩大。在全球范围内原来联合国提出来每个国家官方发展援助应该占到国内生产总和的 0.7%，现在 6 个国家完成了这样的要求，中国、印度、巴西、俄罗斯、马来西亚等这些国家现在也发挥着越来越大的作用。

还有一些事业部门，比如说像盖茨基金会，也提供了很多发展的援

① 李翔为：“中国的国际责任与国际权益”，《中国成长的国际经济政治空间》，时事出版社 2008 年版，第 58 页。

* Vesselin Popovski，联合国大学学术项目高级主管。

助。人们强调我们应该要让公共和私有两个部门能够共同发挥作用。有发言者提到中国这样的国家比较独特，东南西北四个维度上都有其独特性，它在北半球，作为发展中的国家，又是东方，又是太平洋的西岸，像这样的特点使得中国在国际伙伴合作关系当中确实能够发挥更大的作用。

现在在全球的南北沟通当中，有些领域比如说气候变暖方面，大家已经有了很好的对话，即使在东北亚这个地方，大家可以看到作为区域来说，整合性、一体化程度最低，但是减排、清洁方面也有很好的合作，像中国、韩国、蒙古等都有不少的合作。中国能够给国际南北对话和南北关系带来一些什么样的新的贡献呢？我们在这一节讨论当中大家都强调中国是和平的中坚力量。比如，中国在伊朗的核能开发问题上接触政策发挥了较好的作用，在一定程度上发挥了不亚于西方制裁的作用，还有在苏丹方面中国也按照和平发展的原则发挥了重要的作用。由于中国的角色，西方在处理苏丹和伊朗相关问题上更具建设性，中国显然在全球的地缘政治当中扮演着非常重要的角色。

大家也提到了在南和北之间，我们还有什么样的更多的合作伙伴关系呢？有什么样的新因素在这当中发挥作用呢？大家都提到移民，移民是个很重要的课题，南方和北方之间的移民也会进一步增加，现在已经有了一些高层会议在解决这些问题。我觉得将来还会有更多跟移民相关的态势，我们已经看到在世界不少的地方，人们越来越重视移民问题，不管是作为问题的一部分，还是作为解决方案的一部分，都是这样的。

大家还讲到了另外一个因素，教育可以在南北伙伴关系当中发挥重要的作用。很有意思的是，教育问题跟移民问题联系在一起了，相当多的学生在其他国家学习，这既是教育问题，也是移民问题，不管对源头国还是对目的地国都是重要的现象。

在我们这一组的讨论当中，大家都觉得南北对话只有通过对重大新的问题关注情况下才可以很好地促进。大家讲到现在的一些大学教育、高等教育方面的关系，伙伴关系更多的是在发达国家之间、在欧美之间，我们今后需要更多地为发展中国家教育机构参与提供机关，吸纳发展中国家学生，为其提供更大的空间。

大家也讨论到在南北关系当中文化的对话作用要放大，这方面我们已经看到不少的进展，今后需要来自双方的技术和其他比较硬方面的交流，还需要在观点方面和大家的意见方面能够有更好的交流，在这个当中政治的意愿是非常重要的。还有不同的语言、不同的价值观念，这些也都构成了全球治理方面重要的内容。我们必须要能够很好地促进文化类的交流，并在全球治理当中发挥可能的作用。这些交流不仅对全球治理有用，对促进发展也是有用的。

我们还讲到在南北沟通当中，我们需要有一些新的平台，不管是原来的 8 国集团，还是现在的 20 国集团，这些将来都还需要进行加强。8 国集团作为比较长远的机构，它已经相当成熟。另一方面我们也需要让发展中国家有更大的参与，他们也需要能够更好地来准备他们的议程、准备他们的立场，进行很好的协调。非常必要的是，我们要对有关对话结果进行更好的评估，包括让他们以一个声音来说话。20 国集团当中南北国家就应该进行有效的磋商和协调。

我们还谈到了南北对话也需要不断地与时俱进，在南北对话当中要改进的地方、提出的很多承诺要更好地加以履行，有不少的承诺虽并不具有法律约束力，但还是应该尽可能实现这样的承诺，在这方面发言的时候提到英国做得不错，在援助方面达到了要求。我们在援助当中，应当让议会能够更好地来对有关援助进行评估，这样可以使援助最后发挥更加有效的作用。当然，中国在这方面还要加以跟进。

# 21世纪变化中的南南合作

## 背景

在过去的数十年间，发展中国家致力于应对共同的挑战，创建共同的地区市场、体制和监管框架、关税同盟、国家间交通和通信网络。这些都是南南合作的新形式，这一广泛的概念包含了一个特别的发展合作维度：发展中国家之间提供专业知识和经济支持，以促进可持续发展。

1955 年在印尼万隆提出了《关于促进世界和平和合作的宣言》，这是发展中国家为南南对话奠定的基石，它包含以下原则：尊重基本人权和所有国家的主权和领土完整、所有国家平等、促进互利和合作。

南南合作的概念成形于 1978 年，它是为促进和实施发展中国家的技术合作，在制定《布宜诺斯艾利斯行动计划》（BAPA）的过程中逐渐形成的。联合国开发计划署通过联合国南南合作办公室（UNOSSC），提升了南南合作在联合国系统乃至整个国际发展共同体中的影响。它吸纳了众多合作伙伴，包括联合国成员国、联合国实体机构、多边机构、私营机构和民间组织。其管理机构是联合国大会的下属机构南南合作高级别委员会的特设部门。

《布宜诺斯艾利斯行动计划》已得到联合国大会、联合国经济社会理事会和发展中国家科技合作高级别委员会的重申和支持。2009 年，发展中国家批准了两份重要文件，为更有效的合作提供指导：（1）77 国集团成员国和中国第 33 届外交部部长年会通过的部长宣言；（2）在内罗毕举办的联合国南南合作高级别会议的成果文件。

南南合作涉及两个或多个发展中国家，在双边、地区、次区域或跨区域基础上展开。发展中国家共享知识、技能、专业知识和资源，以实现其发展目标。近年来，南南合作的形式多样：南南贸易额增加、直接投资、区域一体化、技术转让、解决方案和专家的共享以及其他方面的交流。南方国家发展出许多具有创新性的解决方案，从而有效地为可持续发展做贡献，也促进了千年发展目标的进展。

## 联合国面临的挑战

最近几十年来，南方的潜力得到挖掘，发展前景良好，这在日益增多的资源、预期寿命、入学率和其他人类幸福指数中都得到了体现。南南成员国之间的关系在地区和次区域组织中更加紧密，如非洲联盟、海湾合作委员会和东盟等，这里就不一一列举了。

南南合作需要评估其有效性，并加强各国对推动、协调和支持南南合作的政治承诺。尽管许多组织努力把南南合作体现到其工作和行动中，但是缺乏对南南合作定义和概念的理解，缺乏对南南合作中特殊的技术合作与常规技术合作项目区别的理解，这依然是存在的问题。

联合国最大限度地为国家和地区决策者之间的互动提供支持，但也应该审视这种由联合国提供的机构性支持。大多数三方援助并不是南方提供的额外资助，而是北方捐赠的一部分。

## 研讨目标与成果

△讨论南南合作对于实现千年发展目标的影响；

△讨论南南合作在2015后发展议程中发挥作用的关键因素；

△提出新的机制，以增加商界的兴趣，支持公共部门加强发展中国家之间合作的努力；

△以南南合作为例，讨论中国在帮助发展中国家提高能源效率中的潜在作用。

# 一、南南合作与千年发展目标

Inyang Ebong-Harstrup*

## （一）变化形势下的南南合作前景

到2020年，巴西、中国和印度三个国家占全球生产总值的份额预计要超过英国、加拿大、法国、德国、意大利和美国的总和。

到2050年，南方很可能有6亿人家庭收入超过2万美元，年度总消费量达到30万亿美元。

在南方取得史无前例成就的同时，电子互通性在整个南方迅速扩展。

---

* Inyang Ebong-Harstrup，联合国开发计划署南南合作特设局副局长。

南方商品和制成品内部贸易超过对北方的出口：南南贸易过去 10 年里年平均增长率达到 17.5%，2011 年发展中国家出口的 56%去往其他发展中国家。发展中国家占全球进口量最大的制成品（计算机设备、通信设备部件、阀门、管材、二极管、三极管、办公设备部件和附件等）份额在 2010 年和 2011 年均超过 60%。

世界银行预计，到 2030 年，发展中国家将占全球总股本的一半以上。

## （二）南南合作对实现千年发展目标的影响

2012 年，发展中国家的国民生产总值占全球国民生产总值将近一半，创造的财富有助于推动千年发展目标的实现。

贫困率提前 5 年减半（但还有一些具体区域要注意）。

初级教育下降 50%，儿童死亡率下降 41%，每天少死亡 41000 名儿童。

1990 年以来，产妇死亡率将近减半。

HIV 传播得到抑制和扭转。

可持续发展原则纳入国家政策和计划。

通过重要领域里的能力发展和政策协调，创造条件促进南部持续增长和发展。在努力实现 2015 年后发展议程的过程中，创新的能力发展再加上政治意愿和承诺可以成为真正的制胜法则。

南方有些持续快速增长的国家（巴西、中国、印度）侧重于营造内在能力。如果南方要实现整体增长，那么南方特别是比较繁荣的国家应该集中注意力促进那些能够营造内在能力的合作活动，这些活动也能同时带来富有成效的可持续增长，消除贸易不平衡特别是贸易逆差，构建人力资本。

在这些战略领域里协调政策：采掘行业、自然资源和商品。南方各国迫切需要解决资源归属问题、资源权利和使用的合理化、与跨国公司和外国投资者订立更公平的协议与合同。

能源这个关键增长领域里南南合作的新做法：南南能源行动计划

目标——开发一个项目，围绕内在能力营造和决策协调开展战略对话，改进全球南部新兴和老牌石油天然气生产者的资源管理方式，促进其国家发展。

产品——由南部设计、开发、使用，以可持续方式满足各新兴和传统石油天然气部门的需求。

南南能源行动计划是一个正式机制，用于学习、交流已有知识，生产新知识，营造内在能力，承担研究和决策，以及建造一个数据库供南方国家石油天然气部门共享。

这将是一个需求驱动的、独立的、政府间的全球机构，由南方利益相关者通过设在加纳的专职秘书处运行管理。

南方能源行动计划已取得的成就：

• 加纳政府同意把秘书处设在加纳。

• 与新兴的以及老牌的石油和天然气生产国和机构建立了重要合作伙伴关系：石油输出国组织、非洲发展银行、加纳、印度尼西亚、肯尼亚、贝宁共和国、苏里南、特立尼达和多巴哥、乌干达。

• 创造了创新工具，用以推动各国体制和/或能力需求的自我分析/概括（独自和/或与同等国家比较）。

• 两种出版物启动了总结经验的进程：《高效烃管理：南部经验》和《正确无误：管理烃经济的南部经验》，通过侧重一个战略增长领域并使用南南能源行动计划结构化机制来促进南南合作的好处。

• 打造网络

• 提升行业标准

• 市场准入

• 提高并创造领导能力

• 增强知识

• 强化全球企业公民意识

### （三）供中国考虑的问题

中国能不能通过启动结构改革来推进南南合作，即通过提供新的市场以及更多的技术和资金、新的发展融资来源、培训、教育、知识和就业，帮助南方国家多样化发展，不受限于传统产品，从事各种现代活动，提高生产效率和收入水平。

## 二、南南技术产权交易项目及其经验

林 健*

我是南南技术产权交易所的总裁，今天非常高兴跟大家分享一下我们在南南合作办公室领导下操作以及运行我们这个项目的一些经验。在技术产权转移和经济合作方面，我们通过一个市场的平台来推进南南合作的一些成果。

2007 年 8 月在世界贸易组织总干事的支持下，作为联合国开发计划署的全球项目开始启动。2008 年我们在中国正式注册成为法人地位。通过南南和南北之间的技术转移取得了一定的效果，2011 年 8 月联合国秘书长潘基文提出推广这个经验。

作为联合国大会代表制定的南南合作重要载体和国际技术转移的一个重要推动机构，南南技术产权交易所推出了 5 个中心服务平台，采用了“资金＋技术”的创新模式，促进发展中国家自身发展的造血能力。南南技术产权交易所建立了 41 个工作站，覆盖了亚洲、非洲、南北美洲和澳洲等主要经济体，为推动南南、南北合作，推出的项目总成交 163 亿美

* 林健，南南技术产权交易所总裁。

元。同时通过联合国南南技术交易峰会，已经成为南南国家共谋发展的一个重要年度盛会，每年南南各国政府都派出部长级以上的官员参加峰会。目前南南峰会已经连续举办八届，签署了大量的合作协议，促成了许多合作项目。随着中国在南南合作领域的不断加强，跨国的投资贸易已经成为南南合作的一个新的形式。南南技术产权交易所近期在上海自贸区推出跨国支付以及担保等金融服务，提供一个支持平台。我们深信南南技术产权交易所将成为发展中国家吸引外部资金和技术的重要桥梁。

## 三、塑造新一代南南合作

Masoumeh Sahami*

全球经济和政治形势正在迅速变化之中，包括贫困、不平等、不稳定、气候变化等长期挑战，很快就要到来的77国集团和联合国贸发会成立50周年，正在制定中的2015年后发展框架，所有这些都需要并提供了全球真正变革的机会，包括全球发展途径的变革，特别是支撑话语和全球合作伙伴关系的常规和原则。

为讨论方便起见，我想分享联合国贸发会2013年统计手册中的一些数据。2012年，由发展中的亚洲引领的南南贸易达到创纪录的4.7万亿美元，南南贸易占全球出口总量的比例在过去20年里翻了一番。中国到其他发展中国家的出口去年达到1万亿美元，仅这一项就占了发展中国家之间贸易的20%还多。

根据联合国贸发会2013年世界投资报告，2012年里发展中国家吸收的外国直接投资第一次超过了发达国家，占全球外国直接投资流量的52%。部分原因是发达国家出现了外商直接投资最大的下降。发展中国家

---

* Masoumeh Sahami，联合国贸发会议秘书、政府间支持服务处主任。

还产生了几乎 1/3 的全球对外直接投资，继续保持稳定向上的趋势。

这些事实说明，南南经济活动的潜力和不断上升的势头影响着全球经济增长。南部国家是全球发展努力的受惠者和要求者，但在类似中国的情况下又是发展援助的提供者，他们肩负着重要责任和机会，影响着全球发展努力的方向和基调趋向于更加公平、包容和可持续增长。

为做到这一点，南南合作至关重要。我们讨论南南合作的变革、过去的经验及其对下一步南南合作的影响，我想就此谈谈我的想法。

## （一）南南合作的变革和过去的经验

南南合作第一阶段可以追溯到 20 世纪 50 年代和 60 年代的后殖民时期，那时的新兴独立国家领导人寻求全球变革以确保他们自己国家的变革。1954 年万隆亚非首脑会议上，强调了通过共同一致的多边行动、通过像联合国这样的论坛、通过发展中国家之间的对话与合作为实现伟大目标而奋斗。那是个激动人心的时代，经济多边政策获得了重大进展，加强了南方国家的自信心。

这一阶段取得的结果非常振奋人心，尤其是联合国发展十年、联合国贸发会的创立，以及国际经济新秩序的建立。看上去确实像一个变革时代。第一阶段的经验很清楚，即通过齐心协力抓住全局性问题，发展中国家就有更大的凝聚力和谈判优势，以此取得多边成功。

第二阶段开始偏离全球性问题，重心转到更加技术性和部门性的问题。虽然 77 国集团和不结盟运动等南方国家组织继续活跃在全球舞台上，但南南合作的关注重点转向技术合作，包括出现了三边合作以尽量扩大北方对南方国家优先领域的官方发展援助的影响。

这一阶段从 20 世纪 80 年代初延续到 90 年代末，取得了重大进展，包括全球贸易优惠制（GSTP）的建立、地区主义的加强，以及全球性发展原则的巩固。

这个阶段的经验首先是，第一阶段大胆的全球愿景必须落到实处，因此需要具体的项目和活动。

但是，转向更加部门性的活动后，一个重要的平衡被破坏了。注意力投向部门性、项目驱动的南南合作后，需要全球行动和协调的重大问题被忽视了。三边合作也经常造成一种看法，即与北部合作伙伴的关系并不是完全平衡的，思想和价值经常呈现单向流动的态势。

2008年经济危机后，虽然发展中国家很快反弹，大部分地区在2009或2010年恢复稳健增长，但最近的趋势说明，北方国家长期低迷影响到南方的经济实力。因此，那种南方增长已经“脱离”北方的想法开始受到质疑，南南合作对发展中世界的持续增长和发展越来越重要。尽管近年来南南贸易和资金流动呈现强劲上升趋势，其未来发展仍然面临严重的阻碍，特别是在基础设施缺口方面。

再者，发展中国家之间的分歧也加大了，因此它们的利益越来越分化。再加上脱离全局和重大问题，就更难整合和战胜那些引起分歧的问题，对长远共同全局利益的追求让位给短期国家利益。这一阶段的一个重要经验很清楚：在一个越来越互相依存的世界里，南南合作应该回到它的根基，加强联合，变得更加强大，也更加有活力。

## （二）塑造新一代南南合作

21世纪更有活力的南南合作需要南方有一个新的全球愿景来支撑，这就要重新定义南方自己内部和与北部之间合作伙伴关系的条件，并把南南合作的架构改造得更加一体化，以支持和推动这一新的愿景。朝此方向迈出的重要一步是在几个月后庆祝77国集团成立50周年时为新的愿景奠定基础。

新一代南南合作需要的一个关键元素是南方重新齐心协力瞄准全球问题，重新弘扬第一代人的那种精神，帮助发展中国家克服那些还在损伤其凝聚力的问题。也许第一个重要步骤是强调发展中国家在变革全球经济治理中的作用并加强联合国在全球经济体系中的影响。本次会议讨论以及中国在这一进程中的重要作用是朝此方向迈出的很好的一步。

新一代南南合作的优先议程应包括那些具有全局重要意义的问题，包括解决基础设施缺口、气候变化、挖掘移民的发展潜力和在南方国家内部重新利用南方收支平衡的潜力以解决各种紧迫的融资需求，建立各种机制把现在从开采自然资源得来的收益用于生产能力建设的投资，比如像挪威一样把石油设施的收益用于未来几代人的福利。

前面已经讲到，南方可持续发展的一大制约因素是基础设施缺口。有研究估计，这方面的融资缺口达到每年 1.25 万亿—1.5 万亿美元，相当于发展中国家国民生产总值的 5%—6%。通过建立金砖五国银行并把基础设施作为其投资组合的一部分等举措，南南合作可以在填补这一缺口的努力中发挥非常重要的作用。

主席先生，昨天有人说，中国是全球增长的火车头，而且中国自从万隆会议以后就一直是南南合作政治上和经济上的火车头。中国经济的突飞猛进，加上与南方不附带任何政治条件、专注于基础设施建设的发展合作，已经并将继续为南南合作带来有效和实用的成果。中国很早就认识到通过支持发展走廊填补基础设施缺口的重要性，这类项目中最早的包括了建于 20 世纪 60—70 年代规模宏大的坦赞铁路。

在南南移民方面，值得注意的是，南方私人金融机构互相之间以及和公共部门是否能够携手合作，降低汇款的交易成本。可以征收一小笔费用用于资助类似救灾基金等设施，甚至是一个提供发展融资的新的金融设施，比其他融资来源的条件更加优惠。

最后，合作伙伴关系的性质本身必须变革，不仅是在南方内部，而且与北方的合作伙伴也是一样。在南方内部，必须恢复和提升南方团结精神，引起分歧的问题应该在内部得到彻底解决。实际上，南方必须开诚布公地讨论这些问题，包括绿色经济、人权、良治，以及性别和发展，以此形成一个与时俱进、具有前瞻性的议程，以自己的条件和其他合作伙伴打交道。这方面的一个重要机制是，趁联合国贸发会和 77 国集团双双成立 50 周年之际，政界和知识界人士将汇聚一堂讨论南方发展问题。

与北方的关系也要改进，这明显地会影响到三边合作。价值和思想要双向流动，这就要求坦诚布公地进行对话。很多进程中常见的南北对峙需要克服，代之以基于建设性交往的合作伙伴关系。但这要求南方真正自信，拿出新思想、新办法、新方案，激励北方加入真正的对话和合作伙伴关系。只有这样，才能找到和实施全球解决方案来应对我们面临的全球挑战。中国可以发挥重要作用，引领、协调和实施新一代南南合作，应对共同发展挑战。

新一代南南合作的架构要基于全局眼光，由在具体部门营造能力的具体活动来支撑。这样，新一代南南合作就能真正带来发展中国家向往已久的变革，达成具有真正变革意义的 2015 年后全球发展议程。

## 四、新兴经济体国家间合作塑造国际新图景

任　晓*

多年来，我们一直用“发展中国家”一语来指称世界上除发达国家外的很多国家。可经常使用这一术语时，我们的指代也许并不是很清楚。实际上，在所谓的发展中国家中，已经出现了各种变化和新情况。发展中国家间差异很大，具有很强的多样性。有一些发展中国家已经成为了新兴的工业化国家，比如说在亚洲，韩国、马来西亚、泰国等都已经成为新兴的工业化国家，新加坡更不用说了，已是发达国家。在整个亚洲地区，可以看出这是一个发展非常不平衡的地区，根据亚洲开发银行给出的统计数字，世界上有 2/3 的穷人生活在亚洲，世界上有一半没有清洁饮用水的人居住在亚洲，全世界 40%的 5 岁以下婴儿死亡也发生在亚洲，[①] 这也许是很多人难以想象的。很显然，我们在这方面还有很长的路要走。

以南南合作而论，我们还是取得了不少进展，其中一个进步就体现在金砖国家合作上。“金砖国家”是有人先发明了这样一个词，然后这个词

* 任晓，复旦大学中国外交研究中心主任、教授。

① “Asia’s Unfinished Agenda”, Development Asia, A Publication of the Asian Development Bank, November 2013.

及其理念为人所接受，于是逐渐竟成为了现实。先是四个主要新兴国家巴西、俄罗斯、印度和中国形成了这样一个群体和集团。第五个发展中国家即南非后来又加入了这一机制，于是 5 个发展中新兴大国之间形成为一个来自三个大洲的国家集团。金砖国家至少在以下 3 个领域携手合作并取得了一定进展：

一是金砖国家定期举行领导人峰会及其他相关会议。金砖国家元首每年定期轮流在金砖国家举行会晤，共同探讨国际事务中的重大问题以及相互间的合作，有利于各方在一些问题上达成共识。二是努力试图用一个声音说话。比如，当斯特劳斯－卡恩（Dominique Strauss-Kahn）因故辞职，国际货币基金组织（IMF）需要产生一位新总裁的时候，金砖国家发出了同一个声音。它们就这个问题共同发明声明，主张 IMF 总裁的人选应该根据实际来进行遴选。后来如人所共知，欧洲人还是继续当选了 IMF 总裁，但不同于过去的，毕竟是由此提出了非欧洲人士出任国际货币基金组织总裁的可能性。三是金砖国家决定创建金砖国家开发银行。这也是个很重要的发展，是金砖国家为发展中国家间实质性合作所作出的一个很重要的贡献。金砖国家开发银行目前正在筹建中。

另一个南南合作的重要典范是东南亚十国和中国，我们经常把它说成 10＋1 机制。这是地理邻近的东亚国家间的合作。冷战期间，东南亚和中国的关系有过一些敌对和摩擦。冷战终结后，各方关系实现了正常化，从而创造了合作的条件。从政治上看双方努力建立互信，其中一个例子就是围绕南中国海问题，中国和东盟国家于 2002 年共同发表了《南中国海行为宣言》，在这个框架下各方得以协商处理关系，并在条件成熟时把这种具体的合作性行为上升为更高层的行为规范。当然这个过程是曲折的。另外在经济上，东盟十国和中国创建自贸区（FTA）。双方已经消除了贸易投资方面的很多壁垒，降低了关税，大大促进了整个区域人员、货物和服务等贸易往来。中国也努力帮助亚洲一些不发达国家实现国家发展，这包括对老挝、柬埔寨、缅甸等国家的帮助。它们还努力探索互利的新形式，如中国和缅甸达成协议建设中缅油气管道，开展互利互惠的合作，从印度洋沿岸铺设管道把石油和天然气输送到中国。天然气管道已经建成并投入使用，这对于中国西南部的发展起到了一个重要的推动作用，同时也有利于缅甸的经济发展。此外，中国还提出建立“亚洲基础设施投资银行”，这是一个很好的倡议，通过这一项目能够进一步改善整个区域的基础设施，更好地加强亚洲国家间的互联互通。

还有一个新的项目其实也是南南合作的一个积极发展，那就是地理邻近的亚洲四个国家即中国、印度、缅甸和孟加拉国之间开展合作。总体而言，南南合作的确在前进当中，南南合作从来没有像现在这样展现出良好的前景。南南合作正在为整个世界政治多极化，从而也为推动建立公正合理的国际政治经济秩序作出贡献。

毋庸讳言，近年来，新兴市场国家出现了一些新情况和新变化，比如股市、汇市动荡、资金外流、货币贬值等，个别国家还发生了一定程度的社会动荡，出现了较大规模的抗议示威活动，等等。在这一背景下，国际上关于新兴市场国家的走向出现了不少议论。在一些人看来，好像这些新兴国家又不行了，只有中国还行，而中国经济增速也在放缓，有的甚至在等待中国发生新兴市场危机。

这不是个小问题，值得我们认真加以研究分析，作出恰如其分的估计。

前已提及，世界进入21世纪后，一个引人注目的现象是新兴经济体的群体性发展上升。2001年，高盛公司经济学家吉姆·奥尼尔（Jim O'Neill）等造出了BRICs这么个新词，即巴西、俄罗斯、印度、中国，认为它们是未来世界中冉冉上升的经济新星，值得世人注意。这一敏锐观察得到了经验和事实的支持。根据高盛公司2007年的统计，仅仅是金砖四国（不包括南非）的总量当时就已占世界经济总量的15%。2008年，这四国均已跻身于世界前十二大经济体之列，中国名列第四，印度第六，俄罗斯第九，巴西第十一。而到如今，世界上已经普遍认可中国为世界第二大经济体。

这四个新兴经济体中，俄罗斯的身份有点特殊，这是因为俄还是八国集团（G8）的成员，但在该集团内，俄与其他七国的地位并不平等。G8由G7而来，G7是经济的也是意识形态的西方集团，G7讨论国际经济金融事务协调并不邀请俄参加。从这一意义上说，俄在G8中被另眼相看，表面上好像很风光，其实仍被西方当作另类看待。2014 年，当克里米亚被俄“吸纳”后，七国决定“惩罚”俄罗斯，G8 基本上已经“寿终正寝”。

在此之前的 2003 年，法国主办 G8 峰会，邀请了五个发展中大国即印度、中国、南非、巴西、墨西哥的首脑与八国领导人对话，此即 G8＋5。这是一个意味深长的发展，在过去是难以想象的。如果不是这些国家发展成长，经济力量跃升，西方能够这么“看得起”它们吗？后来，英国主办格伦伊格尔斯峰会、德国主办海利根达姆峰会，都大致循此模式展开与新兴经济体国家的对话，既然是 G8＋5，一个 G13 似乎已呼之欲出了。然而，在这一机制中，发展中大国是受邀参加的，因而是客人，议程由 G8 确定，双方之间的地位并不完全平等。

正当此时，全球金融危机突然爆发。这场自 20 世纪 30 年代资本主义世界“大萧条”以来最为严重的危机发端于西方的龙头美国，发端于美国的金融中心纽约和纽约的心脏地带华尔街，它引起的震荡之大、波及的范围之广，都是极为罕见的。新兴经济体国家也不可避免地受到了这场危机的影响，不过从总体上而言，它们经受住了考验，阵脚未乱，而且企稳回升较快，尤其中国，是世界经济动荡中的一大亮点，与其他新兴国家一起，成为在危机背景下拉动世界经济增长的引擎。就是在这种背景下，二十国集团（G20）首次在峰会层次上召开。G20 原是在亚洲金融危机背景下以有关国家财长和央行行长会议形式应运而生的，它反映了全球经济力量配置和对比的变化。

这种变化在于，在全球金融危机面前，G8 显然无力应对，无法采取有效行动。G20 峰会的诞生深刻地表明，新兴市场国家重要性的上升，是西方所无法回避和必须正视的现实。没有新兴市场国家的参与，世界经济事务无法得到有效讨论和治理。因此，G20 作为全球经济治理新的机制，登上了历史和世界的舞台，其中的新兴经济体国家，除金砖国家外，还包括印尼、韩国、土耳其、沙特阿拉伯等国，现在它们以完全平等的地位和身份参与到了全球经济治理的商讨和决定中。

这是世界多极化的一个重要表征。美国虽仍是当今唯一超级大国，但其管控世界事务的能力已较前下降。欧元虽不至垮台，但欧元区陷入经济衰退，希腊、塞浦路斯等欧洲小国险象环生，拖累了欧洲大国，后者虽使出浑身解数一再救急，但欧元区摆脱危机却迟迟难有起色。相比之下，新兴市场国家表现抢眼。本来，世界政治已经走向多极化，现在加上了经济多极化的进一步发展，又使政治多极化得到了增强。

在这一新图景中，中国是一道亮色。多年来，中国战略得当，持之以恒，抓住目标不放松，在保持政治稳定的基础上，实现了连续数十年的快速经济增长，大大提升了其世界经济政治地位。从历史的长过程看，也正因为它浓缩地在较短的时间内完成了别国上百年甚至更长时间才走完的路，中国的发展在很多方面体现出"夹生"的特征，很多经济社会矛盾有待化解。中国的迅速崛起也在对外关系中引起了一些邻近或不邻近国家的不适应，这同样需要在一定的时间内逐步化解。有所不同的是，有些人内心里总是不希望中国发展壮大，相反总是希望中国出点问题，好证明他们一些本来就经不起推敲的"理论"，于是便有近期的各种"唱衰"论调。

然而，经济增速放缓原是中国为了调整结构而有意为之，是着眼于使未来的发展更为稳健。从其他新兴国家看，一些国家经济结构矛盾突出，经常项目账户赤字较大，长期靠资本流入来维持平衡。一些新兴市场国家产业结构中的资源特性较强，对外依存度较高，更易受到美元波动冲击，这些的确都反映出了它们存在的一些问题。美国为摆脱危机而不止一次实行"量化宽松"，很是引起了一些新兴市场国家的紧张和担忧，而美国拟议中的"退出宽松"，又引起了它们的紧张和担忧，这反映了新兴市场国家一定程度上存在的脆弱性。资本总是贪婪的，总是在寻求超额利润，总是像饿狼一样地扑向猎物，投机资金快速的流入流出常常在他国引起冲击和震荡，而新兴市场国家因经验不足，对资本的贪婪本性缺乏警惕，或政策应对失误，在博弈中常容易吃亏。这些都表明，新兴经济体国家有各自的弱点，需要很好地加以重视和解决。

然而，尽管如此，新兴市场国家的进一步兴起和力量的成长壮大仍是一个不可阻挡的趋势。即便是一向对其"唱衰"的"末日博士"努里尔·鲁比尼（Nouriel Roubini），在指出新兴市场存在风险的同时，也承认在被戏称为"脆弱五国"的印度、印尼、巴西、土耳其和南非，爆发全面货币、主权债务和银行业危机的威胁仍然较低。原因是：这些国家都拥有灵活的汇率，有大量的储备基金来防止本国货币和银行遭遇挤兑，货币错配的问题也较少。许多国家还有较健全的银行系统，它们的公共和私营债务比率虽然在上升，但总体仍偏低，无力偿债的风险不大。随着时间的推移，对新兴市场持乐观看法可能是正确的。许多国家都拥有健全的宏观经济、财政和政策基础。此外，大多数新兴市场——包括那些脆弱国家在内——的一些中期基本面依然保持强劲。[①] 可见，即便是鲁比尼也是承认这些事实的。我们还可以举出进一步的理由：

首先，新兴市场国家的崛起是一个长期趋势，而当前各种“看跌”的议论则是基于一些短期的情况变化，如股市、汇市波动，货币贬值升值等。各种“唱衰”的论调不排除其“别有用心”的可能。如果不是别有用心，那么它们大都是基于短期变化和趋势而作出分析的。其所涉及的一些现象固然都是事实，但这些变化本身又是易变的，不足以改变长期趋势。

其次，新兴市场国家具有进一步发展的基本条件。这些基本条件包括：它们大都政局稳定，国家大政方针能够得到贯彻执行，国家发展的基本方向正确。例如印尼，在经过亚洲金融危机带来的动荡不安后，实现了稳定并走上正轨，近些年经济政治发展呈现积极势头。土耳其、巴西的社会动荡并未伤筋动骨，俄罗斯走向复兴的方针也不会改变等等。

再次，这些国家间，机制化的合作得到了建立和发展。如前已指出的，新兴经济体诸国都有谋求国家发展的共同愿望，并且共同建立了金砖国家合作机制，它们曾经就国际货币基金组织（IMF）新总裁人选共同发出声音；金砖国家开发银行即将诞生，这是具有重要实质性意义的合作措施，必将产生深远影响；它们还共同参与了 G20 的各项工作，尽管并非在所有问题上都立场一致，但它们毕竟共同显示了新兴经济体的群体形象和力量。

因此，新兴经济体国家长期崛起的历史趋势将不会因一些短期的变化而发生改变，全球力量配置将继续发生变化，全球治理机制化将进一步增

---

① 英国《卫报》2014 年 2 月 3 日。

强，新兴市场国家将继续发展，但须练好内功，它们将继续塑造未来的国际新图景。一段时间以来，中国人朱民出任 IMF 副总裁，巴西人罗伯特·阿泽维多（Roberto Azevedo）出任世界贸易组织总干事，中国人易小准成为副总干事，这些都表明，来自新兴经济体的人士在参与全球治理的国际性组织中的影响力也在增长。

## 五、南南合作中面临的挑战及其应对①

Ali Al Sadig*

谢谢主席先生，我不是教授，而是外交官，我非常高兴能够参加这次会议。刚才 Inyang 女士和 Masoumeh Sahami 女士讲到一些数据，说有一些发展中国家取得了巨大的进展，而且对整个世界经济和人类发展作出了重大的贡献。我觉得南南合作应该是让所有的人都参与进来的，每个人都应该参与，这样的南南合作才是真正的南南合作。我们应该看到所有的南方国家都加入到这个合作中来，尽可能让所有的南方国家达到同样一个发展水平，所以我们希望能够在南南合作和南北合作的这种框架下不断地提升一些发展中国家的发展水平。

举个例子，我来自非洲，来自苏丹，我们也是属于阿拉伯世界的，在非洲有 59 个国家，在阿拉伯世界有 32 个国家，总共加起来有超过 80 个国家在这个区域。刚才讲到金砖国家取得了极大的进展，只有一个国家——南非是来自这个区域的。整个非洲和阿拉伯世界大多数都是发展中国家，我们所面临的一个最大的挑战，就是我们必须提升自身的能力，并在今后 10 年或 20 年内要加快发展。我们说到全球治理，在 20 年前就提出这个概念了，发展中国家目前好象并没有积极地参与进来，特别是在非

① 根据会上发言的中译速记整理。

* Ali Al Sadig，苏丹外交部训练和能力建设司司长、大使。

洲等地的一些发展中国家，还有不少的障碍阻碍他们积极地参与全球治理。我们认为金砖国家是发展中国家中几个发展最好的国家的一个集团，我们可能更关注的就是能不能建立一个发展中国家更广泛的平台，让所有的南方发展中国家都能够有平台发挥它们的作用，作为一分子参与到南南合作中来，并有所作为。我们有很多的事业要做，有一些事情发展中国家自己独立可以完成，有一些事情需要其他的发展中国家支持。在这个领域我们需要有一些平台获得兄弟发展中国家的支持，特别是在非洲和阿拉伯世界，我们特别需要这样一些机制。我们也建立了非洲阿拉伯的合作机制，这些合作机制以及相关的一些合作组织已经在运行，在政治层面、经济层面、文化层面已经开展了很多相关的合作活动。刚才我们看到有一些相关的报告，关于非洲和阿拉伯世界的这样一个合作，我们看到这个只是局限在这个区域，我们还谈到在拉丁美洲，还有亚洲，对于整个南南合作都有不少的资金和技术，因此我们可以一方面把更多的精力放在本地区的非洲和阿拉伯世界的合作，另外也要探索和其他区域的发展中国家的合作。

在发展中国家当中我们需要做几件事，这些并不是新的挑战，而是一直存在的，但不少问题没有得到有效的解决，也是这些问题的存在阻碍了一些国家积极参与南南合作，所以这些障碍我们首先要去除。迄今为止我们所做的努力，来帮助发展中国家发展的这些努力，更多只是关注一些投资、贸易、融资还有其他的一些问题，另外还有很多问题并没有得到关注和解决，比如说在医疗卫生这些方面，并没有很好地解决。在非洲我们看到每年都有成千上万的人死于疟疾，还有死于艾滋病和营养不良，我们需要帮助解决这些问题，我们不进行有效合作的话，这些疾病仍然会带来很大的影响。这些国家很难在南南合作当中有所作为，必须帮助他们解决问题。另外我们还看到武装冲突，不管国际还是国内的武装冲突，这些冲突也大大降低了这些国家参与南南合作的能力，限制了他们为南南合作作出贡献。

要缓解这些冲突，我们就必须控制对这些国家的武器销售、武器输出，同时我们应该有一些政治上的解决方案，去解决这些地区的冲突。其实很多这些冲突都是源于部落的冲突。以苏丹为例，苏丹内部这个仗已经打了50年了，南苏丹最终获取了独立，但是他们独立之后自己内部又开始打仗了。还有像尼日利亚和埃塞俄比亚，这两个国家之间非常紧张，没有办法合作。所有这些问题都需要外部的干预，无论是来自发展中国家还是来自发达国家的。发展中国家尤其是非洲国家还有另外一个问题，那就是西方国家对我们内政的干涉，在这里我不举特例，但是大家应该都非常了解，西方国家往往是偏向于某一个国家或者某一个政府，这种情况应该通过干预来加以避免，应该让这些发展中国家自己解决内部问题。

还有就是在阿拉伯部长级会议当中所取得的一些共识。有的人可能会问，既然是阿拉伯国家的部长级会议，他们如何能够对非洲产生影响呢？其实我觉得这些会议对于我们也有着深远的影响，因为这些会议上往往也讨论宗教冲突等问题，如果说能够在这些地区达成一些范例，对于我们发展中国家是很好的借鉴。还有以色列的一些邻国，他们花了大量的资金去购买武器，升级军事装备，随时准备发动军事打击，我觉得这也是一个很严峻的现实，大家还记得1983年石油富有国和以色列之间的冲突。

我最后想说，我们不想看到阿拉伯国家之间的冲突，但是这个可能还是存在的，尤其是之前有阿拉伯之春。最后我想回应一下，那就是中国在非洲所扮演的角色，中国对非洲的帮助当然是莫大的，帮助我们发展经济，而且是无私地提供经济援助，不附加任何条件，在这一点上我们非洲国家对中国心存感激，我们也致力于推动非洲国家和中国之间的友好关系。谢谢！

## 小　结

Miguel R. Bautista*

第一，讨论会之六的主要目的是在当前快速变化和创新的全球环境中

---

* Miguel R. Bautista，联合国贸发会议政府间支持服务处团体联络主管。

找出机会和挑战，特别是针对南南合作。在这方面，讨论会还寻求更好地理解过去的经验及其对未来的影响。

第二，各项发言和随后的讨论很活跃，以当前全球现状为背景，包括正在进行中的各种多边进程，以及新出现的与发展相关联的重要事件。从南南合作角度看，即将到来的 77 国集团成立 50 周年和中国都将作为特别重点。

第三，讨论会发言者和与会者认为，南部特别是其中关键各国的活力、新兴经济体的实力和影响是史无前例的，为发展中国家提供了新的、令人振奋的机会。

第四，与此同时，大家还认为，过去半个世纪里建立的重要假设需要从根本上重新审理，尤其是在要实现真正变革的情况下。这些假设包括南部的均衡增长，以及所有南南合作都是利他的。大家还指出，对于什么是发展中国家这个问题本身也需要深层次的思考。大家认为，这些都是很敏感的问题，需要高度关注。

第五，因此，发言和随后的讨论中有一个关于未来南南合作的重要的共同元素，就是政治意愿的重要性。发言者和与会者强调有必要通过南部的重振和加强凝聚力使南南合作有一个更坚实的基础。

第六，这包括回到南部的真正变更性议程，以及认识并解决南南合作中政治和经济的重要关联。因此，对于南南合作的论述应超越当前关于技术和经济合作的讨论，应包括对南部在推动全球经济体系更加多极化以及推动一个更加公平正义的全球秩序方面能起什么作用进行的考量。

第七，大家强调了增强南部实力对全球治理的重要意义，因此要在政策层面加强政策协调和合作。这就要求加强发展中国家之间的协作精神，以及找到并专注那些能使他们走到一起的领域。这样做的结果，还会出现可以帮助造就本土能力的具体活动和动议，以此从内部加强发展中国家，让他们有实力可以更自信更强势地应对外部大社会。加强南南技术合作的具体领域包括缩小基础设施和技术差距，以及能源部门。大家还讨论了在提供发展财政替代来源方面南部的作用，以及预防因传统捐助国和受助国关系造成依赖性的重要意义。

第八，关于南南合作的政治层面，大家强调有必要缩小发展中国家之间的差距。要注意发展中国家当中可能会产生排他性团体，因此需要在南部国家当中维护互相平等和互相尊重的精神。南部国家当中出现的地区和跨地区团体和机制作为推动进一步政策协调和更广泛合作的手段也因此受到特别关注。

第九，其影响是，发展中国家在发展领域里特别关注的传统领域必须加以更加全面的考量，包括和平和安全层面，以及当前政治性挑战对经济和发展所带来的真正影响，例如中东形势以及关注、预防和减缓特别脆弱国家内的冲突。

第十，大家还强调了包容性的重要意义，包括需要确保最脆弱国家不遭到抛弃。例如，大家指出，非洲还是处于边缘位置，仍然面对巨大的挑战，包括在实现千年发展目标方面。与此同时，世界贫困人口大部分生活在最不发达国家以外，因此会产生带有根本性的问题。

第十一，大家还讨论了中国在激励南部方面的重要作用和贡献。与会者强调了中国在推动更有效和变更性全球议程方面的重要作用，强调了中国需要继续对加强发展中国家的团结作出积极而有建设性的贡献。

# 塑造2015年后的发展议程

## 背景

2000 年，189 个国家承诺在 2015 年之前将让人们脱离贫穷，享有多样化的权利，这一约定成为千年发展的八项目标。此目标主要聚焦于以下三个方面：人力资本、基础设施和人权（包括社会、经济、政治权利），旨在提高人民生活水平。千年发展目标强调各国政策应为国民需求服务，因此大多数原则具有通用性。千年发展目标包括国际上达成共识的八个目标，体现在以下方面：扶贫、教育、男女平等、妇女权益、儿童和产妇健康、环境的持续发展、减少艾滋病和传染病、建立全球合作伙伴。发达国家应当支持公平贸易，减免债务，增加援助，提供在支付能力范围内的医疗，鼓励技术转让。

在实现千年发展目标方面世界已取得长足的进步，但在进步的步伐方面，国与国之间并不一致，实现目标的类型也不尽相同。这些目标的实现程度在国与国之间或国家内部也存在巨大差异。非洲撒哈拉以南常常爆发危机，千年发展目标在这里难以见到成果。亚洲是发展最快的地区，其他地区发展情况复杂，有亮点，也有很多不足之处，比较明显的例子是拉丁美洲、中东和北非。

尽管在千年发展计划期间，发达国家增加了援助，但资金多半用于减免债务，还有许多援助资金用于赈灾和军事援助。2010 年，联合国大会高级别会议回顾了千年发展目标的进程，要求各国加快步伐，探索 2015 年之前完成计划的方法。2012 年，联合国秘书长潘基文向来自世界各地的 27 个民间组织、私营机构和国家领导发出邀请，请他们参与联合国高层会谈，对联合国 2015 年之后的发展议程提出建议。

## 联合国面临的挑战

联合国 2015 年计划表明约有 13 亿人依然生活在极度贫困中，母亲因难产遭受不必要的死亡，孩子们忍饥挨饿，甚至死于营养不良，死因可能是那些本可以预防的疾病，或是缺少洁净的水，或是糟糕的卫生环境。在发展中国家的私人投资远远超过了国家机构的援助。由于因特网的广泛运用，寻求千里之外的商机或信息现在对许多人都是非常普通的事情，但是不平等依然存在，机会并非对所有人敞开。12 亿最贫穷的人只占世界消费的 1%，而 10 亿最富的人却享有世界消费的 72%资源。越来越多的科学研究数据表明，环境变化对人类产生了直接威胁。无论是在富国还是穷国都存在不公平现象。

21 世纪的挑战是：在不断变化的经济、社会和政治条件下，如何应对可持续发展带来的挑战。国际社会的合作伙伴如何才能实现联合国高级别小组制定的 2015 后发展目标？这些目标包括：从减少贫困转向消除各种形式的极端贫困；整合社会、经济和环境的可持续性；通过创新、技术和企业潜力实现经济转型，消除极端贫困；免受冲突和暴力，实现良治；包括民间组织、多边机构、地方政府、国家政府、科学和学术团体、商业组织与慈善机构在内的新型全球伙伴。

### 研讨目标与成果

△对目前有关 2015 年后框架及其指标方面的观点进行评价
△讨论为支持这一框架，建立新合作伙伴的可能性
△思考新兴经济体所要面对的挑战

## 一、2015 后发展议程谈判进程及其中国作用

Amina J. Mohammed*

各位贵宾，女士们，先生们：我首先要感谢前几位发言者，感谢主办方邀请我在会议上发言。

我很荣幸来到这里，有机会和大家讨论 2015 年后发展计划进程以及中国在这方面参与合作。

我在发言中会简短介绍围绕 2015 年后议程的辩论以及这一进程的下一步发展情况。另外，我要就中国今后怎样继续发挥重要作用谈谈自己的看法。

### (一) 2015 年后议程的辩论情况

#### 1. 从千年发展目标开始过渡

2015 年后议程的合法性取决于千年发展目标。千年发展目标是历史

---

* Amina J. Mohammed，联合国秘书长 2015 年后发展规划特别顾问。

上最成功的全球反贫困努力，目前已经取得了重大实质性成果。

我们现在离 2015 年目标日期只剩下不到 800 天了，这一目标虽然取得了很大进步，但还有巨大的挑战。10 亿多人还处于极度贫困之中，实现全面发展目标的前景在各国内和各国之间差别迥异。

新挑战出现了，一些原有的挑战更大了。这些重大问题包括：冲突和脆弱性、就业（特别是青年）、不平等、人口动态、环境挑战和知识缺口。

但在过去 10 多年里，我们得到了经验，全球齐心协力可以带来大发展。通过加快行动和不懈努力，我们可以实现千年发展目标，给 2015 年后发展框架这个振奋人心的宏伟蓝图注入活力。

现在是加紧努力的时候了，要应对全世界人民面临的持久不平等现象，要为所有人建造一个更加安全、正义和可持续的未来。

### 2. 可持续发展

必须改变模式，在千年发展目标基础上继续提高，在三个核心层面（经济、社会和环境）实现可持续发展。

按照“里约＋20”会议协议，经济增长、社会正义和环境管理三位一体的可持续发展必须成为我们的总体指导原则和运作标准。

我们在向新的更广阔议程过渡时必须确保消除贫困仍然是当务之急。

我们需要变革性行动来推动包容性和可持续性增长以及体面就业。这些行动包括实现经济多样化、金融包容性、有效的基础设施、提高生产率、贸易、可持续能源、相关的教育和技能培训。

可持续发展就是要这样，因为可持续发展是不可逆转地消除贫困的唯一途径。

我们知道，增长的收益并不会自动转化为更加公平的社会，我们需要采用新的真正包容性的决策方式，兼顾政策行动在经济和社会两方面的效应。

包容性增长意味着最佳利用所有资源，男女老少一个也不能少。劳务市场、教育和培训项目必须尽可能为所有人在所有层面上扩展机会和包容性。

实现包容性发展和减少贫困与不平等的核心战略是消除因境遇造成的不平等，以确保机会平等。

这就需要发展包容性经济，男女都享有体面就业、合法身份、金融服务、基础设施和社会保障，还要发展公民社会，所有人都能参与国家和当地治理。

这是一个基于新的全球合作伙伴关系的共同议程，必须适用于所有国家，同时又考虑到地区、国家、当地的不同情况和优先顺序。这是一个变革性议程，要求对我们的经济和社会运作方式作出重大改革。

这就要求包括联合国在内的国际体制作出更一致、更有效的响应来支持这一议程。

### 3. 工具、目标和指标

千年发展目标的经验说明，有了定义明确并且可以客观度量的指标，有助于坚持国际既定发展目标，同时让世界了解已经取得的成就、仍存在不足的领域以及新出现的问题。

千年发展目标的经验还说明，对国家采集和报告数据能力的投资非常重要，不仅是报告国家在实现既定目标方面的进步，还要提供具有国际可比度的数据、数据解集以及新指标的开发。

有一个普遍的共识，即需要有一个强健的问责制监控系统，包括分解目标和指标系统，作为解决不公平现象的中心环节。

必须通过数据找到最需要帮助的人们，弄清他们是否得到基本服务。这意味着采集到的数据需要按性别、地域、收入、残障以及其他类别“拆解”，确保“一个都不落下”。正如高级别小组报告中指出的那样，目标只有在对所有相关收入和社会群体都已实现的情况下才算“达标”。

在支持数据采集和编辑方面还要特别重视那些最脆弱国家（最不发达国家、最最不发达国家、发展中小岛国家）和人口（贫困人口、妇女、青年、残疾人、土著民和边缘人群）仍然面对的具体挑战。

这要求在能力营造方面大量投资用以改进统计、实时监控和大数据分析。未来的监控系统应利用传统的数据采集方法以及统计学和数据采集方面的创新来度量各个主题领域里的进步。

这一议程最终应产生一套简明的、鼓舞人心的目标。

## (二) 走向明天：2015年后议程

各位同仁，朋友们：2015年后可持续发展议程的开发工作已经开始，这是一个真正开放和包容的进程，牵涉到各国政府、公民社会、私营部门、学术界、研究机构以及全球120多万人网上问卷调查。

在所有这些工作的基础上，秘书长向第68届联大递交了一份报告，题为“人人过上有尊严的生活”，概括了对未来可持续发展框架愿景的大致构想。

2013年9月，各成员国决定在第69届联大开始时（2014年9月）发起一个政府间谈判进程，最终在2015年9月高级别峰会上通过2015年后可持续发展议程。

在以后的12个月中，关于可持续发展目标的成员国开放式工作组、高级别政治论坛以及可持续发展融资专家委员会将要加紧工作，各成员国将讨论和解决一系列重要问题。

这些问题包括财政等方面的实施手段、气候变化、共同但有区别责任的概念，以及创建有利于社会和平稳定的环境。

这些问题中很多还没有解决方案，辩论将继续在纽约和全世界展开。联合国很快就要开始新一轮磋商。

联合国体系将继续支持各成员国的讨论和谈判，并将确保把人民群众的呼声集中起来传达给各成员国。

## (三) 中国的作用

中国是一个了不起的增长和发展范例，其过去30年里取得的进步很了不起，不仅影响了中国人民，而且影响了整个世界。确实像成语里说的，中国水涨，全世界很多的船就高。

中国在实施千年发展目标方面取得了重大进步，不到 2015 年期限就提前实现了好几个目标，包括贫困减半、战胜饥饿、普及小学教育以及降低 5 岁以下低龄儿童死亡率。

因为取得了这些成就，中国处于一个独特的位置，可以理解其他发展中国家面临的问题和挑战。例如，中国强调了基础设施建设的重要性，要由企业积极参与，并提高人的能力和机构建设水平。

因为这些成就，中国成为关于 2015 年后议程辩论的重要驱动力量。中国在秘书长高级别小组发挥了重要作用（通过小组成员王英凡），目前参加了可持续发展融资政府间专家委员会（通过委员会成员周济）和可持续发展目标开放式工作组。

国际社会在许多问题的辩论中期待中国发挥引领作用，包括气候变化和实施手段。

中国在风能、太阳能和其他可再生能源项目方面处于世界领先地位，表明了对创建低碳绿色经济的承诺。我希望中国政府和私人投资者继续加大对绿色技术和基础设施的投资。

中国在过去 30 年里是最成功的经济之一，有很多东西可以和世界分享。中国对其他国家的援助越来越多，包括援助它们在南南合作框架中实现千年发展目标的努力，这一点非常可嘉。

但还不够。2015 年后的世界将不再适用南北之间、发达国家和发展中国家之间、捐助国和受助国之间的传统区分。如果我们要做到“一个都不落下”，走向一个可持续的未来，那么我们在应对挑战中都面临各种困难。

2015 年后的“美好新世界”提供了一个机会来定义新的具有真正变革性的全球治理，就像我们这次会议所讨论的。中国必须抓住这个机会，为了中国人民，也为了她在世界上应该发挥的作用。

### (四) 结束语

女士们，先生们：我们是有资源和技能摆脱极度贫困并在一切都已太晚之前让我们的地球走上可持续发展道路的第一代人。

我们必须立志消除贫困，保护环境，为所有人提供经济机会。我们不允许失败，我们必须齐心协力创建一个所有人都能够有尊严地生活和发挥自己潜力的世界。

谢谢大家听我发言，期待与大家进一步讨论这些重要问题。

## 二、联合国 2015 后发展议程：中国民间社会的声音

张小安*

“2015 年后发展议程”是当前在联合国发展领域的热门话题，受到国际社会的广泛关注。这个题目与我们这次会议的主题“变革中的全球治理：中国与联合国”有着密切的关系，因为“2015 年后发展议程”是全球治理的一个重要组成部分。

刚才联合国秘书长“2015 年后发展议程”特别顾问穆罕默德向大家介绍了联合国围绕“2015 年后发展议程”已经和正在全球开展的各项活动，我想借此机会。从中国的视角介绍一下中国民间社会围绕“2015 年后发展议程”所开展的活动和提出的建议。

在此，我想先简要介绍一下中国联合国协会（简称“中国联协”）。中国联协是一个中国的非政府组织，其主要工作是向中国公众推广和宣传联合国的宗旨和原则，使中国民众更多地了解联合国和支持联合国的工作。

---

* 张小安，中国联合国协会副会长兼总干事。

自从联合国 2012 年开始就“2015 年后发展议程”开展讨论之后，中国联协作出了积极响应，并在国内外组织了一系列相关活动。这次就“2015 年后发展议程”开展的讨论采取了自下而上的方式，与 2000 年在制定千年发展目标时的方式不同，当时是直接通过成员国谈判确定的目标，而此次是先听取民间社会的意见。因此这次民间社会有机会充分发表自己的意见，并提出建议。中国联协积极参与了这个进程。

下面我从两个方面向大家介绍有关情况：（1）中国联协在推动“2015 年后发展议程”的讨论方面开展的主要活动；（2）中国民间社会对“2015 年后发展议程”的建议。

自从联合国在两年前在全球开展“2015 年后发展议程”的讨论之后，中国民间社会就积极参与了有关讨论，举办了一系列活动。仅 2013 年，中国联协就在国内外主办、承办或参加了与“2015 年后发展议程”相关的 20 多场研讨会、圆桌会或专题会。下面举几个例子。

其一，2015 年后发展议程中国咨询会。这个活动是由联合国倡议、由联合国开发计划署驻华代表处主办的一个重要活动，中国联协被指定为具体执行此项目的合作伙伴。中国联协与联合国开发计划署驻华代表处联合举办了两次咨询会。第一次于 2012 年 12 月在云南举办，侧重于地方代表的参加；第二次于 2013 年 3 月在北京举办，参与范围涵盖全国。两次咨询会共有 170 位代表出席，其中大多数来自民间社会和学术界，一部分来自有关中央和地方政府部门，还有近 30 位代表来自 14 个联合国驻华机构，包括联合国开发计划署、儿童基金、人口基金、环境署、世界卫生组织、教科文组织、劳工组织、世界粮食计划署和艾滋病规划署等。两次咨询会围绕 6 个领域开展讨论，包括减贫、教育、环境、卫生、妇女和国际合作，总结了中国在落实联合国千年发展目标方面所取得的成绩和面临的挑战，并就“2015 年后发展议程”提出建议。在两次咨询会的基础上，中国联协撰写了总结报告，并于 2013 年 5 月提交联合国。

其二，2013 年 5 月，中国联协参加了在北京举办的中国—拉美—欧洲磋商会，来自中国、拉美和欧洲的民间组织代表就千年发展目标和 2015 年后发展议程交换意见，并提出建议。

其三，2013年6月，中国联协与中国可持续发展研究会共同举办了“联合国可持续发展目标”研讨会，有40位民间组织代表包括专家学者出席。研讨会提出了一系列针对全球和中国的可持续发展目标建议。这个讨论还将在今年继续举行，以便进一步完善各项建议，并提交相关政府部门参考。

其四，2013年7月，中国联协与世界银行中国办公室共同举办了以“2015年后发展议程在中国”为主题的圆桌会议。世行总裁特别代表出席会议并做了“2015年后发展议程的融资问题”的主旨发言。有30位来自政府、学术界、非政府组织和联合国系统的代表出席了圆桌会。会议集中讨论了2015年后发展议程的融资问题。

其五，2013年8月，中国联协参加了第七届中国东盟论坛，主题是“社会发展和减贫”，其中重点讨论了与千年发展目标和“2015年后发展议程”相关的减贫问题。有130位来自中国、东盟国家和国际组织的代表出席。

其六，2013年12月，在中国联协的倡议下，中国联协与印度联协在新德里共同举办了“2015年后发展议程”圆桌会议。有50多位来自民间社会的中国和印度代表出席，双方就新的发展议程交换意见并提出建议。

以上是中国联协围绕“2015年后发展议程”开展和参与的主要活动。

下面我想与大家分享一下中国民间社会在上述讨论中提出的主要建议，有些比较原则，有些则比较具体，针对中国的实际情况：

（1）“2015年后发展议程”的制定应建立在千年发展目标的基础上，并继续完成千年发展目标未完成的内容。

可持续发展目标应纳入到“2015年后发展议程”中去。

可持续发展的三大支柱，包括经济发展、社会发展和环境保护，应在可持续发展目标中处于同等重要的地位，并考虑到三者之间的关联性。

新的发展议程应该是面向行动，简明扼要，容易传播，数量有限，具有全球性、现实性和可操作性。

减贫在“2015年后发展议程”中仍应是最重要目标之一。这是一个跨领域问题，需要有一个综合考虑。关注点应该放在弱势群体上，包括妇女、儿童、残疾人、农民工、少数民族、艾滋病患者和老年人等。同时也要促进就业、加强社会保障体系的建立，保护劳工权利，并将防灾减灾纳入国家减贫战略。

（2）促进教育公平，提高教育质量，确保弱势群体获得教育。缩小城乡、地区间、少数民族和性别间在教育方面的差距，要重视环境教育、卫生教育和终生教育。

（3）将卫生健康作为一个单独目标列入新的发展议程，因为在千年发展目标中，卫生问题散落在不同目标里，无法统筹考虑。要确保卫生公平，完善全民覆盖的基础卫生服务，提高医药服务的质量，关注因为环境污染引发的各种疾病，进行综合治理。加强艾滋病防治，消除社会歧视。将慢病和新传染病纳入新议程。

（4）将环境指标纳入国家经济社会发展政策。鼓励企业为绿色经济作出贡献。保护水资源和森林，应对气候变化和极端天气所引发的自然灾害。

（5）性别平等和性别意识的概念应通过经济社会发展得到落实。缩小男、女在就业、教育、参与政府工作等领域的差距。保护弱势群体妇女的权利，包括农民女工、老年妇女和贫困妇女等。防止和消除对妇女的暴力，包括社会和家庭暴力。促进性别平等和为在不同领域的妇女制定发展指标。

（6）坚持“共同但有区别的责任”的原则。

（7）解决落实可持续发展目标的资金和技术转让问题。

（8）建立一个公平、正义、包容、非歧视和以规则为基础的国际贸易和金融体系。这个体系将对落实千年发展目标和“2015 年后发展议程”发挥至关重要的作用。

（9）加强发展中国家在全球治理中的发言权和代表性。

（10）“2015 年后发展议程”应考虑各个目标之间的关联性。比如，水资源问题不仅是一个卫生问题，也是一个环境问题；在制定卫生目标时，也要考虑保护环境问题。

（11）2015 年后发展议程应该能够普遍适用于所有国家，同时也要考虑不同国家的现实、能力和发展阶段，尊重各国的政策和优先事项。比如粮食问题，穷国面临的是饥饿、营养不良、贫穷和粮食安全问题，而发达国家则面临着浪费粮食和因营养过剩引起的疾病问题。

加强全球伙伴关系，落实千年发展目标和“2015年后发展议程”，让所有的利益攸关方特别是民间组织参加有关活动，他们的参与应该得到加强。

加强政府、民间社会、私营部门和国际组织之间的合作，以应对全球发展挑战和执行千年发展目标和“2015年后发展议程”，促进南南合作。

加强国际合作，以南北合作为国际合作的主渠道，同时促进南南合作。

以上就是中国民间社会在讨论中提出的一部分建议。有关的讨论还将继续，直到2015年。因此中国联协将与国内外的其他非政府组织继续努力，献计献策，为制定2015年后发展议程作出贡献。

## 三、2015后发展议程及其中国的角色

Martin Khor*

我想专门讲一下可持续发展目标本身，以及发展议程中中国的角色。我们有两件事：一是发展议程；二是可持续发展的目标。我们设定了2015年后的议程，还包括发展目标的设定。可持续发展目标在里约会上大家已经提了，如果一切顺利的话，将向联合国大会作出报告，由工作小组最后递交给大会得到批准。政府之间到2014年9月份进行国别之间的谈判。现在已经组成了一些工作小组，但是政府还没有介入讨论。2015年9月份将召开一次全球峰会，把2015年后的议程加以落实。

所有的这些议程对发展中国家来说都有什么样的价值呢？我想我们应该要认识到从这样的进程当中获得什么，每个国家都应有明确的认识，马

* Martin Khor，南方中心执行主任。

来西亚、中国、希腊这些国家要设定国别的目标和前景，它们当然可以有本国的过程，比如说在马来西亚我们有 5 年计划，有 2020 年的前景，也有经济转型的计划，当然主要是产业发展计划。

普通公民要告诉政府我们应该要怎么做？通过有关的渠道政府会作出回应，然后制定相关的一些政策，这是政府和公民之间达成的某种契约。如果在联合国那里拿出来，比如说 2015 年后的议程，我们会问为什么要听联合国的。我要说的是，让联合国出面有这么几种好处：一是让人们充分看到在讨论当中不同国家的看法，公民社会可以从中获益，而且大家可以反馈和补充。在大学包括像在浦东干部学院也可以参与，联合国是大家十分喜欢的场合，是最大的全球治理的组织，这有它的好处。二是展开国际的合作，特别是南北的合作，联合国是很好的平台，我想各个国家启动国内的议程，在联合国可以启动国际的进程。如果一个国家推出一些有关可持续发展的目标、机制、政策、法律等，可能会碰到国内的阻力，如果由联合国来推动，可以化解不少的阻力。这对发展中国家来说，他们也可以获得有关的援助和技术的转让。各国在制定国家政策的时候，它们也许会制定金融宽松或者其他监管自由化等政策，但是在国家之间我们要考虑到相互的影响，比如说发达国家执行的政策对发展中国家也会产生影响。三是联合国推动的政策，可以使得我们促进各国政府来拿出自己类似的发展目标。这有助于激励类似国别的目标。四是这个议程包括金融、技术、知识产权等各个方面，是全面的议程，联合国可以对方方面面进行非常民主的讨论。我觉得在联合国范围内讨论可持续发展目标，这就是它的价值。

有利就有弊，有什么弊端呢？联合国和成员国可能会因此增加一些业务，虽然这些并不是法律上有约束力的，但毕竟增加义务了，特别对发展中国家来说要承担国际的义务；另外一方面可能使得发展中国家政策空间受到了挤压，有时候还得不到支持，有时候我们承诺了一些我们无法真正兑现的义务，这会带来一些问题。我们可能还会告诉我们的人民，我们要做什么，另外我们可能做不到什么，这也就削弱了政府的合法性、权威性，这是弊端。如果最后我们的目标不能够来集中资源，实现诺言，这会带来问题。

发达国家在制定国别政策的时候，没有考虑到发展中国家的利益，在贸易方面、知识产权方面没有相应地拿出国际公正的规则，这对发展中国家来说是不利的。最后的结果如果不那么正面，可能会浪费我们的资源，包括外交的资源，使我们反而放过了一些最为根本性的问题，而这些根本性的问题恰恰造成了我们现在在经济、政治、社会、环保方面的多重问题，由此这样可持续发展目标就可能会被认为走错了路。

关键要看最后制定的政策过程，我们要趋利避害。至于可持续发展目标，我想它本身没有太多地顾及经济发展问题，而且没有顾及发展目标，也没有强调全球的合作，只是给我们划的一个目标，但实现目标的障碍还是考虑不够的。为了解决这些问题，可持续发展目标要建立全球强大的利益合作伙伴的机制，把金融资源、债务、金融体系的改革，促进发展目标，还有技术转让、知识产权问题的处理办法等都要加以考虑。

我们也要考虑到有关落实的目标，还要看到国际的联系性。一些发达国家政策的制定一定要顾及发展中国家，考虑到他们的反应，给发展中国家支持，比如技术转让问题。我们要把国际目标转化为国家的目标，像食品安全问题、粮食安全问题，这很重要，要不让我们挨饿。我们可能会让一些农业保持现状，我们也要有大规模的生态农业，我们一定要把几方面结合在一起来考虑。印度就提出来，不管是穷人还是谁，都有享受食品的天然权利。印度能够拿出来这样的政策，其他国家也可以这样做。印度每年拿出200亿美元就解决这个问题。因此，逼迫国际社会有关的贸易问题、粮食生产问题要发生一些改变，比如发达国家减少单方面对农业补充的问题。我们要永远禁止从其他国家进口高补贴的粮食或者食品，欧洲应该制止粮食的进口，我们可以跟着修订一些国际的规则。如果我们不做到这一点，可持续发展的目标是无法实现的。我们推动这些目标的时候，要充分考虑到国际上妨碍目标的限制。

# 四、勾画公平与包容的全球可持续发展目标

彭斯震* 孙新章**

自 1994 年发布《中国 21 世纪议程》以来，中国为推动实现可持续发展付出了巨大的努力，在减贫等领域取得了积极的进展。然而，目前中国经济、社会、环境“三大支柱”不协调的现象依然明显，突出体现在经济发展的成果未公平地惠及全体居民，社会发展的包容性不足，环境形势总体上仍较严峻。基于中国的国情，本文认为制定可持续发展目标（SDGs）应把促进全球的公平性和包容性发展作为基本原则，把执行手段放在重要位置；应基于“数目不多、具有雄心、具有全球性”的原则来确定优先领域，至少应当包括消除极端贫困、确保食物安全、确保生命全程健康、提供素质教育、促进充分的生产性就业、实现资源可持续利用和扭转环境退化趋势六大领域。

## （一）中国可持续发展进程的简要回顾

### 1.《中国 21 世纪议程》的主要内容

1992 年 6 月，联合国环境与发展大会在巴西里约热内卢隆重召开。会议通过了《里约宣言》、《21 世纪议程》等重要文件，开启了人类可持续发展的征程。作为一个负责任的发展中大国，时任国务院总理李鹏出席大会并签署了有关文件，向世界作出了共同致力于人类可持续发展的庄严承诺。

---

* 彭斯震，中国 21 世纪议程管理中心副主任。

** 孙新章，中国 21 世纪议程管理中心研究员。

1992年8月，原国家科委和国家计委牵头，组织国务院57个部门和社会团体以及300多位专家着手制定《中国21世纪议程》。1994年3月25日，国务院第16次常务会议讨论通过《中国21世纪议程——中国21世纪人口、环境与发展白皮书》，这是世界上第一部国家级的《21世纪议程》。

《中国21世纪议程》共20章，78个方案领域，主要内容分为四大部分。一是可持续发展总体战略与政策。论述了提出中国可持续发展战略的背景和必要性，指出了中国可持续发展的战略目标、战略重点和重大行动。二是社会可持续发展。主要包括人口、居民消费与社会服务、消除贫困、卫生与健康、人类住区和防灾减灾等。三是经济可持续发展。提出促进经济快速增长是消除贫困、提高人民生活水平、增强综合国力的必要条件，强调了农业与农村经济的可持续发展、工业与交通及通信业的可持续发展、可持续能源和生产消费等内容。四是资源的合理利用与环境保护。包括水、土等自然资源可持续利用，生物多样性保护、土地荒漠化防治、防灾减灾、保护大气层、固体废物无害化管理等。

从《中国21世纪议程》与《21世纪议程》的比较来看，相似之处在于：二者都是自上而下的蓝本，总体框架一致，均体现了可持续发展“三大支柱”（经济、社会与环境）和能力建设，《21世纪议程》的绝大部分内容都在前者中有所涉及。二者的区别在于：《中国21世纪议程》更重视经济社会发展，强调了基础设施建设、工业与交通、可持续能源生产与消费、防灾减灾等，这符合20年前中国的发展实际。

**2. 实施《中国21世纪议程》的主要做法**

20年来，中国通过不断创新发展理念和制定阶段性发展目标两个途径来推动《中国21世纪议程》的实施。在理念创新方面，1996年中国将可持续发展提升为国家战略，同时提出了两个根本性转变，即“经济体制从传统的计划经济体制向社会主义市场经济体制转变，经济增长方式从粗放型向集约型转变”。进入新世纪后，针对中国日渐承接国际制造业转移这一趋势，于2002年提出了走“新型工业化道路”，即“以信息化带动工业化，以工业化促进信息化，走出一条科技含量高、经济效益好、资源消耗低、环境污染少、人力资源优势得到充分发挥的新型工业化路子”。随后，中国又提出了“科学发展观”，即“以人为本，全面、协调、可持续”的发展观，并把它提升为指导中国发展的根本思想。目前，中国基于科学发展观的整体理念，提出了建设生态文明的宏伟构想，并提出了进一步完善发展成果考核评价体系的具体措施，即“纠正单纯以经济增长速度评定政绩的偏向，加大资源消耗、环境损害、生态效益、产能过剩、科技创新、安全生产、新增债务等指标的权重，更加重视劳动就业、居民收入、社会保障、人民健康状况”等。

在阶段性发展目标定位方面，从国家“九五”时期开始，中国连续在4个五年规划中制定了明确的经济、社会和资源环境发展目标，并且不断地推动目标的量化、约束化，尤其是在资源环境领域表现得最为明显（表1）。

**表 1　中国制定的经济、社会和环境发展目标（不完全统计）**

| 时期 | 经济领域 | 社会领域 | 资源环境领域 |
|---|---|---|---|
| 九五<br>(1996—2000) | 实现人均国民生产总值比1980年翻两番，初步建立社会主义市场经济体制，有效供给能力增强 | 人口控制在13亿以内，基本消除贫困，人民生活达到小康水平。城乡居民收入分别增长5%和4%，基本普及9年义务教育 | 环境污染和生态破坏加剧的趋势力争得到基本控制，万元GDP能耗由2.2吨标煤下降到1.7吨标煤，年均节能率5% |
| 十五<br>(2001—2005) | 经济增速年均7%，城镇新增就业和转移农业劳动力各4000万人。三次产业增加值占GDP比重分别达13%、51%和36%，R&D支出占GDP比重达1.5% | 总人口控制在13.3亿人，城乡居民人均收入年均增长5%左右。城乡医疗服务设施继续改善。普及9年制义务教育 | 生态恶化趋势得到遏制，森林覆盖率提高到18.2%，主要污染物排放总量比2000年减少10% |

续表

| 时期 | 经济领域 | 社会领域 | 资源环境领域 |
| --- | --- | --- | --- |
| 十一五（2006—2010） | 国内生产总值年均增长7.5%，城镇新增就业和转移农业劳动力各4500万人，服务业占GDP比重提高3个百分点，城镇化率达47%。R&D支出占GDP比重达2% | 总人口控制在13.6亿人以内，城乡区域发展趋于协调，城乡居民人均收入年均增长5%。城镇养老保险覆盖人数达到2.23亿人，新型农村合作医疗覆盖率提高到80%以上。国民平均受教育年限增加到9年 | 单位GDP能耗降低20%左右，单位工业增加值用水量降低30%，主要污染物排放总量减少10%，森林覆盖率达到20% |
| 十二五（2011—2015） | 国内生产总值年均增长7%，城镇新增就业4500万人。服务业占GDP比重提高4个百分点，城镇化率提高4个百分点。R&D支出占GDP比重达2.2% | 总人口控制在13.9亿人以内，城乡居民人均收入年均增长7%以上，覆盖城乡居民的基本公共服务体系逐步完善。九年义务教育巩固率达到93% | 单位工业增加值用水量降低30%，非化石能源占一次能源消费比重达到11.4%，单位GDP能源消耗降低16%，主要污染物排放总量减少8%—10%，森林覆盖率提高到21.66% |

### 3. 取得的进展与不足

20年来，中国在推动《中国21世纪议程》实施、提升可持续发展能力的诸多方面取得了巨大的成就。例如，中国经济高速发展，提前7年完成了千年发展目标中的减少贫困与饥饿、普及初等教育、降低婴儿及5岁以下儿童死亡率等目标。特别是中国在减贫方面取得的成就，加速了全球减贫进程，为世界减贫事业作出了巨大贡献。

然而，不容忽视的是，虽然中国提出了好的发展理念和发展指标，但“三大支柱”不协调的现象依然明显，主要表现在：经济社会发展成就虽然巨大，但未公平地惠及全体居民，地区之间、城乡之间、不同社会群体之间发展的不公平性问题突出；社会发展的包容性仍不足，弱势群体的权益没有得到充分保障；环境形势依然严峻。

为什么会出现这种现象？主要是因为中国所制定的发展目标与发展理

念之间存在偏差，而具体的政策措施又与发展目标之间存在偏差，两个偏差加起来导致了不平衡、不协调、不可持续的局面。例如，“十五”和“十一五”制定的 GDP 增长目标是年均 7%和 7.5%，而城乡居民收入增长的目标仅为年均 5%，二者明显不一致。再从实施结果看，“十五”和“十一五”GDP 实际年均增长了 9.5%和 11.2%，而居民收入增长情况则是城镇 9.6%和 9.7%，农村 5.3%和 8.9%。R&D 投入增幅、第三产业占 GDP 比重增幅以及能源强度下降幅度是反映经济质量的重要指标，这几个指标则完成的不理想。例如“十一五”期间制定的能源强度下降目标是 20%，实际只下降了 19%。

## （二）对全球可持续发展目标的建议

### 1. 全球可持续发展的进展情况

自 1992 年联合国环发大会以来，国际社会为推动可持续发展付出了巨大的努力，在消除贫困、改善饮用水源、降低贫民窟居民人口比例、控制疟疾和肺结核等传染性疾病传播等许多方面取得了长足进展，在普及卫生设施及初等教育等领域也取得了明显的进步。然而，全球可持续发展仍面临艰巨任务，许多国际可持续发展承诺没有得到落实，主要体现在：

第一，全球在消除贫困与饥饿方面的任务仍十分艰巨。1950 年以来，世界经济总量不断上升，但财富增长和技术能力的提升并未有效减少贫困。2012 年世界贫困人口总数比 1990 年增加了 5000 万，贫民窟人口数量比 20 年前增加了近 2 亿。不断增长的物质消耗也加剧了全球环境压力，对下一代的发展形成严峻挑战。第二，《21 世纪议程》实施进展缓慢，里约原则没有得到全面执行。《21 世纪议程》39 章内容中，仅有 5 章取得积极进展；27 条里约原则中，只有 17 条被不同程度地接受和贯彻落实。第三，根据 UNEP 对全球 300 多项环境协定评估报告，有大约一半的目标基本没有进展或只有极少进展。其中，气候变化、荒漠化与干旱、生态系统服务、土地管理、濒危动物、粮食获取、海洋污染、外来物种等进展极少，渔业资源、湿地、地下水资源、珊瑚礁等在持续恶化。

**2. 关于制定 SDGs 的基本原则**

一是应坚持 SDGs 的指导性和包容性，把促进全球发展置于核心地位。制定 SDGs 面临的最大困难是世界各国处于不同的发展阶段，国际社会应从全球可持续发展面临的共同挑战出发，在尊重发展模式多样性的前提下，设立一组包容各方核心关切的全球目标。SDGs 的制定应该坚持以发展为核心，体现经济、社会、环境三大支柱的平衡，促进不同领域之间政策的协调和一致。

二是坚持目标与执行手段挂钩，把科技创新作为实现目标的优先手段。在讨论重点领域的同时就应讨论其相应的执行手段。各国尤其是发展中国家在推进实现 SDGs 的进程中，应高度重视加强科技创新能力，努力建立国家科技创新体系。

三是坚持里约原则，把公平发展作为实现目标的前提条件。里约原则是开展可持续发展领域国际合作的基础，这些基本原则必须得到坚持。国际社会应形成以南北合作为主、南南合作为辅、全球发展伙伴关系为重要载体的国际合作新格局。不公平的发展环境是导致贫困、两级分化等问题的重要根源，实现 SDGs 必须首先构建公平、公正的发展环境，努力缩小南北差距。

**3. 关于优先领域及目标**

应基于“里约＋20”峰会成果文件提出的“数目不多、具有雄心、具有全球性”的原则来确定，至少应当包括（但不限于）以下 6 个领域：

（1）消除极端贫困。当前全球 5 个人中仍有 1 人生活在极端贫困之中，总数超过 10 亿，全球应致力于在 2030 年实现“零极端贫困”目标。为此建议：各国以国际极端贫困线标准为基础，根据国情制定本国的极端贫困线标准，并建立基于基本生活品价格变化的动态调整机制；把增强贫困人群的自我发展能力作为扶贫的主要目的；为妇女、残疾人等弱势群体制定专门的扶贫政策。

（2）确保食物安全。目前全球每 8 个人中就有 1 个人营养不良。全球应将食物安全，包括数量安全和质量安全，列为优先领域，致力于在 2030 年实现“人人可获得充足、安全的食物”目标。为此建议：加强实用农业技术的研发、推广及向发展中国家/地区转让；加强农田水利等基础设施建设，制定激励食物节约的政策措施；实施促进生态农业等为核心的农业生态补偿政策措施。

（3）确保生命全程的健康。当前，艾滋病等传染性疾病对人类的威胁并未减小，而一些非传染性疾病对人类的威胁日渐加大，全球应把“确保生命全程的健康”列入优先领域。为此建议：制定更具雄心的降低孕产妇和儿童死亡率指标；将心血管病、癌症、慢性呼吸系统疾病、糖尿病等非传染性疾病列入防控范围；实现基本医疗卫生实施的全民覆盖。

（4）提供素质教育。2011 年，全球有 5700 万儿童辍学，有 1.23 亿青年人（15—24 岁）缺乏基本的读写能力。呼吁继续将教育列入优先领域，为此建议：把普及初等、中等教育设为约束性目标，增加政府对学前教育（0—6 岁）、职业教育的投入；把提高学生的创新精神和创造力作为教育的重要目标；为失聪、失明等弱势群体提供专门的教育资源。

（5）促进充分的生产性就业。近年来，全球失业率不断攀升。目前全球劳动人口为 30 亿人，其中只有 12 亿人拥有全日制的正规工作，建议将“促进充分的生产性就业”列入优先领域。为此建议：将“人人都能享有充分的、生产性的、可自由选择的体面就业机会”作为政府目标；通过长期性市场激励措施促进就业密集型经济增长；提高劳动者的就业能力和适应性，为全体劳动者提供社会保障安全网。

（6）实现资源的可持续利用和扭转环境退化趋势。目前，全球生态超载率达 50%，许多地区生态系统的功能趋于衰退。各国应在充分虑及历史责任、发展的公平性等前提下密切合作，制定切实可行的地球“减压”措施。为此建议：制定体现资源消耗、环境损害、生态效益的新的经济社会发展评价体系；制定提高能源、水资源等自然资源利用效率的目标以及面向 2030 年的可再生能源发展目标；发达国家率先转变不可持续的生产和消费方式并制定相应的测量指标；加强气候变化对区域水资源供需影响的预测和管控能力，建立以流域为单元的跨部门/政府的水资源可持续管理机制；各国建立包括陆地和海域在内的完善的自然灾害应对机制。

## 五、中国与2015后发展议程

叶　江*

随着联合国依据2000年《千年宣言》而制定的“千年发展目标”（MDGs）即将在2015年到期，包括联合国系统在内的国际社会已广泛地就“2015年后发展议程”展开了热烈的讨论。在这种形势之下，中华人民共和国外交部于2013年9月22日公开发表了《2015年后发展议程中方立场文件》（以下简称《中方立场文件》）。该文件对联合国即将于2014年9月开始的“2015年后发展议程”政府间谈判产生了很大的影响，① 因为中国既是联合国重要的成员国（安理会常任理事国），又是发展中国家群体中的一员（77国集团加中国），同时还是近年来发展势头最为强劲的新兴大国（以国家为单位的当今世界第二大经济体）和金砖国家（BRICS）及20国集团（G－20）成员。为此，本文将就《中方立场文件》做解读，在概括介绍《中方立场文件》核心内容的基础上，分析中方立场的立论基础与背景，并探讨中方立场对2014年第69届联大将要启动的“后2015年发展议程”政府间谈判所可能产生的影响。

---

* 叶江，上海国际问题研究院研究员。

① 在2013年召开的联合国大会第六十八届会议上，大会通过了《关于继续推进实现千年发展目标努力的特别会议成果文件》，文件提出：“我们今天决定在大会第六十九届会议开始时启动一项政府间谈判进程，这一进程的目标是通过2015年后发展议程。”参见联合国网站：http：//www. un. org/zh/documents/view _ doc. asp? symbol＝A/68/L. 4。

## 一、《中方立场文件》的主要立场和观点

《中方立场文件》共由“前言”、“展望”、“指导原则”、“重点领域和优先方向”、“实施手段”、“中国的实践”等六个部分组成，总中文字数近4000字。概括而言，中方在“2015年后发展议程”上的主要立场与观点为下述四个方面。

### 1.“2015年后发展议程”应当以千年发展目标为基础

《中方立场文件》开宗明义地指出：“2000年联合国千年首脑会议通过《千年宣言》，据此制定的千年发展目标是当今国际社会在发展领域最为全面、权威、明确的目标体系，是衡量发展水平、指导国际发展合作的重要指标。”[①] 不仅如此，该文件还指出：“2015年后发展议程应建立在千年发展目标基础之上，一些尚未实现的千年发展目标应继续作为2015年后的发展目标。”[②] 同时，2015年后发展议程必须“坚持将消除贫困和促进发展作为2015年后发展议程的核心”，因为“贫困和饥饿问题不仅严重阻碍发展中国家经济发展和社会进步，也是地区冲突、恐怖主义蔓延和环境恶化等问题的根源之一。消除贫困事关各国人民最基本的生存和发展权利，是各国尤其是发展中国家经济和社会发展的首要考量，应作为2015年后发展议程的核心目标”。[③]

### 2.“2015年后发展议程”必须坚持主权原则和发展模式多样化及目标简明化

在谈到制定“2015年后发展议程”的各项原则时，《中方立场文件》

---

① 中华人民共和国外交部：《2015年后发展议程中方立场文件》，来源：外交部网站：http：//www.fmprc.gov.cn/mfa_chn/zyxw_602251/t1078969.shtml，2013/09/22。

② 《2015年后发展议程中方立场文件》。

③ 《2015年后发展议程中方立场文件》。

非常明确地坚持主权原则并认为发展模式多样化是一项重要原则，因为“各国发展阶段、发展水平和具体国情各不相同。要尊重各国对本国发展战略和目标的自主权，由各国自主选择适合本国国情的发展模式和发展道路”。① 不仅如此，文件还强调，“2015 年后发展议程”应该“避免议程内容过多过杂而偏离发展主题”。② 毫无疑问，这显然反映出中国在发展问题上坚持主权原则和聚焦发展主题的一贯立场：首先，新的发展议程必须尊重各国的主权，发展议程是为发展中国家乃至发达国家制定一套准则和目标而不是为世界各国设定义务，并且新的发展议程应该是未来国际发展合作的指导和各国制定国家发展战略的参照而不应该成为干预他国内政的工具；其次，新的发展议程的制定要“由成员国政府发挥主导作用”且发展议程的最终通过要采取“协商一致”的原则；③ 再次，虽然作为确立千年发展目标和制定“后 2015 年发展议程”法律基础的《联合国千年宣言》明确地强调发展问题与人权、民主和善政的紧密关系，④ 但是在即将到期的联合国千年发展目标中为了聚焦发展中国家的发展而并没有在民主、人权和法治等方面具体设定目标，作为千年发展目标的延续，2015 年后的发展议程应继续坚持这种做法；最后，虽然和平与安全是各国发展的保障，但是中国政府认为，不应该将政治与安全问题放入新的全球发展议程之中，因为这一方面会模糊发展目标，另一方面则会对主权原则构成负面影响。

### 3. “2015 年后发展议程”应当有利于推进经济、社会和环境平衡发展

根据《中方立场文件》观点，“2015 年后发展议程”应当在全面消灭

---

① 《2015 年后发展议程中方立场文件》。

② 《2015 年后发展议程中方立场文件》。

③ 《2015 年后发展议程中方立场文件》。

④ 《联合国千年宣言》的第五部分“人权、民主和善政”指出：“我们将不遗余力促进民主和加强法治并尊重一切国际公认的人权和基本自由，包括发展权。”联合国网站：http：//www.un.org/chinese/ga/55/res/a55r2.htm。

贫困和饥饿的同时，不断地推进经济、社会和环境的平衡发展。在谈到“2015 年后发展议程”的重点领域和优先方向时，文件将“促进经济包容性增长”、“全面推进社会进步并改善民生”、“加强生态文明建设，促进可持续发展”均列为“2015 年后发展议程”中的重点领域。在经济领域“政府应将促进经济增长作为优先目标，不断增加居民收入，提高居民生活水平”；在社会领域需要“推动社会包容性发展，坚持以人为本，着力保障所有人均能共享发展成果”；在环境领域则必须牢记“生态文明建设关系人类生存发展及子孙后代长远大计”，并且“应树立尊重自然、顺应自然、保护自然的生态文明理念，增强节约意识、环保意识和生态意识，形成合理消费的理念和生活方式”。[①] 不仅如此，《中方立场文件》还强调：“制定发展议程应重在促进各国团结合作，同舟共济，权责共担，共同应对挑战，彻底摆脱贫穷和饥饿的威胁，实现均衡、可持续发展和包容性增长，增进人类共同利益。”[②] 很显然，中方所强调的推进经济、社会和环境平衡发展是与可持续发展及包容性增长相互关联的，并且与联合国以及欧盟所强调的 2015 年后发展议程应当推进“共创包容且可持续的未来社会”[③] 相一致。

#### 4. “2015 年后发展议程”必须坚持“共同但有区别的责任”原则

“共同但有区别的责任”原则正式确立于 1992 年。当年 6 月，在巴西里约热内卢召开的“联合国环境与发展大会”上，大会正式批准了《气候变化框架公约》，公约的第四条正式明确提出“共同但有区别的责任”原

---

① 《2015 年后发展议程中方立场文件》。

② 《2015 年后发展议程中方立场文件》。

③ Overseas Development Institute (ODI), German Development Institute (DIE), European Centre for Development Policy Management (ECDPM), *European Report on Development (2013), Post— 2015: Global Acton for an Inclusive and Sustainable Future*, European Union, 2013, Executive Summary.

则，从此该原则成为可持续发展领域具有相当法律约束力的国际法原则。其实，“共同但有区别的责任”原则早在20世纪70年代初就已经在国际发展合作领域内开始形成。1970年联合国大会制定了官方发展援助目标，即发达国家承诺将国民收入总值的0.7%用于对发展中国家的发展援助，1972年斯德哥尔摩人类环境会议宣示，保护环境是需要全人类共同承担的责任，但发展中国家的环境问题“在很大程度上是发展不足造成的”等。[①] 这应该就是“共同但有区别的责任”原则的雏形。正是因为“共同但有区别的责任”原则在国际发展领域已有长久的实践并已成为国际法原则，所以《中方立场文件》非常明确地提出要坚持“共同但有区别的责任”原则，并且认为“这是国际社会在发展领域的重要共识，是开展国际发展合作的基础”。[②] 因此，在2015年后发展议程中，不仅在可持续发展方面而且在加强全球发展伙伴关系方面都“应建立更加平等均衡的全球发展伙伴关系，致力于促进共同繁荣与发展，其核心仍是南北合作，南南合作是南北合作的有益补充”。[③]

## 二、《中方立场文件》的立论基础

毫无疑问，《中方立场文件》中的上述立场和观点有着坚实的立论基础。事实上只有充分了解中方确立“2015年后发展议程”立场和观点的立论基础，才能全面理解和把握中方的立场和观点。在一定程度上，下述四个方面应该是中方立场和观点的立论基础。

---

① “Declaration of the United Nations Conference on the Human Environment”, 1972, http: //www. unep. org/Documents. Multilingual/Default. asp? documentid = 97&articleid = 1503.

② 《2015年后发展议程中方立场文件》。

③ 《2015年后发展议程中方立场文件》。

### 1. 和平共处五项原则是中国处理国际事务的基本原则

和平共处五项原则是中华人民共和国提出的国家外交纲领性政策，自1953 年由中国前总理周恩来提出至今，“互相尊重主权和领土完整、互不侵犯、互不干涉内政、平等互利和和平共处”五项原则依然是中国奉行独立自主和平外交政策的基础，也被世界上大多数国家尤其是发展中国家所接受，成为规范国际关系的重要准则。[①] 在很大的程度上，中国视参与“2015 年后发展议程”的制定为重要的外交行为，《中方立场文件》由中国外交部公开发布就是明证。正因为如此，中国必然在和平共处五项原则的指导下参与“2015 年后发展议程”的讨论、谈判与制定。由此，《中方立场文件》强调“2015 年后发展议程”必须尊重各国对本国发展战略和目标的自主权，并且应该由各国自主选择适合本国国情的发展模式和发展道路也就十分易于理解了。

### 2. 中国在落实联合国千年发展目标方面取得了巨大成就

自 2003 年至 2013 年，中国外交部与联合国驻华机构共同编写了 5 份《中国实施千年发展目标进展情况报告》（发布年份分别为 2003，2005，2008，2010 和 2013），[②] 这些报告都显示了中国在实现千年发展目标方面所取得的重大进展。2005 年 6 月，身为联合国千年计划主任的美国哥伦比亚大学教授杰弗里·D·萨克斯教授对中国贫困人口的脱贫、绿色革命和青蒿素等赞不绝口，认为中国是全球发展战略的成功范例。在出席北京“联合国千年发展目标论坛”时，萨克斯教授做了一场题为《为发展投资——一份实现千年发展目标的切实计划》的专题报告。他指出，在实现

---

① 1970 年第 25 届联合国大会通过的《关于各国依联合国宪章建立友好关系及合作的国际法原则宣言》和 1974 年第 6 届特别联大《关于建立新的国际经济秩序宣言》，都明确把和平共处五项原则包括在内，因此该原则是被联合国文献所确认的。

② 参见 2013 年《中国实施千年发展目标进展情况报告》，http: //www.fmprc.gov.cn/mfa_chn/zyxw_602251/P020130922680037847744.pdf。

“2015 年前将世界极度贫困人口减半”的千年发展目标方面，中国能够作出巨大贡献和起到关键作用。[①] 2013 年的《中国实施千年发展目标进展情况》报告十分明确地指出：自 2000 年 9 月以来，中国政府一直坚定承诺支持千年发展目标。在过去 13 年间，中国已经证明，正确的政策和行动，配以足够资金支持和坚强的政治承诺，能够取得傲人的成绩。现在距离 2015 年还有两年时间，中国已经实现了近半数千年发展目标。中国把千年发展目标融入发展规划。自 2010 年上一个报告以来，中国又实现了“与艾滋病病毒/艾滋病、疟疾和其他疾病做斗争”，以及“确保环境的可持续性”等目标下的三个子目标”。[②]

2010 年 9 月 16 日联合国秘书长潘基文在纽约联合国总部接受包括新华社等多家中文媒体采访时说，中国因人口众多曾面临着非常严重的问题，现在中国虽然仍有许多地区在经济上还欠发达，但由于有中国政府强有力的领导，中国在实现千年发展目标上的成就有目共睹，中国经济取得了迅猛的发展。综合所有这些因素，潘基文秘书长相信中国能够在实现千年发展目标方面取得成功，而且这些成功的经验值得其他许多发展中国家学习与借鉴。[③] 正是因为中国在落实千年发展目标方面取得了巨大的成就，并且获得世界各国和包括联合国秘书长在内的著名人士的认可，所以《中方立场文件》十分强调“2015 年后发展议程”应建立在千年发展目标基础之上，即“2015 年后发展议程”的主干应该保持联合国千年发展目标的主要内容。不仅如此，中国还根据自身实施千年发展目标的成功经验认为：国际社会应在千年发展目标的基础上制定可持续发展目标，同时确

① 刘超：《联合国千年计划主任：中国，全球发展战略成功范例》，《人民日报》2005 年 6 月 29 日。

② 《中国实施千年发展目标进展情况》2013，中华人民共和国外交部网站：http：//www. fmprc. gov. cn/mfa _ chn/zyxw _ 602251/P020130922680037847744. pdf。

③ 新华网：http：//news. xinhuanet. com/video/2010－09/18/c _ 12582390. htm。

保其普遍性和自愿性，并不宜在当前提出优先领域。[①]

### 3. 不论在中国政府的主观上还是在客观实际上中国依然是发展中国家

在2012年11月召开的中国共产党第十八次全国代表大会上通过的大会报告指出："我们必须清醒认识到，我国仍处于并将长期处于社会主义初级阶段的基本国情没有变，人民日益增长的物质文化需要同落后的社会生产之间的矛盾这一社会主要矛盾没有变，我国是世界最大发展中国家的国际地位没有变。"[②] 由于中国共产党是中国的执政党，最新一届党代会的报告就是中国政府执政的纲领性文件。十八大报告明确地将目前的中国定位于"最大的发展中国家"意味着中国政府在主观上依然坚持中国属于发展中国家而不是发达国家，尽管就以国家为单位而言，中国的国内生产总值已经位于世界第二，仅次于超级大国美国。

实际上，中国目前在客观上也确实是发展中国家，这并不在于中国在国际舞台上坚持与发展中国家站在一起，形成所谓的77国集团加中国的局面，而主要是在于直至今日中国的一系列客观发展指标都显示出中国依然还是发展中国家。首先，中国目前尚处于工业化中期。虽然中国社会科学院工业经济研究所2012年10月25日发布的《中国工业化进程报告（1995—2010）》认为，按照汇率—购买力平价法计算，"十五"（2000—2005）、"十一五"（2006—2010）期间，中国已经快速走完了工业化中期阶段，进入"十二五"（2011—2015），中国工业化进程将步入工业化后期，但中国大部分经济学家认为：中国尚处在工业化中期阶段或经济崛起

---

① 《中国驻联合国副代表呼吁在千年发展目标基础上制定可持续发展目标》，国际在线消息：http：//gb.cri.cn/27824/2012/05/23/5951s3695281.htm。

② "坚定不移沿着中国特色社会主义道路前进，为全面建成小康社会而奋斗——胡锦涛在中国共产党第十八次全国代表大会上的报告"，《中国共产党第十八次全国代表大会文件汇编》，人民出版社2012年版，第15页。

的较早阶段。[①] 其次，中国人均 GDP 不仅与发达国家存在巨大差距，而且还低于很多发展中国家。根据国际货币基金组织 2012 年的统计数据，中国的人均 GDP 在全世界排在第 93 位，[②] 这是中国现在并较长时期仍是发展中国家的重要标志之一。第三，中国的教育经费支出也停留在发展中国家的水平上。根据 2009 年的资料，中国的人均公共教育支出为 42 美元，美国为 2684 美元，是中国的 63.9 倍。如果考虑到人口的因素，我们以人均 GDP 来比较，中国人均公共教育支出仅为人均 GDP 收入的 0.82%，美国为 6.10%，是中国的 7.44 倍；日本为 4.28%，韩国为 3.01%；俄罗斯为 1.87%，是中国的 2.28 倍；巴西为 2.29%，是中国的 2.79 倍。所以中国不仅与发达国家有很大差距，即使在金砖四国中，中国的教育投入也排在末位。[③] 最后，中国迄今依然有超过 1 亿处于极端贫困之中的人口（每人每天生活标准不到 1.25 美元）。根据世界银行的统计数据，2009 年中国每天生活标准低于 1.25 美元的人口占总人口的 11.8%。[④] 很难想象一个拥有 1 亿多极端贫困人口的国家不是发展中国家而是发达国家。

中国政府主观上认识到中国依然还是一个发展中大国，以及中国客观上确实也是发展中国家的事实既是导致《中方立场文件》强调“2015 年后发展议程”必须“坚持将消除贫困和促进发展作为 2015 年后发展议程的核心”的主要原因，也是《中方立场文件》认为 2015 年后的国际发展合作必须坚持“共同但有区别的责任”原则的重要立论基础。

---

① 李长久：“最大发展中国家：现实与应对”，《瞭望》2013 年第 14 期。

② 根据维基百科的综合数据，2012 年，IMF 将中国的人均 GDP 排在世界各国的第 93 位；世界银行将中国的人均 GDP 排在第 92 位，而美国中央情报局则将中国的人均 GDP 排在第 98 位。参见：http://en.wikipedia.org/wiki/List_of_countries_by_GDP_(PPP)_per_capita#cite_note—3。

③ 参见凤凰网：http://edu.ifeng.com/news/200911/1130_6978_1456250_2.shtml。

④ 参见世界银行网站：http://povertydata.worldbank.org/poverty/country/CHN。

### 4. 推进国家治理和参与全球治理已成中国内政外交的大势

2013年11月12日中国共产党第十八届中央委员会第三次全体会议通过的《中共中央关于全面深化改革若干重大问题的决定》指出:"全面深化改革的总目标是完善和发展中国特色社会主义制度,推进国家治理体系和治理能力现代化。"[①] 其中有关国家治理体系和治理能力方面的论述十分新颖且切合世界潮流,显示出中国共产党将在领导中国人民推进下一步的全面深化改革中,转变传统单一的自上而下的政府管理(统治)模式,建构新型多元的全方位互动的国家治理体系。"治理是一项将人类行为引向集体行动的社会功能,这样的集体行动能导致对社会有利无害的结局。"[②] 正是出于推进国家治理体系与治理能力现代化的需要,中国未来的改革将围绕"加快社会主义市场经济、民主政治、先进文化、和谐社会、生态文明"而全方位地展开。这也就意味着,中国的发展理念也将随着国家治理的推进而逐渐发生变化,发展问题将不再仅仅是促进经济增长和改善民生那么简单,而是一个全面(comprehensive)、包容(inclusive)、一致(coherent)和可持续(sustainable)的发展过程。

更为重要的是,在全球化不断深化的过程中,作为全球层面的发展中大国,中国不可能仅仅着眼于国家治理而忽视全球治理,因为中国的国内事务与国际或世界事务之间的界限随着全球化的发展与中国的不断融入世界乃至进入全球舞台的中央而渐次地消融。事实也正是如此,在中国共产党的十八大报告中,就已经明确提到中国的外交工作在推动全球治理机制变革方面取得了新的成就,为改革发展争取了有利国际环境,并且指出:"中国将坚持把中国人民利益同各国人民共同利益结合起来,以更加积极

---

① 《中国共产党第十八届中央委员会第三次全体会议文件汇编》,人民出版社2013年版,第18页。

② Magali A. Delmas and Oran R. Young ed., *Governance for the Environment: New Perspectives*, Cambridge University Press, 2009, p. 6.

的姿态参与国际事务，发挥负责任大国作用，共同应对全球性挑战。”①显然从中国共产党的十八大及十八届三中全会的一系列文件中我们已经看到，推进国家治理和参与全球治理已成中国内政外交的大势，而在这样的形势下，中国必然会在2015年后发展议程问题上，关注环境保护、气候变化等一系列与全球治理密切相关的可持续发展问题。这也就是《中方立场文件》会将“促进经济包容性增长”、“全面推进社会进步并改善民生”、“加强生态文明建设，促进可持续发展”均列为2015年后发展议程中的重点领域的重要原因。

## 三、《中方立场文件》对联合国政府间后2015议程谈判的影响

在2013年召开的联合国大会第六十八届会议上，通过了《关于继续推进实现千年发展目标努力的特别会议成果文件》，文件提出：“我们今天决定在大会第六十九届会议开始时启动一项政府间谈判进程，这一进程的目标是通过2015年后发展议程。”② 由此可见，从2014年9月开始，“2015年后发展议程”将在联合国框架下展开正式的政府间谈判，而《中方立场文件》无疑将对这一政府间谈判议程产生重要影响。

迄今联合国系统内在有关“2015年后发展议程”方面出台了一系列文件，其中比较重要且对联合国框架下有关“2015年后发展议程”政府间谈判具有直接影响的文件为：（1）联合国系统后2015发展议程任务小组于2012年6月推出的：《实现我们共同憧憬的未来：给秘书长的报告》；（2）联合国2015年后发展议程高级别名人小组在2013年5月30日提交的报告《新型全球合作关系：通过可持续发展消除贫困并推动经济转型——联合国高级别名人小组2015年后联合国发展议程报告》；（3）2013年7月19日联合国大会可持续发展目标开放工作组共同主席给大会主席

① 《中国共产党第十八次全国代表大会文件汇编》，人民出版社2012年版，第44页。

② 参见联合国网站：http：//www. un. org/zh/documents/view _ doc. asp？symbol＝A/68/L. 4&referer，http：//www. un. org/zh/millenniumgoals/beyond2015－resources. shtml&Lang＝E。

的信以及随信所附的《大会可持续发展目标开放工作组的进展报告》。

从总体上看，《中方立场文件》中的相当部分重要的观点与上述三份联合国系统内报告的某些重要观点是基本相同的。首先，也是最为重要的是，在将消除贫困作为“2015 年后发展议程”的核心方面，《中方立场文件》的观点与联合国系统相关报告的观点几乎完全一致。联合国系统后 2015 发展议程任务小组的报告认为：“考虑到大量的亏失，2015 年后联合国发展议程应当继续重点关注人类发展和消除贫困问题，以此作为所有发展议程的终极目标。”[①] 高级别名人小组的报告则开宗明义地提出：“我们的愿景和责任是在实现可持续发展的情况下消除一切形式的极端贫困，并为所有人构建可保证稳定繁荣的生存基础。”[②] 联合国大会可持续发展目标开放工作组的报告也明确地提出：“消除贫穷仍然是国际社会的总体目标，并应成为关于可持续发展目标提议和 2015 年后联合国发展议程的核心部分。”[③] 所有这些关于消除贫困的提法都与《中方立场文件》就制订 2015 年后发展议程的指导原则所强调的——“坚持将消除贫困和促进发展作为 2015 年后发展议程的核心”几乎完全一致。

其次，在促进 2015 年后发展议程关注和推进可持续发展、包容性增长等方面，《中方立场文件》与联合国系统的相关文件持基本一致的态度。《实现我们共同憧憬的未来：给秘书长的报告》指出：“2015 年后联合国

---

① 联合国系统后 2015 发展议程任务小组：《实现我们共同憧憬的未来：给秘书长的报告》，联合国网站：http：//www. un. org/en/development/desa/policy/untaskteam _ undf/unttreport _ ch. pdf。

② 联合国高级别名人小组：《新型全球合作关系：通过可持续发展消除贫困并推动经济转型》，United Nations Publications，300 E 42nd Street，New York，NY 10017，2013，网站：un. org/publications。

③ 联合国大会可持续发展目标开放工作组：《大会可持续发展目标开放工作组的进展报告》，2013 年 7 月 23 日，A/67/941，http：//www. un. org/zh/documents/view _ doc. asp? symbol=A/67/941。

发展议程的一个愿景，是实现包容的、以人为本、可持续的全球发展。”[①]《新型全球合作关系：通过可持续发展消除贫困并推动经济转型》报告不仅强调必须通过可持续发展来消除贫困，而且认为：“我们要向可持续消费与生产模式迅速转变——利用私营企业的创新、技术以及发展潜力来创造更多的价值并推动可持续发展与包容性增长。”[②]《大会可持续发展目标开放工作组的进展报告》当然更为明确地提出：“我们决心就可持续发展目标建立一个包容、透明的政府间进程；该进程对所有利益攸关方开放，旨在制定有待大会商定的全球可持续发展目标。”[③] 虽然《中方立场文件》坚持2015年后发展议程应建立在千年发展目标基础之上，但是却非常明确地将“加强生态文明建设，促进可持续发展”，以及“促进经济包容性增长”等列为2015年后发展议程的重点领域和优先方向。由此可见，《中方立场文件》对可持续发展在“2015年后发展议程”中的重要地位的认同与联合国的相关文件基本是一致的。

最后，虽然在“2015年后发展议程”的全球伙伴关系及国际发展合作问题上，中国作为最大的发展中国家与发达国家的地位和作用有很大的差别，但是在强调全球发展伙伴关系方面需要坚持“共同但有区别的责任”原则且南北合作仍然是核心的同时，《中方立场文件》承诺南南合作是南北合作的有益补充，并且“发展中国家应继续加强南南合作，团结互助，共谋发展”。[④] 这意味着中国在全球伙伴关系方面赞同发达国家与发展中国家应当加强团结，相互信任，并且共同承担责任，虽然所承担的责任有大有小。显然这种看法与联合国系统相关文件的看法有相当的契合之处。比如后2015发展议程任务小组认为：“全球伙伴关系需要包括北南合

---

① 联合国系统后2015发展议程任务小组：《实现我们共同憧憬的未来：给秘书长的报告》。

② 联合国高级别名人小组：《新型全球合作关系：通过可持续发展消除贫困并推动经济转型》。

③ 联合国大会可持续发展目标开放工作组：《大会可持续发展目标开放工作组的进展报告》。

④ 《2015年后发展议程中方立场文件》。

作、南南合作以及三角合作。我们应当以透明的方式、在与推定受益人的共同协作下、根据一个清晰的监测和相互问责框架建立新的伙伴关系——是包括北南合作、南南合作以及三角合作……”[①] 而高级别名人小组也指出：或许打造新型的全球合作关系最为重要的改革就是向着团结、合作与互信进行新的思想精神的转变。[②] 同样，可持续发展目标开放工作组认为：国际社会面临的可持续发展挑战难以解决，除非所有国家，无论是发达国家还是发展中国家，开展合作并承诺采取行动。[③]

毫无疑问，《中方立场文件》与联合国系统相关文件在上述重大问题上的相互一致，对2014年9月开始的联合国“2015年后发展议程”政府间谈判具有正面的促进作用。另一方面，中国政府透过《中方立场文件》所表述的上述重要观点与欧盟委员会推出的政策文件《为所有人过上体面的生活——终结贫困并给予世界以可持续发展的未来》,[④] 由欧盟资助并由欧洲著名发展问题智库海外发展研究所（ODI）、德国发展研究所（DIE）和欧洲发展政策管理中心（ECDPM）共同撰写的2013年《欧洲发展报告——2015年后：采取全球行动，共创包容且可持续的未来社

---

① 联合国系统后2015发展议程任务小组：《实现我们共同憧憬的未来：给秘书长的报告》。

② 联合国高级别名人小组：《新型全球合作关系：通过可持续发展消除贫困并推动经济转型》。

③ 联合国大会可持续发展目标开放工作组：《大会可持续发展目标开放工作组的进展报告》。

④ European Union Commission, The Commission to The European Parliament, The Council, The European Economic and Social Committee and The Committee of The Regions: “A Decent Life for All: Ending poverty and giving the world a sustainable”，此文件已得到欧盟理事会的批准，参见：Council of European Union, “The Overarching Post 2015 Agenda-Council conclusions”, *GE _ ERAL AFFAIRS Council meeting*, *Luxembourg*, *25 June 2013* 参见：Council of European Union, “The Overarching Post 2015 Agenda-Council conclusions”, *GE _ ERAL AFFAIRS Council meeting*, *Luxembourg*, *25 June 2013*. http: //www. eu-un. europa. eu/articles/en/article _ 13692 _ en. htm。

会》，以及颇具影响力的可持续发展解决网络的报告《为可持续发展设立的行动议程：给联合国秘书长的报告》等所提出的相关观点也基本相似。这一切意味着，在2015年后发展议程的制订方面中国与国际社会已经有了相当多的共识，联合国“2015年后发展议程”的政府间谈判因此也已经存在一定的共同基础。

然而，不可否认的是，《中方立场文件》中的相当部分观点与当前国际社会的一些看法，其中包括与联合国系统相关报告中的某些立场也有明显的差异。比如《中方立场文件》坚持“2015年后发展议程应建立在千年发展目标基础之上”；坚持“要尊重各国对本国发展战略和目标的自主权，由各国自主选择适合本国国情的发展模式和发展道路”；坚持“避免议程内容过多过杂而偏离发展主题”等。[①] 这在很大程度上意味着：《中方立场文件》一是不赞同在“2015年后发展议程”的制定过程中用可持续发展目标取代千年发展目标，甚至对将两者合二为一都持相当的保留态度；二是反对将所谓普世的“人权、民主和善政”放入“2015年后发展议程”；三是不认为政治与安全问题有必要与“2015年后发展议程”相联系。与之形成对照的是，联合国系统的相关报告、欧盟的政策文件、欧洲发展报告等却与中方在这些问题上的立场有很大的不同。

虽然联合国系统后2015发展议程任务小组的报告认为“一个建立在有切实的最终目的和具体目标基础上的议程形式是千年发展目标框架的一个强项，应当予以保留。”但是该报告更为注重“需要通过一个考虑到四个关键方面的更加全面的办法——（1）包容性的社会发展；（2）包容性的经济发展；（3）环境可持续性；（4）和平与安全——来整合（新的发展议程）”。[②] 名人小组的报告则提出：“2015年后发展议程是一项普遍性议

① 《2015年后发展议程中方立场文件》。

② 联合国系统后2015发展议程任务小组：《实现我们共同憧憬的未来：给秘书长的报告》。

程，它需要由五项重大变革来推动实现。”[①] 而可持续发展目标开放工作组的报告也明确指出：“关于2015年后发展议程的讨论正在进行，可持续发展目标的工作是其中一部分。2015年后联合国发展的单一框架得到广泛支持，该框架包含一组目标，这些目标普遍适用于所有国家，又可根据各国的不同国情和优先目标作出调整。”[②] 欧盟理事会在对欧盟委员会的政策文件《为所有人过上体面的生活——终结贫困并给予世界以可持续发展的未来》作出通过的决议时也指出：“理事会强调需要整合相关的国际进程，其中特别需要将对千年发展目标的评价工作与开放工作组对可持续发展目标的计划整合为一个一致性的过程。”[③]

十分明显，《中方立场文件》中所存在的那些与联合国系统相关报告以及欧盟政策文件等不同的立场，会对未来联合国内部通过政府间谈判制定“2015年后发展议程”产生重要的影响，因为中国在当今国际社会中的地位日益重要，中国在国际发展合作方面的影响力也正在不断地增强。作为全球最大的发展中国家，中国在“2015年后发展议程”上与联合国、欧盟以及跨国公民社会等存在着分歧，预示着未来联合国内相关的政府间谈判将不会一帆风顺，而是面临着相当大的挑战。正因为如此，在联合国准备启动“2015年后发展议程”政府间谈判时，国际社会应该十分关注这一系列挑战，并且需要认真地应对。然而，问题的关键似乎在于包括中国在内的联合国会员国、联合国本身，以及欧盟等重要的区域国际政府间组织，乃至全球公民社会是否对此已经在做必要的准备？

---

① 联合国高级别名人小组：《新型全球合作关系：通过可持续发展消除贫困并推动经济转型》。

② 联合国大会可持续发展目标开放工作组：《大会可持续发展目标开放工作组的进展报告》。

③ Council of European Union, “The Overarching Post 2015 Agenda-Council conclusions”, *General Affairs Council meeting*, *Luxembourg*, *25 June 2013*. 参见：Council of European Union, “The Overarching Post 2015 Agenda-Council conclusions”, *GE _ ERAL AFFAIRS Council meeting*, *Luxembourg*, *25 June 2013*. http://www.eu-un.europa.eu/articles/en/article _ 13692 _ en.htm.

# 小 结

Chee Yoke Ling *

讨论会之七讨论了联合国正在开展的两个进程：一是关于可持续发展目标的开放式工作组政府间进程，这是 2012 年 6 月“里约＋20”峰会的结果；二是联合国秘书长和其他实体关于 2015 年后发展议程作出的努力，这方面的政府间进程于 2014 年 9 月开始，在 2015 年的发展峰会上达到高潮。

座谈小组的三位成员交流了中国的国内经验和 2015 年后进程。

联合国秘书长潘基文的特别顾问阿明娜·穆罕默德女士讨论了 2015 年后发展议程，强调了 2015 年后全球治理的重要性，并且指出，千年发展目标不会作为“遗留事务”丢下不管。她特别提到，考虑到当今世界的复杂程度，需要“里约＋20”峰会达成的三个支柱作为可持续发展的广泛框架。在制定全球发展议程的同时，也在加紧着手准备一项脱贫议程（不仅仅针对绝对贫困）。气候变化议程也得到强调，还有合作伙伴关系（南北关系非常重要，还有其他合作伙伴关系作为其补充）、消费和生产。

强调各成员国要把联合国议程当作自己的事情，可持续发展目标的开放式工作组、资助可持续发展专家组（里约＋20 峰会的另一项结果）以及其他进程一起构成 2015 年后议程的基础。

详尽阐述了六个问题：一是普适性；二是可持续发展（其三个层面和脱贫是最重要的目标，确认不能一刀切，而是共同但有区别的责任）；三是需要针对就业、投资等方面的规模性经济变革，超越试点项目；四是贯彻执行的手段；五是治理；六是“符合目的”（国家和联合国都是如此，

---

* Chee Yoke Ling，第三世界网络主任。

单单制定目标是不够的)。

强调了政治意愿，因为 2015 年后议程没有法律约束。

南方中心主任马丁·霍尔先生着重讨论了联合国两个进程（可持续发展目标的开放式工作组和 2015 年后）各自的附加值以及联合国能够发挥的作用。首先，联合国提供的各种论坛在讨论过程中凸显不同国家和公民社会的视角，这样可以给国家进程（目标和贯彻执行最终要靠国家进程）和经验分享增添附加值。第二，联合国是南北合作实施可持续发展的最好场所，包括获取援助、技术转让、发达国家承诺考虑发展中国家的利益（前者制定政策对后者有重大影响时，例如金融自由化)。联合国的重要作用还在于评审在联合国以外制定的全球规则，这些规则可能阻碍可持续发展目标和发展议程，并要求有一个支持发展的框架，包括在财政、援助、贸易、债务、知识产权等领域。这还需要民主框架，联合国就可以提供。如果没有联合国的这些元素，就会出现劣势。比如，联合国和各成员国可能接受一套新的国际义务，提高了公众的期望值，却没有给发展中国家留下政策空间或执行手段来实现这些义务。

强调了在确定具体目标时要结合国际因素和执行手段。印度在采取食品安全措施时遇到障碍，这些措施被质疑违反了世贸组织现有规则，这个例子说明审议全球规则的重要性。

中国联合国协会的张小安女士交流了一些对公民社会的看法，聚焦与联合国开发计划署联合召集的有关 2015 年后发展议程的国家磋商，这是由联合国开发计划署承担的将近 100 个国家级磋商的一部分。主题是减缓贫困、教育、环境、健康、妇女和国际合作，有 18 项建议被 170 多个参与者采纳。

中国 21 世纪议程管理中心的彭斯震博士讨论了中国的 21 世纪可持续发展议程，强调了中国五年发展计划逐渐采纳可持续发展概念的重要性。“生态文明”将成为第 13 和第 14 个五年计划（2016 年开始）的一个亮点。

中国比 2015 目标年早了 7 年实现贫困减半的千年发展目标，但还有障碍和缺点，特别是在社会和环境方面国内各地区还不平衡。贫困依然是一个严重问题。增长质量、可再生能源、能源消费管理以及提升研发水平都是突出问题。

上海国际问题研究院的叶江博士介绍了中国于2013年9月22日宣布的关于2015年后发展议程的立场：

• 必须以千年发展目标为基础，突出脱贫。

• 必须尊重各国主权以及各国发展模式多样化。

• 应该侧重于社会、经济和环境方面，这一点反映了中共十八届三中全会的承诺，表明国内议程和全球议程的紧密联系。

• 高度重视共同但又区别责任的原则，这对未来合作伙伴关系和可持续发展很有意义。

• 南北合作应该作为主杠杆，南南合作作为补充。北方应该提供更多的公共货物。新兴的南方国家应该承担更多责任，但北方仍然应承担主要责任。

强调了中国可以从千年发展目标过渡到可持续发展，政府的立场反映了中国仍然是一个发展中国家，这与77国集团的立场一致。即使没有2015年后议程，中国也会贯彻执行可持续发展的三个目标。中国愿意成为2015年后政府讨论的重要部分，还会交流其国内经验。

讨论中一位与会者强调，千年发展目标普遍适用，即也适用于富国的目标。

座谈小组的一个成员也指出，虽然目标很明白易懂，但很难用目标形式概括像金融和大宗商品危机一类的复杂形势。如果联合国要成为解决更加系统化问题的论坛，那么单单一套规则是不够的。

座谈小组另一个成员指出，各国如果把议程当作自己份内的事情，就会产生政治意愿，可以探索把联合国作为一个汇报论坛，富国的问责制框架必须清楚。提出了多方利益相关者进程中的两个新参与者——企业和议会。还指出77国集团和中国已经发出一个清晰的信号，即如果没有执行手段，则发展框架的存在没有任何价值。

# 公私伙伴关系与全球普遍可持续发展的未来

## 背景

在过去的15年间，联合国意识到：让所有成员国投入到应对新的全球性挑战中是非常重要的。在这一时期，全球化进程加速，世界各国的相互联系比以往任何时候都更加深入，但是一个相互关联的世界并不意味着更为统一的世界。全球性的活动以往是政府与外交独一无二的领域，如今成为它们与非政府组织和私营机构的共享舞台。联合国意识到有效地与商界和个体慈善机构携手共建是非常必要的。

个体在全球事务中发挥作用有一个标志性事件，即1997年特纳（Turner）许诺提供10亿元与联合国展开合作，资助联合国千年发展目标中的核心领域。这一合作证明，联合国系统——联合国秘书处、专门机构、各类项目与基金——都可以根据商界的标准灵活地开展相应活动，包括满足私人机构的需要而实施的监控与工作汇报。其他公共机构与私人机构之间的合作此后也随之开展。

私人机构在联合国事务中发挥日益重要作用的另外一个重要进展是达成了《联合国全球契约》（UN Global Compact），它要求公司遵守一些普遍的原则。许多公司都认识到与政府、慈善机构、金融机构、民间组织和联合国开展合作、形成伙伴的重要性。

其他一些倡议来自于各类非政府组织，它越来越认识到，需要将自己的成功与联合国的目标和关注领域紧密联系在一起，如此也会在联合国经济及社会理事会中享有咨商地位。世界各地的学术与研究机构现在也寻求与联合国的密切合作。

## 联合国面临的挑战

很显然，公共资源在日益缩减，无法满足未来人们在和平与安全中享有繁荣生活的需要。全球伙伴需要跨领域开展，跨领域有效的解决方案需要新的资金和行动支持。

商界是全球化的重要推动力量，并且能确保市场、商务、技术和金融发展以有利于各地经济和社会的方式进行。金融机构对如何在新兴市场中发挥作用产生了浓厚兴趣。如何提供一个以市场为导向的框架以应对发展挑战是 21 世纪面临的挑战。

经济发展、充分就业、能源、疾病和气候等等，所有问题的解决需要商界、慈善机构、金融机构和非政府组织的参与。联合国需要促进和确定新的合作和联盟以推动成员国勾勒的议程，并支持秘书长提出的新倡议。这些都将推动上述挑战的解决。

## 研讨目标与成果

△回顾联合国与非国家行为体之间的关系；

△讨论21世纪联合国开展这些不同类型合作的优势和局限；

△讨论有哪些新途径可以鼓励知识的共享，并将私人机构的资源融入联合国的全球议程；

△为支持联合国工作，请为中国勾画在国内寻求核心领域与合作伙伴的方案。

# 一、联合国与公私伙伴关系的发展

Sergio Balibrea*

公私伙伴关系的最初构想涉及公共部门当局和私营当事人之间签订的合同，私营部门根据合同提供公共服务或项目，并承担一些风险。例如，一家公司建造公路，然后通过征收车辆通行费得到收益，或者开发电网，征收有限的用户使用费，再加上补贴拨款。

公私伙伴关系最初是用来提供公共服务的，但这个概念已经经历了很多变化。座谈小组其他成员会就这方面提供更多细节，我想侧重谈谈公私伙伴关系在联合国的发展情况。

在联合国背景下，公私伙伴关系涵盖的情况更加多，范围也广泛得多。联大各种决议里提到公私伙伴关系，最近的是2013年10月A/68/326号决议，提出了这样一个定义："公私伙伴关系是各当事人（公共和非公共）之间自愿和合作的关系，所有参与者同意携手实现一个共同目标

---

* Sergio Balibrea，世界知识产权组织总干事办公室会议部主任。

或承担一项具体任务，并商定分担风险和责任，共享资源和收益”。“非公共当事人”一般是指私营公司和商业协会、非政府组织、慈善机构和个人。

20世纪90年代末，联合国开始试验公私伙伴关系。当时，私人部门和其他利益相关者日益成为积极合作伙伴，作为对政府行动的补充，支持联合国实现其目标。

2000年，秘书长发起了“联合国全球契约”，这是一个针对致力于可持续性和负责任商业行为企业的政策平台和务实框架。这个多利益相关者领导力计划旨在把企业运营和战略同人权、劳工、环境和反腐败等方面的十大普适原则结合起来，促进支持联合国广泛目标的行动。145个国家的8000个企业签署了这个世界最大的企业可持续性自愿行动。

但是，根据联合国全球契约最近一项调查，67％的首席执行官仍认为，企业在应对全球可持续性挑战方面做得还不够。另外，接受调查的首席执行官中有78％认为，可持续性是通向增长和创新的途径；79％认为，这会带来行业竞争优势；84％认为，企业应该带头应对可持续性挑战；93％认为，环境、社会和治理问题对其企业的未来具有重要意义。

事实上，企业确实希望与联合国有更多接触，其原因是多种多样的。有些企业可能是因为来自消费者、利益相关者或员工的压力，要推出自己的企业社会责任原则，或者受到政府政策（例如税收优惠）的鼓励，或者意识到可持续发展对企业有好处，或者其首席执行官受到像比尔·盖茨等“变革领袖”榜样的鼓舞。关键是既然有这种需求，就要加以引导。

企业对联合国的承诺从无到有，不断增长，不断丰富。如今，私营部门的贡献有各种各样的形式。

简单的是出钱支持联合国项目。企业可以认领某些针对员工或消费者的特定项目，包括配对捐款数额，以此加大贡献，这有助于企业向员工和消费者显示其对人道主义援助的承诺。例如帮宝适（Pampers）举办了“1帮1贫困儿童关爱计划”活动，保洁公司成为联合国儿童基金会的合作伙伴，捐献疫苗用款，帮宝适产品包装上印有联合国儿童基金会的标志（加上该机构不赞助产品的免责声明）。活动的结果是为全球提供了2亿份破伤风疫苗。

也可以用上游或下游方法。例如，联合国人道主义援助的核心就是这种合作伙伴关系，通过联大建立的中央应急基金（CERF），对受到自然灾害和武装冲突影响的地区提供更为迅速的人道主义援助。

上游方法：基金收到私营部门、基金会和个人的捐款，汇集成一笔储备金用以支持人道主义行动。中央应急基金经常在灾后第一个到达灾区，因为基金处于备用状态，随时可用。下游方法：中央应急基金可通过现场的非政府组织和公民社会机构使用资金。

除了捐款以外，还有其他形式的公私伙伴关系，在捐助者的专长领域内提供服务。企业也可以辅助能够接受此类资源的联合国高度专业化的技术人员。

公私伙伴关系的形式还包括提供自愿的公共承诺或赞助来支持联合国的目标和议题，为可持续发展目标作出具体业绩。承诺可以用公共宣传加以配合。在2012全球契约峰会上，各方同意让承诺来推进一个或多个联合国目标/议题，包括有时间约束、可以度量进展的目标，包括一个公共宣传协议，在整个期间每年公布实施承诺的进展。

联合国背景下还有一种公私伙伴关系，就是有助于实现联合国使命的联合项目或伙伴关系，特别是千年发展目标行动网络或议题平台。2013年9月启动了三个新的企业支持议题平台，侧重于教育、农业与和平，补充已有的针对儿童权利、妇女赋权、气候和能源、水和反腐败等方面的联合国全球契约平台。

例如，其中之一是“关注气候”行动计划，由联合国环境项目、联合国气候变化框架公约秘书处以及联合国全球契约三者组成，旨在推动企业在应对气候变化方面发挥作用。启动这一计划的目的是动员足够数量的企业负责人实施气候变化解决方案并帮助塑造国际公共政策。赞助这项计划的首席行政官们按计划制定目标，开发并扩展战略和实践，按照他们对联合国全球契约框架（即沟通进展——气候）作出的披露承诺向公众披露排放量情况。来自65个国家的将近400个企业赞助了“关注气候”行动计划。

其他类似的行动计划包括“人人享有可持续能源”、“每个妇女，每个儿童”、“全球教育第一”、“零饥饿挑战”以及“全球脉动”等。

我们世界知识产权组织（WIPO）最近启动了两个公私伙伴关系平台，分别为“WIPO探索”和“WIPO绿色”，对两个千年发展目标公共健康和环境作出承诺。

WIPO探索提供药学化合物、技术，以及更重要的研发诀窍和数据等方面的知识产权服务，用于诊治被忽视的热带疾病、肺结核和疟疾。WIPO探索是一个可供检索的公共数据库，提供知识产权资产和资源，推动新型合作伙伴关系支持各种组织开展研究，诊治被忽视的热带疾病，最终帮助那些最需要帮助的人们改善生活。在WIPO探索数据库以外检索更多资料要通过合作中心，中心提供许可和研究合作机会、联网选择以及一些潜在筹资渠道。有关许可协议和预先安排（保密和其他协议）的所有后续讨论在供应商和潜在客户之间直接展开，世界知识产权组织和合作中心管理员根据情况提供便利和支持。

WIPO绿色是一个由世界知识产权组织管理的互动市场，把技术和服务供应商与寻求创新解决方案的人结合到一起，以此推动绿色技术的创新和普及。WIPO绿色在线数据库和网络聚集了绿色技术创新价值链内的各方面力量，把拥有新技术的业主和从事绿色技术商业化、许可使用或以其他方式利用或传播绿色技术的个人和组织联合在一起。WIPO绿色的独特性在于它把处于不同研发阶段的技术整合到一起，从上游研究一直到适销产品。这些技术可供许可使用、合作、合资经营以及销售。WIPO绿色市场通过推动技能和技术共享来加速技术创新和转让。

这些高级别和深层次公私伙伴关系行动计划应着眼于最终发展成为变革性合作伙伴关系，解决系统性问题，聚拢合适的利益相关者，利用所有合作伙伴的核心竞争力，营造达到规模和持久影响的能力。

捐款很简单，可以根据影响企业的其他因素比较方便地进行调整。更加复杂的承诺就不一样了，可能会影响到企业的竞争力。因此，作出承诺的企业还需要公共行动来激励和回报可持续性行动计划。

企业在加大承诺时遇到的一些挑战实际上就是没有把可持续性充分对

接到企业价值、消费者对价格的看重、投资者有限的压力，或者政府在提供有利环境（例如，支持绿色增长的更明确政策和市场信号）方面的不足。对于后者，企业认为，应该优先考虑的一些政策工具是法规标准、补贴、奖励或税收。

根据一些领先企业最近的说法，“首席执行官们最初的乐观情绪已转变为这样一种看法，即市场结构和奖励机制的约束使他们无法将可持续性放在企业的核心位置”，“首席执行官们显然感到失望，市场没有像他们3年前希望的那样接过可持续性的理念，他们想看到政府作出更多努力来创造一个有利环境。但是，好消息是，他们对企业在驱动可持续性方面的作用还没有失去信心。”

联合国很多机构、基金和计划项目已经指定了私营部门重点，他们以各种方式和私营部门合作，从募款到战略伙伴关系。有一个覆盖全系统的联合国私营部门焦点网络提供一个框架，用于共享信息、经验和知识，推出与私营部门合作的工作准则，倡导私营部门战略性地参与联合国的工作。

“联合国和企业社区的合作准则”旨在帮助联合国职员在联合国和私营部门之间开发更多的合作伙伴关系，同时确保联合国的诚信度和独立性。准则是联合国系统内所有组织与私营部门合作的共用框架，鼓励各机构、基金和计划项目根据自己内部流程情况运用准则。

讲到最近的新发展，不得不提到在里约＋20联合国可持续发展会议（2012年6月，里约热内卢）框架中举行的企业可持续性论坛。

企业可持续性论坛的目的是突出宣传企业可持续性实践和行动计划，表彰私营部门参与可持续发展方面的创新和合作。该论坛还用于提升这些行动计划以及与私营部门在可持续发展方面的合作伙伴关系，成为各个企业、多家公司以及公私伙伴关系启动新活动、资源和承诺的平台。

企业可持续性论坛在4天里举行了大约120场专题讨论会，针对与里约＋20议程有关的6个主题：能源和气候、水和生态系统、农业和粮食、社会发展、城镇化和城市，以及可持续发展的经济和金融。

大约1500名与会者针对所有主题明确了最有希望的企业行动和承诺，

提出了政府行动建议以帮助提高全球企业可持续性的规模和质量，包括对可持续发展目标的大力支持。

联合国秘书长本人承诺提升联合国在更广泛问题领域里参与变革性多利益相关者合作伙伴关系的能力，创建一个新的联合国合作伙伴关系设施，由全球契约领先企业工作组提供支持，涉及全球最大的一些公司企业。

里约+20成果文件《我们想要的未来》具体提到要鼓励联合国在贯彻可持续发展方面通过公私伙伴关系或企业社会责任等方式充分与私营部门合作，尤其是：

“我们认识到，贯彻可持续发展将取决于公共和私营部门二者的积极参与。我们确认，私营部门的积极参与有助于可持续发展的实现，包括通过公私伙伴关系这一重要工具。我们支持鼓励企业和产业重视企业社会责任、推进可持续发展行动计划的国家监管和政策框架。我们号召私营部门加入负责任的企业实践，例如联合国社会契约倡导的那些实践。”（第46段）

一年之后，2013年9月，联合国全球契约领导人峰会在2015年后发展议程框架中推出了一个新的全球企业可持续性架构，让企业更好地在从未有过的层面上参与解决全球优先课题，例如气候变化、水、粮食、平等、体面就业以及教育。

最近的一项发展是，联大在2013年10月通过一项决议，题为“走向全球合作伙伴关系：加强联合国与所有相关伙伴合作的原则途径”，决议内容包括：

“欢迎秘书长有意改进联合国和包括私营部门之内所有相关伙伴的合作，加强联合国系统的能力，以便通过合作伙伴关系取得更多的成果，同时确认继续与成员国保持磋商的重要性。”

“希望联合国系统在考虑合作伙伴关系时努力以更加连贯的方式与包括中小型企业在内的私营部门实体合作，这些企业实体应支持体现在联合国宪章以及其他有关公约和条约中的联合国核心价值观，并遵守联合国全球契约的原则，将这些原则转化为企业运营政策、行为准则，以及管理、监控和报告系统。”

“鼓励联合国系统继续为其参与其中的各种合作伙伴关系开发一种具有共同性和系统性的途径，更加侧重透明度、连贯性、影响力、问责制和尽职尽责，而又不使合作伙伴关系协议过于刻板僵硬。”

## 结　论

企业和其他利益相关者确实需要通过公私伙伴关系更多地与联合国合作。这是一种双赢安排，联合国多年来接受公民社会对联合国原则的承诺，作为对政府行动的补充。私营部门逐渐变成积极支持联合国实现目标的合作伙伴，公私伙伴关系这些年来得到了加强和丰富。

2015 年后发展议程框架中新的全球企业可持续性架构应该能使联合国继续指导所有相关各方包括私营部门更好地为实现全球优先目标作出贡献。

# 二、“和文化”与世界的发展

王　戈*

来大会之前我专门为这次大会创作了一首“和文化之歌”，（MV）马上放给大家，然后我再讲。

这个歌词是我为“和文化”的使者——全球人民爱戴的南非领导人曼德拉总统以及爱好和平的同仁们写的，通过联合国及联合国这次会议传递一种“和平”的精神。

---

* 王戈，中国和文化研究院院长。

“和文化之歌”（MV）的歌词是：“你是和平的承载，你是和谐的存在，你是同源复制的‘和’脉，你是和文化的存在。‘和’是宇宙的核心规律，它是物质和精神统一之上的最高境界。和文化是平等的源头，万物并育而不相害。互助、智慧、博爱主导了人类文明的和而不同。文化复兴。民族梦，人类梦。璀璨明天祥和未来”。

歌曲的核心内容是在平等基础上的互助、智慧、博爱，这是人类文明最原始的三个原点关系。从社会学来讲，一个是人类的社会适应，一个是人类的社会属性。首先是人类的生物适应，其次是人类的人文适应。什么是人类的生物适应呢？是人类最早的运动使大脑活跃脑量增加。什么是人类的人文适应呢？人类最早使用工具，使用火。比如说：东方人用手使用筷子和西方人用手使用刀叉，就是人类手指功能的延伸。什么是人类的社会属性呢？就是人类群居的社会属性。一是人类运动使大脑活跃脑量增加，形成人类大脑最早的信息交换，从而人类产生了逻辑关系。二是群居使人类形成互助关系，才有人类的帮助。三是人类由于群居，人与人之间形成了同情心，所以才有情感，从而产生了爱，才有了博爱。互助、博爱、智慧在平等的基础上，才真正给人类指出了一个方向，一个和平发展的规律，它本身是存在的，它是物质和精神统一之上的最高境界。我觉得在全球合作—公私合营，首先要有战略，就是理论，有了理论才会走得很远。

我写了一本书《On The Culture of Harmony》，2011 年在美国出版，同年在中国出版，书中阐述了全球和平发展道路当中的一个共通的文化，共同价值观：

#### 1. “和文化”的起源

“和”是全息宇宙中最核心的规律，它长期普遍地影响、决定宇宙万物的命运。大自然是如此，生命是如此，非生物也是如此。大自然、生命、非生物都受“和”力量支配，因此我们所见的宇宙与自然才呈现出非凡的和谐与秩序，万物才能在其中生生不息，运行不悖。

### 2. “和文化”的物质基础

“春种秋收”，从种下种子开始，到收获果实结束，这是植物的全息同源复制。人一生一死，是人生的全息同源复制。我们再看人体大脑，它统率着五脏六腑，四肢血脉纵横交叉，井然有序。当我们返观内视时，不能不感到这俨然就是一个社会。从现实中我们可以发现这个道理：一切社会化的事物，如信息产业、交通运输业、互联网络等，都是人体内潜在的社会系统的一种显化适应，是个体需要的社会化。如果人体内部潜在的社会没有这些需要，社会上就绝不会产生出那些社会化的东西。从这个意义上说，社会系统是全息同源复制人体小社会的必然结果。这是“和文化”的物质基础。

### 3. “和文化”的精神基础

“和文化”的精神基础是精神同源复制与唤醒，即人类在长期的进化过程中以一种全息的形式迅速复制了人类已获得的各种信息潜能并将其唤醒。因为在生活中我们不能事事体验，而且并不是事事都能够体验的。那么婴儿是怎样理解那些无法用动作来表达的东西呢？既然很多东西是无法言传的，婴儿是怎样意会并且又是如何获得意会能力的呢？科学界认为：在人的大脑中存在着人类初始遗传的意会全息同源结构。关于这一点，科学家们曾做了实验，把婴儿与黑猩猩的幼儿一起培养教育，黑猩猩的幼儿无论如何也学不会人类特有的语言与无法言说的意会，只能懂得几个固定化或程序化的暗示，而人类的婴儿在成长中很容易接受这些。就是说，人类的这种意会结构是在长期的精神同源复制与唤醒过程中形成的，它是在物质世界中到处存在的信息全息共振的基础上发展起来的，是信息全息精神同源复制与唤醒共振在生物体上的内化。生命从一开始就对各种自然环境有着同源信息的唤醒与体验，以至逐渐内化到遗传基因里，形成与这种环境相适应的全息结构，从而能够对这种自然环境加以识别。我们可以知道人类的意会全息结构是同一的，每一个个体的意会同源复制结构都是人类唤醒的结果，因此它是人类智力唤醒的一个全息元。

从横向的方面说，作为宇宙核心规律的“和”与人类“和文化”在精神上存在全息关系，它并不是抽象地凌驾于人类之上的东西，而是具体地存在于人类文化精神之中。实质上，它是人类文化精神之间全息协同作用所形成的总趋向。因此，“和”实质上已经潜在于人类文化精神之中，并且在人类文化精神的全息协同作用中显现出来。同时，“和”又反过来在人类中留下自己的精神同源复制，从而使人类文化精神又成为“和”的缩影，故称之为“和文化”。人类“和文化”都以精神同源复制与唤醒的方式分享着宇宙核心规律的“和”，但人类每一个独立的人与宇宙核心规律的“和”的全息形态是不同的，故为“和而不同”。

4. **人类文明中的“和文化”**

物质变精神，精神变物质，这在今天已成为常识，但当我们从全息物质—精神同源复制与唤醒的观点来加以考察时，又发现它们有新的更深刻的含义。物质和精神是相互区别、相互联系和相互转化的，当人们从精神—物质、全息物质—精神同源复制与唤醒的角度把握了物质世界时，物质即变为精神，这就是通常所说的精神是物质世界的反映。但精神不是消极地、而是积极能动地反映物质世界，在一定条件下，精神能够对物质世界的发展起巨大的作用。

高楼大厦是对建筑师设想的全息同源复制与唤醒的重演，万吨巨轮按人们的意志在海上遨游，航天飞机架起天空和大地的“桥梁”，电脑操纵着“活”的机器人……这一切人工产物、人工世界的乐园，都是物质—精神同源复制与唤醒精神的结果，是精神的物化。

至此，我们可以这样来表述全息物质—精神同源复制与唤醒：物质与精神的同源复制与唤醒是相互的，人工世界既是人类精神外化的结果，又是物质世界全息物质—精神同源复制与唤醒人类精神的结果。正是物质对精神的全息同源复制与唤醒造成了主观世界和人工客观世界的全息同构。

“和”是以全息宇宙核心规律的形式投射到人类文明进程中的，对于这一点，古人早就深刻地意识到了。他们提出“天地大宇宙，人体小宇宙”的思想观。沙粒中的原子宙是全息的，因此我们可以由此及彼推知事物。社会系统不过是人自身系统的外化形式。人类通过宇宙全息同源复制与唤醒，发现了事物发展的一般规律，发现了精神世界如何与物质世界统一起来以及它们之间的互相作用力。

因此，从本质上说，人和万物均为独立个体，平等地存在于宇宙空间，理应尊崇“与天和、与地和、与人和、与大自然和谐共生共荣”的原则。对于这个理论，首先我觉得这是人类共同的价值取向，就是价值观，所以人类是一个大概念。人类的 DNA 是相同的。同时人类一定是有共同价值趋向的。人类本身就是善于学习的，他要把控自己环境的学习，另外一点人类要关注周围，首先关注你的亲属，比如你的父母，你的妻子，你的儿子，然后关注你的朋友，关注你的同事，只要对这个“和文化”有一点深层次的思考，就会做到文化自觉。全人类 2500 多个民族，超过 1 个亿以上的民族有 7 个，超过 1 千万的有 60 个，超过 100 万的有 102 个，167 个民族占全人类人数的 96％以上，其它少于 4％的两千多个是濒危民族，这个濒危民族是我们要关注的。语言是文化的载体，没有语言是没有文化的，所以语言生态、文化生态是我们人类生态的具体体现。这两千多个民族我们是一定要帮助的，只有民族是世界的才会真正成为实际意义的。

第二点，我从联盟的角度看全球，觉得欧盟 27 个国家取消了海关，国家有界无疆，打开了和平的第一步。那么非盟、阿盟、东盟等也应形成全球和平联盟。全球应该有一个文化的共同点，也就是人类共性所产生的共同价值观。

“和”是人类的大势所趋，势在必行，因势利导，顺势而为，势在必和。从“和文化”的角度大家应该相互尊重、相互对话、相互融合、相互吸收，在平等基础上的互助、智慧、博爱形成全球和平一体化——和平共同体。

## 三、公私伙伴关系的项目实践与案例分析

Philip Tissot*

今天很荣幸和大家在一起分享公私伙伴关系方面的一些经验。作为一名英国前外交官，我经常接触公私伙伴关系项目的概念。我在香港担任英国贸易专员时，有几个珠江三角洲基础设施项目用公私伙伴关系模式包给了英国和国际财团。我在日内瓦担任英国驻联合国和其他国际组织代表时，花了不少时间试图劝说联合国考虑用公私伙伴关系模式为万国宫部分翻修项目提供创新融资方式。

但还是让我从头讲起吧。全世界各国政府面临的一个重大挑战是需要提供各种各样更好的服务，包括交通、电能、废物处理、供水和卫生、健康和教育等等。随着经济恢复增长，随着人口老化，对这些服务的需求日益增长。但是，在很多国家，很大一部分基础设施多少年来缺乏经常和充分的投资。改进基础设施需要新的投资，但各国政府必须严格控制财政支出，并保持税收低水平。

一种选择是把这些基础设施的所有责任都转嫁给私营部门，但在大部分情况下可能行不通，例如市场条件不吸引人，或出于越来越多的社会或国家安全的考虑，这么做不太合适。因此，很多国家的政府越来越趋向于走一条中间道路，就是把国家管控和保护公共部门的优势与私营部门金融、管理和创新技术的优势结合起来。这条中间道路就叫公私伙伴关系，是目前全世界都在采用的模式。但是，即使广泛采用，这种关系还是没有清楚地定义。公共和私营两个部门都应该真正搞懂这种关系，这一点很重要。

---

* Philip Tissot，英国前外交官。

公私伙伴关系可以定义为："为开发基础设施和提供公共服务而作出的创新的、长期的合同安排，把私营部门的资金、专长和动力引入通常是国家或地方政府责任的领域。"

当然还有别的定义，不过都大同小异，都是针对公共基础设施的。从广义上讲，公共基础设施可以分为：

经济基础设施：例如交通设施和公用事业网络（水、电、排水），即日常经济活动必不可少的基础设施。

社会基础设施：例如学校、医院、图书馆和监狱，即社会结构必不可少的基础设施。

公私伙伴关系是一种方法，公共部门藉此以物有所值的成本从私营部门获得公共资产的设计、建造、运行和维护。例如，私营部门投资建立一个企业，由该企业设计和建造需要的资产并用它为公共部门提供服务，而不是由公共部门直接获得资产并用该资产提供服务。公共部门获益于私营部门在设计、建造、融资和运行资产等方面的专长，并把风险转移到私营部门。

公私伙伴关系现在已经是一种全球现象，实际上，我的祖国英国是这一模式的初创国之一。这种模式成功以后，其他国家也逐渐采用并修改这种模式以适用其自身的基础设施开发。美国有自己的模式，俄罗斯联邦也一样，它是新近采用这种关系的国家之一。

总而言之，公私伙伴关系已经成为全球改进基础设施的一种有效手段，很多国家在这方面积累了丰富经验，这些经验和具体项目案例可以帮助各国和像联合国这样的国际组织启动自己的公私伙伴关系项目。

成功的公私伙伴关系项目有下列一些重要元素：

• 公共部门或客户和私营部门当事人之间就设计、融资、建造、运行和维护来自私营部门的公共资产而签订的长期合同；

• 公共当事人或作为资产使用者的一般公众在整个公私伙伴关系合同寿命周期为获得服务和使用资产向私营部门当事人作出偿付；

• 合同结束时资产转为公共部门所有。

• 每个公私伙伴关系项目的结构会有差异，但有一个传统模式，就是我在这里所介绍的。不管用什么样的结构，所有有关各方一定要把它搞清楚。

下面，我谈谈英国私人融资计划。20 世纪 90 年代，英国开始实施公私伙伴关系，或（在英国国内）称私人融资计划，用以改善国内基础设施并提供公共服务，而不过度动用公共资金。截至 2013 年 11 月，用这种模式完成了将近 800 个项目，目前还有 50 个左右正在采购过程中。英国政府投资总额大约 2000 亿英镑。

我们听到巴利布里亚先生在发言中说，联合国作为一个负责任的国际组织正在考虑怎样采用公私伙伴关系来实现其目标。在联合国体系内，有一个实体专门负责公私伙伴关系，这就是联合国欧洲经济委员会，缩写为 UNECE。尽管该实体的名称让人感觉其活动都集中在欧洲，实际上远不是这么回事。考虑到需要用新的全球合作伙伴关系来为所有人创建可持续未来（这个讨论会的议题），UNECE 在这个领域里的主要目标是增强各国政府在识别、应对、管理和实施成功的公私伙伴关系项目方面的专长。做法是让 UNECE 成员国和观察员，包括公共和私营部门的专家互相交流有关公私伙伴关系的知识和经验，特别是在识别和测试最佳实践方面。UNECE 的活动将继续提升有关最佳实践的指南以及用于能力营造计划和培训的研究和创新工具。为了实现这些目标，UNECE 组织各种会议，吸收和利用世界各地公私伙伴关系专家的经验和专长。

为此，UNECE 建立了公私伙伴关系专家的花名册，这些专家愿意为实施 UNECE 公私伙伴关系工作计划而贡献一臂之力。另外，UNECE 正在建立一些公私伙伴关系示范中心。这些专家中心识别模范经验，提供最佳实践指南，并帮助各国政府营造开发成功项目的能力。

UNECE 的思路是不要覆盖采用公私伙伴关系的所有领域，而是侧重于一些最重要的部门。这些中心中的第一个建在菲律宾，侧重于医疗保健。该中心建于 2012 年 2 月，去年 11 月 1 日在肯尼亚内罗毕 2013 年全球南南发展博览会闭幕式上获得了南南合作特别奖。虽然成立时间不长，但该示范中心已经在提供公私伙伴关系最佳实践和标准方面成为全球领袖，指导着各国政府成功地实施公私伙伴关系。

英国紧密配合 UNECE 的工作，不仅积极参加公私伙伴关系专家团队，而且熟悉公私伙伴关系模式的英国公司热心参与该中心的招标投标活动。

## 案例研究 1

靠近艾尔德里的普莱恩斯有个圣大卫小学，是北拉纳克郡学校私人融资计划项目的一部分，2005 年 6 月 1.7 亿英镑资金到位。这个小学的老校园是大约 50 年前建造的，近年来变得很陈旧。新校园建在另一个地方，2007 年 11 月开始投用。圣大卫小学和普莱恩斯小学合用一座新楼，提供最先进的教学环境。

新校园明亮、现代、引人注目，早上入学是件很快乐的事情。北拉纳克郡学校私人融资计划项目内的每个学校设计都不相同，而且还有一个很漂亮的室内花园。

老校园有很多故意破坏校舍的现象。学校在村庄的边上，成了人们晚上聚集之地，因为那里没人来打扰。新校园就没有这个问题，因为学校就在村庄的中间，校址是由地方当局、承包商和最终用户共同商定的。

有人问校长"学校运作怎么样"？她的回答是："承包商很有效率，问题处理得很快。所以，我有更多时间做我自己的事，不像在老校园，如果有一个维护问题，我要花上半天时间找人解决，现在有很多人帮忙。我们有一次温控出了问题，一会太热，一会太冷。承包商很配合，问题看起来是解决了。我觉得，我们有这样一个学校非常幸运。我很满意承包商的办事效率，他们和当地教育部门关系很好，这是一个公私伙伴关系成功案例。"

## 案例研究 2

2005 年 12 月开幕的亚洲国际博览馆已经成为香港和全球的顶级会展场所，博览馆有 7 万多平方米的租用面积可用于举办展览、会议、音乐会、体育赛事和娱乐活动。这是一个23.5亿港币预算的公私伙伴关系项目，香港特别行政区政府（大股东）出资20亿港币，私营部门财团包括了香港宝嘉建筑有限公司和中国工商银行（亚洲）有限公司，由香港机场管理局出土地。事实上，这是香港的第一个真正的公私伙伴关系项目。

博览馆有10个最先进的单层无柱式会展厅，包括1.35万个座位的亚洲全球大舞台，这是香港最大的专用室内有座娱乐场所，还有亚洲全球峰会，香港最新最大的室内会议及宴会场馆，有700—5000个座位。亚洲全球博览馆是亚洲唯一的单层无柱式会展馆，与世界最佳机场之一的香港国际机场（根据Skytrax世界机场排名）合而为一。整套建筑位于庞大而有效的海陆空交通网络的中心，连接香港和中国的珠江三角洲以及世界各大商业中心。这是一个举办展览、会议、音乐会、体育赛事和娱乐活动的理想场馆。

2009年，亚洲全球博览馆获得香港社会服务委员会颁发的优秀项目合作伙伴奖，以表彰这一重大项目在满足人民需求方面所做的努力。博览馆还因为其创新和成就获得了好几个国际奖项。

以上我们只举了两个案例，一个小的，一个大一些。如果时间允许，我们还可以举更多例子。但就像我前面说的，不是所有公私伙伴关系项目都能成功。所有各方在所有阶段都确实需要把事情搞清楚，把工作做好。

主席先生，请允许我在发言结束之前很简短地介绍一下公私伙伴关系在中国的发展情况，因为我们是在上海这个宏伟的大城市。从1990—2011年，中国共有1018个民间参与的基础设施项目，遍及能源、电信、交通、供水和排水等各个领域，总投资达1164亿美元（世界银行2012年资料）。

为了在中国推动公私伙伴关系，政府有关部门积极出台了一系列由私营部门提供公共服务方面的政策，例如建设部（现在更名为住房和城乡建设部）2002年12月颁发的《关于加快公共设施私有化进程的意见》。地方政府贯彻中央政府的指示和指导。这些指示和指导优化了中国公私伙伴关系的发展环境，起到了推动作用。与此同时，部分项目因为政策中有些缺乏足够的操作细节，所以执行起来不是很顺畅，有成功的项目，也有不太成功的。我要补充一点，就是大多数国家也都是这样，包括英国。但除此之外，中国缺少公私伙伴关系的管理框架。批准一个公私伙伴关系项目要牵涉到很多政府部门，经常搞不清哪个部门有权谈判签约。因此，有些外国投资者会强调必须通过关于公私伙伴关系的相关法律法规，确保签订的合同具有效力。

总体上，中国更加侧重吸引私人投资，而不是营造政府的可信度和能力，其结果是，中国有些地方政府因为准备工作不到位和缺乏能力而在公私伙伴关系项目中蒙受很大损失。根据世界银行的数据，中国大约有 4% 的公私伙伴关系项目被取消或处于困境。但是，随着公私伙伴关系项目的普及，中国政府开始培训官员，提高他们的专业技能，或者招聘具有特别专长的专家顾问，来改进这方面的能力。这些年来，公私伙伴关系已经为中国的公共设施和服务提供了大量私募基金，大大提高了公共服务的质量和效率，也在某种程度上开始重新定义政府的作用。

今后，中国应该继续积极采用公私伙伴关系模式来改善体制运作环境，增强政府能力，并增强私营部门在全球公私伙伴关系市场上的竞争能力。

## 四、积极推进公私伙伴关系在中国的发展

徐德清*

公私伙伴关系即 PPP（Public Private Partnership），是公用事业民营化广泛采用的一种融资及管理机制。这种理念在 20 世纪 90 年代的西方率先开始流行，欧洲居多，尤其是在英国，目前已在全球多国流行。公私伙伴关系在中国还是一个新的概念，但随着中国经济持续、快速和协调发展

* 徐德清，复博信息技术公司董事长。

所产生的巨大需求，私营部门的参与将获得广阔的空间。本文简述公私伙伴关系及其在其他国家的应用，在中国推广的机遇和挑战，并就如何在中国推广提出几点建议。

## （一）PPP的涵义及其在全球的应用情况

所谓PPP，国际货币基金组织的研究人员Burger & Tyson & Karpowicz & Coelho（2009）将其直截了当地定义为“私人部门参与传统上由政府提供的资产和服务”。Maskin& Tirole（2006）则认为，无论风险分担机制和治理结构如何，PPP都通常被定义为政府和私有合伙人之间的一种长期发展和服务契约。

在此机制下，政府让其伙伴开发、营运和维护项目；私人伙伴可能要承担较大风险，甚至还需要筹集资金，其收入是政府支付和使用者付费的某种组合。Funke & Irwin & Rial（2013）也将PPP定义为政府与私人之间缔结的以某种成本建造、运营和维护一项资产以提供可核算服务的一种长期契约。作为回报，政府承诺为该服务付费或者允许私人缔约方对使用者收费。

Funke & Irwin & Rial（2013）特别强调，虽然PPP涉及到建设、维护、运营的缔约问题，但这并非定义PPP的关键，因为所有这些活动都可以由私人部门来承担，真正能够定义PPP的是政府与一个企业（通常是特殊目的公司）订立书面契约同意由其提供服务。PPP分为政府付费PPP（government-funded PPPs）和使用者付费PPP（user-funded PPPs），但PPP不包括不需要为投资而融资的单纯合作企业和安排。

在通常情况下，人们都自觉或不自觉地将PPP机制提供的这种“资产和服务”就等同于基础设施。有这种印象并不奇怪，因为PPP最早在西方19世纪的铁路建设中就以特许权的形式出现了。到20世纪90年代之后，PPP被发达经济和新兴经济体大量用于交通运输（铁路、高速公路、地铁）、医疗、通讯、能源、水务等领域。作为对PPP在基础设施领域应用经验的推广，亚洲开发银行（ADB）甚至在2008年还专门编撰了中文版、俄文版等版本的《公私合营手册》。

从基础设施的角度看，PPP的表现形式多种多样，包括BOO（建设—运营—拥有）、BOT（建设—运营—转让）、DBO（设计—建设—运营）、ROT（修复—运营—转让）、特许权、合同管理等。

但是，PPP机制的应用还不仅限于此。在2008年开始的美国次贷危机中，当时的美国财政部长盖特纳（T. Geithner）曾在2009年3月23日提出了一个利用PPP机制来清除金融机构资产负债表中有毒资产的方案。利用这种机制，美国财政部不仅节约了财政的救助成本，更为重要的是在金融危机最严重的时候，解决了不具流动性的资产如何进行市场估值的问题。

## （二）PPP对缓解政府财政压力的作用

首先，资金来源。PPP吸引了民间投资，改变了过去资金单一由政府提供的模式。

其次，运营效率。PPP项目往往是由私人部门运营，通常效率更高，从而可能提高项目的收益。

最后，时间价值。这一点是最重要的。在传统投资模式下，从项目立项建设开始，政府就需要投入资金，直到项目建成提供服务后才会有现金流收入，而从项目投资到能够提供服务之间往往存在一段较长的时间差。在这段时间里，政府需要支付融资的利息成本。而在PPP模式下，政府直接购买基础设施提供出来的服务，建设、筹资等由私人部门承担。在PPP的政府付费模式下，政府节约了传统模式下从建设到服务产出之间的融资利息；在使用者付费模式下，服务直接与使用者的付费相衔接，政府根本不用掏一分钱。即使使用者付费不能完全弥补，还需要政府提供部分补贴，PPP模式也使得政府的支出是分期支付而非一次全额付款。无论是以上哪种情况，PPP至少都有利于降低政府的近端负债压力。

### （三）PPP 机制成功的关键

衡量 PPP 机制成功与否，可以从财政和社会福利两个角度来看。从财政角度看，主要是看 PPP 机制是否能降低财政的支出负担；从社会福利的角度看，主要是看 PPP 机制是否能提高社会福利水平。

从是否能够降低财政支出负担的角度，无论是政府付费还是使用者付费模式，都无疑能够降低“当期”政府支出和政府负债率；但是，如果是政府付费模式（在这种模式下，反正钱总是要出的，差别只是一次总付还是分期付款），则最终能否降低财政支出负担就取决于 PPP 运营效率是否更高。

从能否提高社会福利的角度看，关键也是看在 PPP 与完全由政府提供这两种模式之间，成本孰高孰低、服务孰优孰劣的问题，归根结底，也要取决于 PPP 的运营效率是否更高。

那么，什么才是保证 PPP 营运效率的关键呢？关键是要让这种服务的主体即每个消费都能够享有监督权利。而这一点，在中国恰恰还是非常薄弱的。

公共部门的主要职责是生产和提供公共产品和公共服务，但是政府直接生产和提供公共产品和公共服务也会存在一些问题，例如：生产服务效率低、公共产品和服务质量差、对客户的需要不能直接回应、公共资产未能得到充分利用或者利用效率差等问题。在全球性变革浪潮中，各国政府都在积极思考一种既能发挥政府的比较优势，又能发挥市场和私人部门的比较优势，能够有效生产和提供优质公共产品和公共服务的新机制。建立公私伙伴关系就是这样的一种机制，它能够通过公私部门的协力，取长补短，生产和提供优质的公共产品和服务。PPP 具有一些关键要素，例如，公共服务可以由私营部门提供；私营部门的管理通常更为有效；公共服务的管理者和提供者分离；私营合作伙伴的产生通过市场竞争投标产生；政府部门关注的是服务产出即所购买的服务的质量；不管由谁来提供，无论是国际上还是国内，也不论是非政府组织财团还是多家私营部门组成的项目公司，只要能够提供高质量的服务产品即可。

PPP 机制在公用事业的应用成功地解决了私人资本对公用事业的投资，减轻了政府公共支出的压力，将公用事业风险成功转移到了私营部门，降低了项目的运营成本。

公用事业导入 PPP 模式，并不等同于私有资本对公用事业的直接投资，关键是向公用事业项目输入 PPP 理念，包括融资、管理理念等。一个公用事业项目建立 PPP 模式以后，成立的项目公司在当地或国际资本市场寻找融资合作伙伴，即便合作伙伴是外国私人公司，其融资、管理等也更多地会适应本土化需要。实际上发达国家输出 PPP 模式，客观上可以促进输入国公用事业的发展，也可以为私人资本提供投资公用事业的机会。在公私伙伴关系中，无论在任何形式下，政府或者公共部门都发挥着实质性的作用，政府都要对公共服务的生产和提供承担责任，它所强调的仍然是保护和强化公共利益。

PPP 的提出和应用反映了公共设施和服务生产方式上的一种新理念，它包含了公共部门选择合适的私人公司伙伴，并与之合作共同分担风险、分享收益的公共服务提供的全过程。因此，在这个意义上，PPP 应该属于公共采购法的范畴，或者是传统公共部门采购的延伸。公共部门和私人公司双方的权利和义务以及风险分摊机制主要体现在双方签订的合同中。在不同的 PPP 合约中，双方的权利和义务以及风险分摊机制会有很大的差异，因此每个 PPP 项目必须从实际情况出发，选择合适的合作模式，仔细设计双方的权利义务以及风险分摊方式并将其约定在合同中，以避免和减少合作中发生的纠纷。

### （四）PPP 目前在中国运用空间还小，但其精神在中共的十八届三中全会报告中有多处体现

到 2011 年，中国有 900 多万的中小企业，占中国企业数量的 80%，同时其营业额占中国总营业额的 60%，交税超过 50%，雇佣的人数超过 80%。其实这些企业当中绝大部分没有听过联合国推广的 PPP 模式。首

先，很多中小企业都认为联合国是一个政治组织，主要作用是开安理会和联合国大会及维持国际和平秩序；其次，在中国，私人的民营企业跟政府关系比较被动，与联合国的关系则更加被动；第三，联合国在这方面的推广比较少，所以广大中国企业对于公私伙伴观念并不了解。

尽管PPP模式词汇似乎是新的，但在我国其实早已应用。比如，亚洲开发银行2008年发布的《公私合营手册》就是以横跨上海黄浦江的一座大桥为封面的，国内见诸最广的PPP机制则莫过于有民间投资参与的收费高速公路的建设、运营。

虽然中国PPP机制的应用较晚，应用范围不广，发展速度也有待加快，但随着中国经济持续、快速和协调发展所产生的巨大基础设施需求，将为私营部门的参与提供广阔的空间，中国的公用事业仅基础设施建设所需的资金就非常巨大，仅靠公共资金无法满足需求。当然随着中国经济的发展，尤其是发达地区，可能对某些公用事业如卫生项目建设并不缺乏资金。但是导入新的公私合营理念，可以打破公用事业垄断经营，引入竞争机制，财政的钱可以用来引导、贴息、补助，用以提高公用事业服务效能，加快公用事业发展步伐。

而在刚刚闭幕的十八届三中全会（以下简称“全会”）中，也多处涉及这一问题，进一步打开了未来运用PPP的广阔空间。

全会指出：在自然垄断行业，“实行以政企分开、政资分开、特许经营、政府监管为主要内容的改革，根据不同行业特点实行网运分开，放开竞争性业务，推进公共资源配置市场化”；在支持非公有制经济发展方面，要“制定非公有制企业进入特许经营领域具体办法”；在转变政府职能方面，要“推广政府购买服务，凡属事务性管理服务，原则上都要引入竞争机制，通过合同、委托等方式向社会购买”；在健全城乡一体化发展机制方面，“允许社会资本通过特许经营等方式参与城市基础设施投资和运营”。

如果我们还记得前面的定义中明确强调了界定PPP的关键，其实是政府与私人机构之间订立的由私人公司提供服务的契约，那么凡是十八届三中全会中的“特许经营”、“政府购买服务”、“通过合同、委托等方式向社会购买”等，其实都属于PPP可能参与的范围。

只是还不清楚的是，政府未来是否有可能将部分政府债务通过PPP模式以“盖特纳方案”的类似方式进行处置。

### （五）对于中国与联合国推广PPP的挑战和建议

目前中国的私营企业生存状况很艰巨，很多民营企业处于生存阶段，在这样的情况下希望联合国能够为这些民营企业找到发展之路，提供转型升级的建议，而不是延续目前国内传统的高劳动力低价值低价格的老路。希望联合国能够提供另外的企业发展模式供中国企业借鉴和学习。

目前在中国的一个大问题是私有部门和公有部门的地位不一样，国有企业或公有企业，不论是政治地位、社会地位、经济地位都比私有企业要高很多。举例来说，目前在中国，所有银行都是国有银行，私有企业很难申请到贷款，因为需要很多抵押资产和证明，然而国有企业很容易拿到贷款，且利率相对偏低。除此之外，国有企业有自己的融资机构，还有一些小的金融机构，他们将银行借来的钱放到金融机构，然后这些金融机构以更高的利率贷款放给私营的中小企业，而且这些中小企业通常是与这些国有企业相关联的私有企业，这样的现象对于自主创业和没有国企关联的的私企来说非常不公平。

西方国家可能也有类似的情况，但是大多数国家的国有企业和私营企业的平等性更强，因为它们的法人地位是平等的。

在中国推广PPP，要加强中国政府和联合国之间对话，所以提出以下几点建议：首先，中国政府与联合国相应的组织应该在企业当中推广联合国的契约。尽管在2009年，联合国组织有过这样的推广，但是次数并不多。而且在中国，PPP这个概念还是有争议的，联合组织应该首先在中国大力推广和普及这个概念。其次，应该把中国的商会、民营企业家协会、工商协会等组织起来在一起合作，一起讨论。这次会议提到在英国有很好的模式，要把这些作为案例在中国进行研究和宣传，让大家看到成功的案例并且加以复制。

为了促进中国私营部门的参与和支持联合国的工作，我们需要推动中国的私营部门和联合国之间的沟通。针对我了解的中国的现状，我的具体建议如下：

第一步是在中国推动对联合国工作的理解，包括联合国建立普遍的可持续未来的工作、联合国全球契约原则。我建议联合国不仅与中国的大学组织举办会议或研讨会，也要同中国的商业组织举办会议等。联合国的相关机构应建立自己在中国的代表处，或者建立非政府组织，以此来推广公私间的沟通和交流，来解释联合国全球契约的概念，来与中国的民营部门讨论与联合国的合作以及合作的好处。

第二步是分享一些成功的案例或例子，例如联合国与其他国家合作后，改善了私营企业工作并形成了双赢的局面，或者得到了所有参与的合作伙伴的感谢及报酬。

由于中国大多数民营部门是中小型企业，许多人企业挣扎在生存阶段。如果参与联合国的活动能够帮助他们的业务发展，这将是一个很大的促进。

如果能在中国各地建立这样的基础组织和分部，用以支持这样的事件和活动，这未尝不是一个好的主意。

在中国，许多私营部门都愿意敞开自己的胸怀，愿意了解和参与联合国的活动，以保持世界可持续发展的新思路，我们应该更多地帮助他们。我相信这个时机已经到来，让我们共同努力！

## 五、日内瓦国际贸易中心与公私伙伴关系

Rajesh Aggarwal*

国际贸易中心是联合国和世贸组织的一个联合技术支持机构，其主要

---

* Rajesh Aggarwal，日内瓦国际贸易中心商业和贸易发展主管。

任务是支持发展中国家的中小型企业增强贸易竞争能力，因此我的发言是关于国际贸易中心为增强小企业竞争能力在推动公私伙伴关系的努力中所做的三个方面的工作。

## （一）公共和私营部门一起参与结构化对话，公私合作设计适用的国家贸易政策和监管改革

国家贸易政策和监管改革是任何经济体为吸引私人投资（不管国内还是国外）所做努力的中心环节。富有成果的经济部门中投资力度的大小决定了就业增长以及最终减少贫困的结果。在全球一体化贸易环境中，国际谈判是国家贸易政策和相关法规的最重要变革推动力。因此，国际贸易中心在这方面的项目特别针对那些正参与全面的国际贸易谈判的国家，例如争取加入世贸组织的国家。

国际贸易中心在支持老挝、也门、萨摩亚、塔吉克斯坦、埃塞俄比亚、利比里亚、阿富汗和苏丹等国加入世贸组织谈判过程中积累了经验，在下面的介绍中突出了公私合作的相关性。

（1）私营部门担心国际贸易协定会加剧竞争，改变原有经商体系，威胁到长久既得利益，政府需要打消私营部门的这些恐惧。这一点很重要，否则会误导信息蔓延，挫败政府在政策改革方面的努力。

（2）让私营部门及早参与政策对话进程，在有关以后实施承诺方面获得对企业利益和潜在挑战的第一手体会，如此政府政策的改革就会更加有效。由国家法规支持的企业承诺具有可持续性。

（3）要让私营部门发挥建设性的作用，必须针对技术问题妥善地组织和培训私营部门保护伞组织，使它们有效地参与辩论。这些组织也要作出自己的努力。

## （二）执行政策中的公私合作伙伴关系

加纳在贸易便利化方面的改革是通过公私合作伙伴关系实施的。2003

年，投资 1200 万美元建立了一个合资企业“GCNet”，私营股份占 65%（60%来自一个瑞士检验公司 SGS，5%来自 ECOBANK），公共部门 35% 的股份来自加纳海关（20%）、加纳托运人协会（10%），以及加纳商业银行（5%）。项目结果是创建了边界报关的单个窗口。GCNet 采用了已经在新加坡等其他国家成功使用的海关管理软件。

项目获得了巨大成功，在加纳主要港口特马，以前平均通关时间要 14 天，项目实施后减少到 2—3 天，征收的税款每年平均增加 33%。

下列这些因素有助于公私合作伙伴关系的成功：

- 政府支持以及对最高层项目支持的信念；
- 可信的合作伙伴带来可信的和经过时间考验的技术；
- 发展自己的基础设施，克服基础设施问题；
- 可持续的自筹经费安排；
- 员工培训/提高觉悟和广泛营造能力。

## （三）公共部门的作用

公共部门（国际贸易中心）利用其召集能力在大企业（以麦丝玛拉等顶尖时装品牌为代表）和非洲贫民区的边缘工匠之间建立合作伙伴关系。后者的 90%是来自于贫穷社区的妇女。

这种大小企业联手模式可用来联合开发产品，也就是说，贫困的工匠们可以按照大牌时装设计公司的设计规格生产产品。公共部门和大企业（时装设计公司）联合举办培训项目以提高工匠们的技能，使他们可以直接为全球经销品牌生产。大部分情况下，工匠们的收入可提高 4 倍。

实践证明这是一种可持续的商业模式，对贫困社区边缘工匠们的生活有积极影响。

# 小 结

Emily Jane Fraser*

公共—私营部门合作伙伴关系在当代全球治理中发挥着重要作用，很多人把它看作所有人实现和造就可持续未来所必不可少的因素。座谈小组深入探讨了这一合作伙伴关系的实质、由来和作用。

公共—私营部门合作伙伴关系的传统定义为一个公共部门当局和一个私人行为体之间的关系，后者通过这种关系提供公共服务或项目并承担一定风险。

在联合国背景下，公共—私营部门合作伙伴关系在概念上有所不同，范围要大得多。联合国大会在 2013 年 10 月把它定义为“各方（公共和非公共）之间的自愿与合作关系，参与这种关系的所有各方同意通过互相协作来实现共同的目的或承担一项互相商定的具体任务，共同分担风险和责任、资源和效益”。

在本次会议开幕式上，联合国训练研究所执行所长莎莉·费根—怀尔斯女士也很好地概括了这一概念，强调当代全球行为者包括公共和私营两个部门，利益共享，需求不同，有共同但又区别的责任。

联合国秘书长潘基文在 2012 年发起了人人享有可持续能源的倡议，推动公共—私营部门合作伙伴关系的发展，也确认了这种关系在应对全球挑战方面的重要性。联合国建立了全球契约，要求公司和企业采纳普世原则，与联合国结成伙伴关系。这已经成为联合国与全球有见识的企业开展有效接触的重要平台。

---

* Emily Jane Fraser，联合国训练研究所多边外交项目专家。

在2013年联合国全球契约领导人峰会上，潘基文把私营部门称为所有人可持续未来的“建筑师”，因此我们的小组讨论非常及时。

座谈小组接下来分享了公共—私营部门合作伙伴关系的成功案例，有来自英国和中国的，也有来自联合国机构的，例如联合国欧洲经济委员会、国际贸易中心和联合国训练研究所等组织提供了技术援助和能力建构。讨论中强调了联合国在推动公共—私营部门价值观一体化和发起联合项目方面的重要作用，在确保遵守关键原则和价值的同时鼓励用集体合作的办法解决问题。

讨论中提到，公共—私营部门合作伙伴关系在中国还是一个新概念，但已经有很多成功例子可以通过对话和交流加以分享。中国在这个领域里的经验和专长可以用来支持全世界各国在这方面的成长和成功。

座谈小组花了很多时间回答问题和开拓思路，最后得出的结论是：公共和私营部门的行为者在开发新的全球治理模式和目标方面都能起到关键作用，在讨论联合国2015年后发展议程和其他重要多边政策和对话渠道时都必须考虑到这一点。

# 附录

## 一、开幕辞

### 联合国训练研究所执行所长莎莉·费根－怀尔斯致辞

尊敬的各位来宾，女士们，先生们：早上好！

我是联合国训练研究所执行所长。

联合国训练研究所很荣幸与中国联合国协会、复旦大学一起在中国浦东干部学院这座美丽的会议中心举办这次重要的会议。

我们要感谢承办方上海联合国研究会和中导集团。

我个人也因为来到这里感到非常兴奋。我是第一次来中国。40多年前，还是个学生时，我读了贡纳尔·默达尔（Gunnar Myrdal）关于赤脚医生的书，从此就一直想来中国。看着中国取得进步，非常令人神往。在那段时间里，中国从一个需要联合国技术和财政支持的国家变成一个联合国需要从其得到更多财政和政治支持的国家，而联合国要在21世纪继续有所作为，就需要从中国得到更多财政和政治支持。

中国在联合国的运作中已经是最重要的成员国之一，它既是安理会五个常任理事国之一，又在联合国各机构中发挥积极的影响。在五个常任理事国当中，中国派出的维和部队人数最多。中国把联合国视为全球治理体系的中心，联合国对此感到很荣幸。我们必须更加努力地工作，绝不辜负这种信任。随着我们步入21世纪，这会变得越来越重要。

本次会议的主题非常符合时宜。

首先，大家普遍认同，世界面临的最大挑战凸显出全球治理体系的现存缺陷，需要有全球性的解决方案。

第二，联合国各成员国目前在共同酝酿一个新的2015年后发展议程，我们认为需要有一个新的全球合作伙伴关系来推进并支持这一议程的贯彻执行。这样一种合作伙伴关系应该对公民社会和私营部门更具有包容性，其基础应该是体现共同利益、不同需求、共同但有区别责任的精神。

第三，一年前，中国国际经济交流中心和联合国开发计划署在北京主办了一次关于全球治理的高层政策论坛。论坛得出的结论是，中国因其经济发展强劲表现而不断增强实力，势必将提高其在全球秩序中的影响力，并帮助解决一些最紧迫的全球挑战。中国国内外学术和政策圈内新出现一种共识，即中国应在全球治理中扮演更重要的角色。

接下来的两天给我们提供了一个宝贵的机会，让我们得以共同来思考如下的问题：如何使全球治理更加有效（包括如何使联合国更具效率），新的全球伙伴关系是怎样的，以及中国在全球秩序和联合国中能够、应该和实际上必须扮演一个什么样的更为重要的角色。

我很高兴地欢迎各位尊敬的中国官员和专业学者。同时，我很高兴联合国各部门有这么多资深同仁来到这里加入我们，这反映了联合国内的高层次意识，即在联合国涉及的各个领域里如果没有中国非常强有力的领导和支持，联合国就不能指望在21世纪继续发挥作用。

我期待诸位富有成果的讨论。

谢谢大家！

# 外交部国际司副司长腊翊凡致辞

各位同事：

很高兴来上海参加“变革中的全球治理：中国与联合国”研讨会，感谢主办方的热忱邀请和精心准备。这次研讨会的主题很抓人眼球，我注意到两个关键词：“变革”和“治理”。什么力量推动国际关系的变革？全球化时代需要怎样的治理模式？这些都是人们长期探索的“老问题”，期待此次研讨会能给出“新答案”。

我们生活在一个不断变化的时代，推动国际关系变革的根本力量是权力变化，包括权力失衡、权力转移和权力分散。权力变化产生不竭的动力，成为推动变革的源泉。

——权力失衡源于全球发展不平衡加剧。联合国大学的一项调查显示，最富有的人仅占全球总人口的1%，却占近40%的全球财富。这种失衡尤其反映在南北差距扩大，富国更富，穷国更穷。

——权力转移表现在“东升西降”，新兴市场国家和发展中国家整体实力增强，南南合作的意愿和能力不断上升。目前金砖国家经济总量占全球25.7%，2012年对世界经济增长贡献率达79.1%，正成为一支维护世界和平、促进共同发展的重要力量。

——权力分散体现在参与全球治理的主体日益多元化。主权国家仍是这台大戏的主角，但联合国、二十国集团、亚太经合组织等多边组织发挥了越来越重要的作用，非政府组织和私营部门纷纷登场。值得注意的是，借助现代化的通讯手段，普通民众成为国际政治舞台的重要参与方，这是国际关系史上的大事件。

各位同事，在这样一个变革的时代，我们只有顺应形势、与时俱进，才能占据主动、把握未来。对于新形势下的全球治理，我有以下几点看法：

一是塑造以联合国为核心的全球治理体系。联合国有193个会员国，是当今世界最具代表性和权威性的国际组织。联合国的议题涵盖了人类生活的各个方面，国家、国际或非政府组织、私营部门以及民间团体均参与其中，是全球治理的最佳平台。同时，联合国距国际社会期待还有差距。我们支持联合国与时俱进，增强应对新威胁、新挑战的能力，更好地履行其职责。

二是增加广大发展中国家的代表性和话语权。国际社会已普遍认识到新兴市场国家和发展中国家的崛起是历史潮流，也认识到增加广大发展中国家在国际组织中的代表性和话语权势在必行。关键在于如何将共识转化为行动。当务之急是完善国际经济金融治理体系，切实增加新兴市场和发展中国家在国际金融机构和国际货币体系中的代表性，提升其在全球经济治理及发展事务中的话语权。

三是将2015年后发展议程确立为全球治理的优先方向。发展是硬道理，是解决一切问题的关键，也是全球治理的首要。国际社会应在全面评估国际发展合作现状的基础上，制定2015年后发展议程。后2015发展议程应继续以发展为主线，以人本为宗旨，以消贫为核心，统筹考虑各国不同的国情与发展阶段，尊重各国自主选择的发展道路。应加强全球发展伙伴关系，坚持“共同但有区别的责任”原则，坚持南北合作在国际发展合作中的主渠道地位，南南合作是有益的补充。

各位同事，中国的快速发展是近30多年来最重大的事件之一。自1978年实行改革开放以来，中国经济一直保持着高速增长，堪称人类发展史的奇迹。这是全中国人民共同努力的结果，同时，也离不开包括联合国在内的国际社会的大力支持。但中国的发展也引发了不少疑虑。有人担心，中国的崛起会挑战现行国际秩序吗？中国是否愿意承担自身国际义务？中国将在全球治理中扮演怎样的角色？需要强调的是：

回首历史，中国始终是国际体系的参与者和建设者。

中国有着几千年的文化传统，历来崇尚和为贵，倡导讲信修睦，以礼待人。丝绸之路，向外国送去的是精美的纺织品、茶叶和瓷器。郑和七下西洋，没有占别人一寸土地。

中国实行改革开放，不断扩大对外交流，这本身就是同国际社会不断接轨、融合的过程。

中国恢复在联合国的合法席位后，参与解决柬埔寨、伊拉克、阿富汗、朝鲜核、伊朗核、叙利亚等国际和地区热点问题，发挥了建设性作用。

中国积极参与联合国维和行动，累计共向30项联合国维和行动派出各类人员2万多人次，是安理会五常中最大的出兵国。

中国派遣军舰参与索马里海域的护航行动，5年来共为5500多艘中外船舶护航。最近几天，中国海军还与俄罗斯、丹麦等国军舰一道，执行了叙利亚化学武器海运的任务。

有人质疑中国军费保持快速增长，其实过去10余年中国军费只增长了约4倍，但2013年中国缴纳的联合国会费升至1.31亿美元，是2000年的12倍。

截至2011年底，中国累计免除50个重债穷国和最不发达国家约300亿元人民币债务，对38个最不发达国家实施了超过60%的产品零关税待遇，并向其他发展中国家提供了1000多亿元人民币优惠贷款。中国的援助是真诚的，从不附加任何条件。

中国医疗队是南南合作的典范，自1963年向阿尔及利亚派出首次医疗队以来，共向66个国家和地区派出医疗队员2.3万人次，累积治疗患者2.7亿人次。

展望未来，中国将以更加积极的姿态参与国际事务。

中国是一个发展中国家，根据联合国设定的每人每天1美元的标准，中国仍有1.2亿人处于贫困线下，如果按照每人每天2美元的标准，贫困人口更多，但我们绝不回避大国的责任。随着中国的不断发展，中国将进一步参与国际事务，发挥负责任的大国作用，共同应对全球性挑战。

中国将更加坚定地支持联合国，真心实意地支持联合国在国际事务中发挥更大作用。

中国将继续参与联合国维和行动，继续执行在索马里海域的护航任务，参与从刚果（金）到马里、从苏丹到黎巴嫩的维和行动。

中国将积极参与二十国集团等全球经济治理机制，全面参与联合国2015年后发展议程、可持续发展、气候变化等领域的工作。

中国将同有关国家一道，共同构筑“丝绸之路经济带”和21世纪“海上丝绸之路”，加深彼此合作纽带。

预计未来5年中国将进口10万亿美元以上的商品，对外投资5000亿美元，出境旅游超过4亿人次，这些都是中国对世界经济的红利和各国人民的实惠。

各位同事，马凯硕在他的新作《大融合》中描述了一幅东方与西方大融合的愿景，他这样写道：“我们这个世界正经历着不可逆转的大融合，大融合所释放出来的诸多力量压缩着这个世界。对于这个星球的伟大的思想家而言，除了聚焦于我们如何管理既有的这个小而密且紧密相连的地球村之外，没有任何别的选择。”不论我们来自东方还是西方，让我们携手努力，将我们的地球村建设得更加美丽，把我们的共同家园治理得更加美好！

谢谢大家！

## 中国联合国协会会长卢树民致辞

尊敬的各位嘉宾，女士们、先生们，

大家早上好！

我非常荣幸地欢迎大家出席“变革中的全球治理——中国与联合国”国际会议。这次会议是由中国联合国协会、联合国训练研究所和复旦大学共同主办的。我想借此机会感谢上海联合国研究会、中导集团、中国浦东干部学院的精心安排。

女士们、先生们，

全球治理正处于变动之中。目前全球秩序同时面临着很多制约因素，包括管理全球性权力转移，提供全球公共产品，缩小联合国宗旨与实际行动之间的差距，在以国家为中心的理念下管理非国家行为体的作用，以及在联合国体系内部和外部的协调和一致问题。所有的事件、因素和关系正以21世纪的速度在发生变化，远远超出了为20世纪所设计的制度和体系。

女士们、先生们，

在这样的背景下国际机制确实遭到了前所未有的挑战。我们需要改进全球治理结构，不让任何一个国家或族群落在后面，把可持续发展放在中心位置，调整经济以创造就业和促进包容性增长，为所有人建立和平、有效、开放和负责任的制度，最重要的是，建立一种所有利益相关方都参与其中的新的全球伙伴关系。

这里我要分享一些观点。

首先，全球治理结构要具有包容性和有效性，允许所有利益相关方包括国家和非国家行为体广泛地参与，它将优先增加发展中国家和新兴国家的代表和声音，以全面和协调的方式应对全球风险和挑战。

第二，全球治理结构要体现议程设置和决策过程的公平和民主，以平衡的方式充分考虑有关各方的观点。

第三，全球治理结构要坚持多边主义。联合国作为最具普遍性、代表性和权威性的政府间国际组织，在国际事务中发挥不可替代的作用，应该处于全球治理机制中的核心。同时，其他国际、地区组织和多边机构也发挥着重要和不可缺少的作用，因此我们需要在不同的组织中进行协调和统一。

女士们、先生们，

中国是全球治理中一个积极和负责任的角色。我想简要介绍一下中国的发展。2013 年对中国来说是非同寻常的一年。这一年，我们为全面深化改革和未来发展制定了宏大蓝图，这已经很清楚地反映在中国共产党十八届三中全会的文件中。按照会议的决定，我们将致力于推动经济结构的调整，发展科技教育，保护环境和其他资源，努力保护和改善生态环境，缩小地区间和城乡间的发展差距，保障和改善人们的生活水平。这一年，中国新的领导人提出中国梦，表现为民族复兴、经济繁荣和人民幸福。本质上，它就是追求幸福、和平与和谐，这与全球治理和联合国的目标和原则是完全一致的。实现中国梦是对全球治理的重要贡献，将给世界带来更多的合作机会。

女士们、先生们，

中国联合国协会是中国唯一致力于向中国人民宣传，并鼓励和动员中国人民支持联合国理想和工作的国家级非政府组织。中国联合国协会一直努力以三个支柱来实现其使命，那就是：联合国研究；联合国知识的普及和教育培训；参与联合国活动。去年，中国联合国协会与联合国驻华办事处及其他机构一起开展并完成了 2015 年后发展议程国家咨询，我的同事张小安女士将有机会向大家报告这个情况。去年，我们支持上海联合国研究会成立。另外，我们主办了第十届中国模拟联合国活动，为大学生举办第三届国际公务员能力建设培训。展望未来，我真诚地希望与有关各方特别是联合国体系开展更多的合作。

## 上海市政协副主席周汉民致辞

各位嘉宾，女士们，先生们，我是周汉民，上海市政协副主席。作为土生土长的上海人，我对各位来到上海参加这样一次重要的中国和联合国之间合作的会议表示热烈的欢迎。

今天大家来到此地，时机选得很好，主题也选得很好。从时机而言，再过 18 天将迎来中国农历的马年，马年于中国人而言既有万马奔腾的胜景，更有马到成功的契机，这是一个充满希望的年份。主题很好，如刚才腊司长所言，谈到了治理、谈到了改革，变革中的全球治理与中国共产党在两个多月前所举行的十八届三中全会所提到，中国国家治理体系和能力的现代化是不谋而合、异曲同工的。国家治理体系和能力的现代化应该在国际大背景下完成，而目标是在 2020 年取得决定性的成果。

由此，今天会议的八个分主题，我认为紧紧围绕了当下人类社会所共同关心的热点、重点、焦点和难点问题，希望这次会议能够像中国古人所言，真正做到奇文共欣赏、疑义相与析，对国家、对世界都有裨益。

我认为中国和联合国的合作源远流长，不仅在于中国是联合国创始国之一，不仅是中国作为联合国五大常任理事国之一，对世界的和平和发展肩负重要的责任，而在于全体中国人民始终认为和平和发展是世界的潮流，同样是中国人民实现民族伟大复兴的前提。

我与各位可以分享的就是一段心得，因为这段心得值得认真地深入研讨，供联合国也供中国的有关专家至少把它作为一个大学课程的典型或叫典范、或叫案例来加以研究，那就是中国 2010 年上海世博会我们与联合国的合作。

世界博览会始于 1851 年，来到中国已经是 2010 年，接近 160 年之后。世界博览会来到中国是全世界发展中国家首次举办的一届世博会，也是首次以城市作为主题所举办的世博会，那届世博会的主题是“城市，让生活更美好”。这届世博会我参与了申办，参与了筹办，参与了整个世博会的运行，历时整十年，十年当中有这样深刻的记忆应当在今天与各位分享，就是我们要办一届全世界的世博会，它不仅仅是上海的世博会，也不仅仅是中国的世博会。

因而，我们向世界所有的主权国家，当年联合国的成员国还不是今天的 193 个，当时还没有南苏丹，因此是 192 个成员国发出了邀请。我们向世界所有重要的国际组织包括联合国发出了邀请。邀请是在 2006 年 3 月发去的，不久就收到尊敬的安南秘书长代表联合国的确认函，那封信我今天还记得，其中有一句话是这么说的，“中国上海世博会所追求的目标和联合国多少年来所追求的宗旨是并行不悖的”，我认为这句话最精确地概括了中国和联合国的合作，就是相互尊重、求同存异，美人之美，美美与共。

我们发出邀请之后，联合国欣然与会，最后上海世博会在 2010 年 5 月 1 日开幕的时候，有 190 个国家参与，我再重复一遍，当年联合国的成员国是 192 个，说明上海世博会是真正意义上的世界博览会。我们有 56 个国际组织齐聚一堂，包括联合国，我们专门举行联合国日，我们在世界博览会闭幕那一天迎来尊敬的联合国秘书长潘基文先生，在潘基文先生、在国际展览局秘书长洛塞泰斯先生和当时中国国务院总理温家宝阁下的见证下，我们在上海通过了《上海宣言》。《上海宣言》提出倡议，“将 10 月 31 日上海世博会闭幕之日定为世界城市日”。

令人高兴的是，在2013年12月6号联合国大会第二委员会的会议中，193个成员国一致同意，从2014年起将每年的10月31号定名为“世界城市日”。由此，由中国人提议的一个日子首次成为联合国指定的一个国际日，由中国人主办的一次国际盛会可以每年有这样的国际日来予以纪念并弘扬其精神，这其实就是中国对世界作出的一点贡献，我们期望能够对世界作出更大的贡献。

因而，我对今天的会议表示衷心的祝贺，也希望各位能够在上海愉快、安康，共同迎接不久就要来到的中国农历新年，让我们以马到成功的心情对各位表示最衷心的祝福，谢谢大家！

## 二、闭幕辞

### 联合国助理秘书长、联合国训练研究所执行所长莎莉·费根—怀尔斯致闭幕辞

尊敬的各位来宾，女士们，先生们：

过去几天里，我们有幸听取了一些高质量的发言和讨论。

我们和张教授计划这次会议时不知道会搞成什么样子。讨论的题目有意思吗？能不能找到人来发言？与会程度会不会比较高？中国浦东干部学院会场是什么样的？

我在联合国34年，参加过很多会议，一般是开场和午餐人比较多，后面人就少了，最后就剩下发言的和实习生！

我可以很高兴地说，这是我参与的会议中最好的一次。我们一再听到，讨论的题目都是各国政府和学术界当前正在思考的问题，每天的会上我们都看到与会者兴趣很浓。我们还看到，讨论的题目互相关联，特别是在讨论2015年后发展议程时更是如此。

中国的作用：中国在联合国应作为发展中国家的领袖。中国还是一个

发展中国家，应该起到更多领导作用。这两个方面并不矛盾，并不是正式的“发达”国家才能做领袖。

联合国的作用：联合国作为全球治理的中心，既是一个平台，使合作伙伴各负其责，又是一个促进者。

中国在实现2015年后发展议程方面将起到关键作用，一是中国自身在人口增长的情况下实现这些目标，二是要作出榜样，三是从发展中国家的角度出发在联合国起领导作用。

## 三、“变革中的全球治理——中国与联合国”国际会议议程

2014年1月13—14日，中国浦东干部学院

### 2014年1月13日（星期一）

09：30—10：00　注册

10：00—11：00　开幕式（会议中心多功能厅）

主持：张小安（中国联合国协会副会长兼总干事）

致辞：卢树民（中国联合国协会会长）

Sally Fegan-Wyles（联合国助理秘书长、联合国训练研究所执行所长）

腊翊凡（外交部国际司副司长）

周汉民（上海市政协副主席）

11：00—11：30　茶歇

11：30—12：30　主旨演讲

主持：Sally Fegan-Wyles（联合国助理秘书长、联合国训练研究所执行所长）

演讲：Jeffrey Feltman（联合国副秘书长）

徐浩良（联合国助理秘书长、联合国开发计划署亚太局局长）

黄友义（全国政协委员、中国外文局原副局长）

议题一：全球治理的挑战：改革联合国

主持：沈丁立（复旦大学国际问题研究院副院长、上海联合国研究会副会长）

发言：Bruce Jenks

B. Lynn Pascoe

蒋振西

Annika Söder

Vesselin Popovski

陈志敏

报告人：Alice Hecht

议题二：变化中的全球治理：中国与联合国的领导作用与相互合作

主持：陈东晓（上海国际问题研究院院长、上海联合国研究会副会长）

发言：Kim Won-Soo

周余云

Martin Khor

季平

刘任飞

郑启荣

报告人：孙新章

议题三：清洁能源与全球治理

主持：王刚毅（中国外文局副局长、北京周报社社长）

发言：Irene Giner-Reichl

吴力波

Chee Yoke Ling

于宏源

Shantanu Mitra

报告人：Sergio Balibrea
议题四：食品安全与全球治理
主持：王戈（中国和文化研究院院长）
发言：Idriss Jazaïry
Meenakshi Raman
钱文荣
刘学明
樊胜根
赖世伦
报告人：Philip Tissot
晚宴
主持：潘光（上海联合国研究会会长）
致辞：冯俊（中国浦东干部学院常务副院长）
Sally Fegan-Wyles（联合国助理秘书长、联合国训练研究所执行所长）

## 2014年1月14日（星期二）

议题五：21世纪变化中的南北对话
主持：郑启荣（外交学院副院长）
发言：徐浩良
Kilaparti Ramakrishna
沈丁立
Richard Black
Sandra Coulibaly Leroy
刘鸣
报告人：Vesselin Popovski
议题六：21世纪变化中的南南合作
主持：姜海山（中国浦东干部学院副院长）

发言：Inyang Ebong-Harstrup
林健
Masoumeh Sahami
任晓
Ali Al Sadig
报告人：Miguel R. Bautista
议题七：塑造 2015 年后的发展议程
主持：章琦（中国发展研究院执行院长）
发言：Amina J. Mohammed
张小安
Martin Khor
彭斯震
叶江
报告人：Chee Yoke Ling
议题八：公私伙伴关系：为建立普遍可持续的未来而开展全球合作
主持：黄友义（全国政协委员、中国外文局原副局长）
发言：Sergio Balibrea
王戈
Philip Tissot
徐德清
Rajesh Aggarwal
报告人：Emily Jane Fraser

## 总结

主持：张贵洪（复旦大学联合国研究中心执行主任、上海联合国研究会副会长兼秘书长）
报告人：Alice Hecht

孙新章
Sergio Balibrea
Philip Tissot
Vesselin Popovski
Miguel R. Bautista
Chee Yoke Ling
Emily Jane Fraser

**闭幕式**

主持：卢树民（中国联合国协会会长）
Sally Fegan-Wyles（联合国助理秘书长、联合国训练研究所执行所长）

## 四、主办、承办、协办单位

### （一）主办单位

#### 1. 联合国训练研究所

联合国训练研究所，根据联大 1963 年 12 月 11 日 1934 号决议成立于 1965 年，现总部设在瑞士的日内瓦。其宗旨和职能是增加联合国在维持和平与安全、促进经济与社会发展方面的有效性。其工作包括训练和研究两项，致力于受惠国在环境、和平、安全、外交、治理等各领域的发展。

联合国训练研究所作为联合国系统中培训方面的分支机构，平均每年在全球执行超过 400 个培训和发展项目，惠及 2.7 万多个群体。作为联合国体系内具有自主性的机构，联合国训练研究所由一个董事会领导，执行主任是联合国助理秘书长莎莉·费根一怀尔斯（Sally Fegan-Wyles）女士。

The United Nations Institute for Training and Research（UNITAR）was founded in 1963 regarding the General Assembly resolution 1934（XVIII）of 11 December 1963. UNITAR's headquarter now is based in Geneva，Switzerland. The Mission of UNITAR is to deliver innovative training and conduct research on knowledge systems to develop capacities of beneficiaries in the fields of Environment；Peace，Security and Diplomacy；and Governance.

UNITAR is the training arm of the United Nations System，serving some 27，000 beneficiaries annually by conducting more than 400 capacity development and research activities around the world. As an autonomous body within the United Nations System，UNITAR is governed by a Board of Trustees and is headed by Ms. Sally Fegan-Wyles，UNITAR Executive Director and Assistant Secretary-General of the United Nations.

http：//www. unitar. org/

## 2. 中国联合国协会

中国联合国协会（简称“中国联协”）是中国唯一以支持和促进《联合国宪章》宗旨和原则为最高宗旨的全国性非政府组织，由热心联合国事务的中国公众和社会团体组成，理事包括联合国外交经验丰富的资深外交官、联合国研究成果丰硕的著名学者以及热心联合国事业的知名企业家。现任联协会长为中国前驻印度尼西亚、加拿大大使、前外交部驻澳门特别行政区特派员卢树民大使。

中国联合国协会是联合国协会世界联合会创始会员之一，是中国第一家获得联合国经济社会理事会全面咨商地位的非政府组织。中国联合国协会总部设在北京，其主要工作有：开展联合国问题研究；参与联合国和国际非政府组织活动；以及宣传联合国，推广模联联合国活动，举办联合国知识培训，推动公众参与联合国事务。

The United Nations Association of China (UNA-China) is the only non-governmental organization in China committed to the promotion of the purposes and principles enshrined in Charter of the United Nations. Its membership is open to the general public and social entities that are enthusiastic about the cause of the UN. UNA-China's Council consists of former senior diplomats with extensive experience in the UN, renowned scholars specialized in UN studies, and entrepreneurs who are keen on promoting the cause of the UN. UNA-China is headquartered in Beijing and its current president is Amb. Lu Shumin.

UNA-China is one of the founding members of the World Federation of the United Nations Associations (WFUNA), and the first of its kind in China enjoying General Consultative Status with the UN Economic and Social Council (ECOSOC). The main focus of work includes: promoting awareness of UN, doing UN research, participating in the UN activities, as well as launching programmes or activities related to UN and UN research.

http://www.unachina.org/.

## 3. 复旦大学

复旦大学创建于1905年，原名复旦公学，是中国人自主创办的第一所高等院校，创始人为中国近代知名教育家马相伯。校名“复旦”二字选自《尚书大传·虞夏传》中“日月光华，旦复旦兮”的名句，意为自强不息。一百多年来，学校在培养人才、创新科技、传承文明、服务社会等方面为国家作出了突出贡献。

作为全国首批“211工程”、“985工程”高校，复旦已经发展成为一所拥有哲学、经济学、法学、教育学、文学、历史学、理学、工学、医学、管理学等十个学科门类的综合性研究型大学。目前，学校有普通本专科生 1.41 万人，研究生 1.48 万人，其中含学历留学生约 3700 人。学校有教职工 5800 人，其中专任教师 2700 人，包括诸多中国科学院院士、中国工程院院士、教育部“长江学者奖励计划”特聘教授、“国家重点基础研究发展计划”项目首席科学家。

Initially known as “Fudan Public School”, Fudan University was founded in the year 1905. “Fudan”, literally meaning “heavenly light shines, day after day”, indicates inexhaustible self-reliance and industriousness.

Fudan University consists of 28 schools and departments, with seventy undergraduate disciplines. Now it has an enrollment of 28, 962 full-time degree candidates, including 3, 633 foreign students.

Fudan University boasts a qualified faculty of over 2, 678 full-time teachers and researchers, including 1, 400 full professors and associate professors, 36 academicians of the Chinese Academy of Sciences and the Chinese Academy of Engineering, 53 chair professors and 30 lecture professors of the Cheungkong Scholars Program, 17 chief scientists of Project 973.

http://www.fudan.edu.cn/.

## （二）协办单位

### 1. 中国浦东干部学院

中国浦东干部学院是党的十六大以后，为适应新时期大规模培训干部、大幅度提高干部素质的战略需要，经党中央、国务院批准成立的一所国家级干部学院。学院 2003 年开始筹建，2005 年 3 月正式开学，学院的建设和发展始终得到了中央领导的亲切关怀。

学院是国家财政全额拨款的中央直属事业单位，由中央组织部直接管理，中共上海市委协助管理。中共中央政治局委员、中央书记处书记、中央组织部部长赵乐际同志兼任学院院长，中共上海市委副书记李希同志兼任学院第一副院长。学院内设办公厅、教务部、培训部、对外交流与培训开发部、教学研究部、科研部、信息技术部、人力资源部（机关党委）八个二级管理机构。

China Executive Leadership Academy Pudong（CELAP），a Shanghai-based national institution，is funded by the central government and supervised by Organization Department of the CPC Central Committee. Our training is for senior leaders from government and top executives from the business community. We focus on social improvement and economic development. CELAP was officially open on 18 March，2005.

CELAP is supervised by the Central Organization Department of the Communist Party of China. Mr Zhao Leji，Member of the Politburo of the CPC Central Committee and Minister of its Organization Department，is the current president of CELAP. CELAP has eight departments：the General Office，the Department of Students，the Department of Teaching Affairs，the Department of Academics，the Department of Research Administration，the Department of International Exchange & Program Development，the Department of Information & Technology and the Department of Human Resources.

http：//www. celap. org. cn/.

## 2. 中国和平发展基金会

中国和平发展基金会是经国家民政部批准的全国性非营利机构，于2011年1月在北京注册成立，办会宗旨是支持中国民间组织参与国际交流与合作，开展国际公益活动，促进世界和平发展与共同繁荣。基金会理事长由全国政协副主席孙家正担任，商务部前副部长魏建国任基金会副理事长。

目前，基金会的主要工作项目有国际交流、公益活动、课题研究。交流项目是指通过举办国际论坛、研讨会和培训等多种形式，开展交流合作；同时也支持国内民间组织参与国际问题研讨和交流。公益活动项目是为增进国际友好，开展教育、医疗、文化等领域的公益活动。课题研究项目是通过与国内、国际科研力量合作，开展有关国际问题的专题研究。

China Foundation for Peace and Development（CFPD）is a national non-profit organization approved by Ministry of Civil Affairs. It was founded in January 2011 in Beijing. CFPD aims to support domestic non-governmental organizations in participation in international exchanges and cooperation，to provide international public service and to promote world peace，development and common prosperity. The current director of CFPD is Sun Jiazheng，the CPPCC vice-president and the vice-director is Wei Jianguo，who served as vice-chairman in the Minister of Commerce.

Currently，CFPD's major work includes：international exchanges，public service，and research projects. International exchanges and cooperation can be carried out by organizing exchange programs in international forums，seminars，training and etc. Public service aims to promote international friendship and provide social service on education，health，culture and other areas of public activity. Research projects focus on the study of international issues based on cooperation with internal and external research institutions.

http：//www. cfpd. org. cn/.

### 3. 中国外文局

中国外文出版发行事业局（简称中国外文局），又称中国国际出版集团，是中央所属事业单位，是承担党和国家书、刊、网络对外宣传任务的新闻出版机构，是中国历史最悠久、规模最大的专业对外传播机构。

中国外文局是在毛泽东、周恩来、陈毅等老一辈无产阶级革命家的亲切关怀和直接领导下创办的，前身是成立于1949年10月的中央人民政府新闻总署国际新闻局。全局拥有近3000名职工，其中包括近百名外国专家。下属20个机构，包括7家出版社、5家杂志社，以及中国网、中国国际图书贸易集团公司、对外传播研究中心、翻译资格考评中心等单位，在美国、加拿大、英国、德国、法国、、秘鲁、土耳其、日本、香港等14个国家和地区设有22个海外分支机构，形成了涵盖翻译、出版、印刷、发行、互联网和多媒体业务、理论研究及社会事业等领域的事业格局。

China Foreign Languages Publishing Administration（CFLPA）or China International Publishing Group（CIPG）was founded in 1949 with a mission to introduce China to foreign countries through books，magazines and websites. CIPG has over 20 subsidiaries as well as 12 overseas branches located in the United States，Britain，Germany，Belgium，Russia，Egypt，Mexico，Japan and Hong Kong，constituting a conglomerate of foreign language publishing and marketing.

Currently，CIPG has a staff of nearly 3，000 people，including over 100 foreign experts. Every year CIPG publishes over 3，000 titles of books and 30 periodicals in more than 10 languages. CIPG operates www. china. org. cn and another 30 websites. It organizes book exhibitions and cultural exchange activities overseas each year.

http：//www. cipg. org. cn/.

## 4. 北京大学

北京大学创办于1898年，初名京师大学堂，是中国第一所国立综合性大学，也是当时中国最高教育行政机关。辛亥革命后，于1912年改为现名。作为新文化运动的中心和“五四”运动的策源地，作为中国最早传播马克思主义和民主科学思想的发祥地，作为中国共产党最早的活动基地，北京大学为民族的振兴和解放、国家的建设和发展、社会的文明和进步作出了不可替代的贡献，在中国走向现代化的进程中起到了重要的先锋作用。

近年来，在“211工程”和“985工程”的支持下，北京大学进入了一个新的历史发展阶段，在学科建设、人才培养、师资队伍建设、教学科研等各方面都取得了显著成绩，为将北大建设成为世界一流大学奠定了坚实的基础。今天的北京大学已经成为国家培养高素质、创造性人才的摇篮、科学研究的前沿、知识创新的重要基地和国际交流的重要桥梁和窗口。

Founded in 1898，Peking University was originally known as the Imperial University of Peking. It was the first national university covering comprehensive disciplines in China，and has been a leading institution of higher education in China since its establishment. In 1912，the university adopted its present name.

Peking University has continually played the essential role of pioneers in the course of China's modernization. The university's traditional emphasis on patriotism，progress，democracy，and science，together with its educational standards of diligence，precision，factualism，and innovation，have been passed down from generation to generation.

At the end of the 20th century，the Chinese government put Peking University at the top of its agenda for promoting higher education，with the aim to build a world-class university in the 21st Century.

http：//www. pku. edu. cn/.

## 5. 中国发展研究院

中国发展研究院创立于2002年，是一家以政府和企业为服务对象的综合研究咨询机构。研究院拥有著名的经济学家和高素质的咨询专家团队，并拥有专业的运营团队。研究院承接国民经济、社会发展和企业发展中的各类重大课题，为政府和企业提供政策建议和咨询意见。研究院实行开放式的研究机制，通过与政府、企业和其他研究咨询机构建立多种形式的合作，聚合社会资源，促进产、学、研一体化。研究院总部设在北京，上海、香港、吉林等地设有分院。

Founded in 2002，China Development Research Institute（CDRI）is a comprehensive consultation institution for both government and private sector. CDRI has a team of qualified consultants and professional experts，especially some well-known economists. CDRI undertakes important projects on national economy，social development，enterprise development and other vital fields，providing policy recommendations and consultant advice to governments and business. The institute is operated by an open mechanism，through which establishes various forms of cooperation with government，business，and other consulting agencies，mobilizing social resources and promoting the integration of industry，academia and research. CDRI is headquartered in Beijing，with branches in Shanghai，Hong Kong and other places.

http：//cdri. org. cn/.

## 6. 中国和文化研究院

中国和文化研究院经中国香港特别行政区公司注册处批准，成立于2010年。其宗旨是根据“和”作为全体宇宙中的核心规律而弘扬“和文化”作为人类文明的主导，达到物质和文明统一之上的最高境界。在人类的共同家园建立一个以平等为基础的和共体。以央视华人频道、人民网、新华网为宣传媒介，倡导和文化，实现民族梦，共筑人类梦。

和文化研究院成立之初，在国家相关部门的支持下，迅速聚集了一批国内外有名望的文化理论界知名人士和优秀学者，组建了高水平的研究机构，并时刻不忘使命，组织和参与了世界奥林匹克美术大会、联合国文明联盟上海会议，同时与清华大学华商研究中心签署了“清华大学和文化研究中心”合作协议。

Founded in 2010, China Institute of Harmony Culture (CIHC) was approved by the Companies Registry, the government of the Hong Kong Special Administrative Region. It aims to promote Harmony Culture as a dominant civilization of all human being, hopefully leading the whole world to reach the supremacy with a unification of matter and civilization; and establish a common home of humanity based on equality.

With the support of relevant state departments, CIHC has built up a high level research institute which consists of tremendous renowned scholars and celebrities from the internal and external. CIHC has successfully organized the World Olympic Fine Arts in 2008 and participated in the United Nations Alliance of Civilizations Asia South Pacific Regional Consultation inShanghai in 2012. Besides, CIHC has signed a cooperation agreement with Tsinghua University to establish the Center for Harmony Culture Studies in Tsinghua.

## （三）承办单位

### 1. 上海联合国研究会

上海联合国研究会是在联合国前副秘书长陈健大使的倡议和中国联合国协会的指导下，由复旦大学、上海社会科学院、上海国际问题研究院、上海交通大学、华东师范大学、同济大学、上海外国语大学、华东政法大学和中导集团等单位及多位学者和知名人士发起，于 2013 年 9 月成立。

上海联合国研究会的宗旨是：整合和加强上海地区的联合国研究，推动联合国和国际组织在上海的发展，为上海的国际化大都市建设争取联合国和国际组织更多的支持。主要任务是：为上海有关高校和研究机构的联合国研究提供指导和协调，为联合国和国际组织在上海开展活动提供帮助和便利，为政府和社会各界提供有关联合国问题的咨询和服务。业务范围包括：学术研究、决策咨询、专业培训、文化传播等。

Proposed by Ambassador CHEN Jian，former UN Under-Secretary-General and instructed by United Nations Association of China，the Shanghai UN Research Association（SUNRA）is initiated and established by some distinguished scholars and leading universities and academic institutions in Shanghai in 2013.

SUNRA aims to help consolidate and strengthen UN research inShanghai，promote the development and cooperation of UN agencies in Shanghai，and win over more supports from the UN and international organizations for the development of Shanghai. The main activities of SUNRA are to coordinate and guide UN studies in Shanghai，to assist and provide convenience to UN agencies for their activities in China，and to offer consultation and service regarding UN issues for government and society. SUNRA will attain these purposes through academic research，policy consultation，professional training，and cultural communication.

http：//www. sunra. org. cn/.

## 2. 中导集团

中导集团成立于 2008 年，是中国国家发展与改革委员会中国经济导报社为积极参与上海“四个中心”（国际经济中心、国际金融中心、国际贸易中心、国际航运中心）建设，促进长三角乃至长江流域协调发展而筹划成立的经济实体。

作为带领上海经济实力发展的重要企业实体之一，中导集团各下属产业企业文化各具特色又和谐共处。对外更致力于促进中西文化交流、公益援助和全球环境保护等，积极参与有利于增近不同国家、肤色、民族、信仰、文化、语言之间互相理解、互相尊重的各类项目。

集团会展板块的两家企业，上海滨江会展中心发展有限公司和思维佳展览服务有限公司积极参与 2010 年上海世博会，完成了近十几个国家馆的建设和运营服务，尤其成功运作了2010年上海世博会联合国馆项目。2012年6月，与联合国中国书法和上海市书法家协会合作，在联合国纽约总部主办了联合国中国书法精品展。中导集团还于2012年11月在上海承办联合国文明联盟亚洲南太地区协商会议，资助于2013年7月在北京举行的第三届中国国际公务员能力建设培训班。

Founded in 2008, Zhongdao Group is an economic entity initiated by China Economic Herald under the leadership of Development and Reform Commission. It originally served to participate in the project of the establishment of Four Centers (including International Economic Center, International Financial Center, International Trade Center and International Shipping Center) in Shanghai.

Zhongdao Group and its subordinate corporations play a significant role in the development ofShanghai. Besides, it makes great effort to its social compact. Zhongdao Group actively participate in the promotion of cultural exchange, commonweal aid, environmental protection, and many other projects in favor of the respect and understanding on different religions and cultures.

Two corporations of Zhongdao Group, namely exhibition of two business segments, Shanghai Binjiang Exhibition Services Company and Siweijia Exhibition Services Company, actively participate in 2010 Shanghai World Expo, and undertook construction and operation service for tens of pavilions. Most impressively, they successfully provided operation service in the UN Pavilion. In collaboration with UNSRC Chinese Book Club and Shanghai Calligrapher's Association, Zhongdao Group organized Culture for Harmony—2012 Calligraphy Exhibition on at UN Headquarter inNew York in June 2012. Zhongdao Group also sponsored UNAOC Asia South Pacific Regional Consultation in Shanghai in November 2012 and the third International Civil Servants Capability Training Program in Beijing in July 2013.

# 五、与会代表名单

## (一) 国内嘉宾

| | | |
|---|---|---|
| 陈志敏<br>CHEN Zhimin | 复旦大学国际关系与公共事务学院院长 | Dean, School of International Relations and Public Affairs (SIRPA), Fudan University |
| 程保志<br>CHENG Baozhi | 上海国际问题研究院全球治理研究所助理研究员 | Research Fellow, Institute for Global Governance Studies, Shanghai Institutes for International Studies (SIIS) |
| 冯俊<br>FENG Jun | 中国浦东干部学院常务副院长 | Executive Vice President, China Executive Leadership Academy Pudong (CELAP) |
| 郭峰铖<br>GUO Fengcheng | 中导集团副董事长 | Vice President, Zhongdao Group |
| 韩波<br>HAN Bo | 南南技术产权交易所副总裁 | Vice President, South-South Global Assets and Technology Exchange (SS-GATE) |
| 洪瑞岭<br>HONG Ruiling | 聚领信息技术（上海）有限公司总裁 | President, Polylink Information Technology (Shanghai) Co., Ltd. |
| 黄友义<br>HUANG Youyi | 全国政协委员、中国外文局原副局长 | Member of Chinese People's Political Consultative Conference (CPPCC), Former Vice President, China Foreign Languages Publishing Administration (CFLPA) |
| 季平<br>JI Ping | 中国和平发展基金会副秘书长 | Deputy Secretary-General, China Foundation for Peace and Development (CFPD) |
| 姜海山<br>JIANG Haishan | 中国浦东干部学院副院长 | Vice President, China Executive Leadership Academy Pudong (CELAP) |
| 蒋振西<br>JIANG Zhengxi | 中国国际战略学会高级研究员 | Senior Research Fellow, China Institute for International Strategic Studies (CIISS) |
| 腊翊凡<br>LA Yifan | 外交部国际司副司长 | Deputy Director-General, The Department of International Organizations and Conferences, Ministry of Foreign Affairs, China |

| | | |
|---|---|---|
| 陈志敏<br>CHEN Zhimin | 复旦大学国际关系与公共事务学院院长 | Dean, School of International Relations and Public Affairs (SIRPA), Fudan University |
| 赖世伦<br>LAI Shilun | 百草箱校长 | President, BaiCaoXiang Chinese Medicine Institute |
| 李金祥<br>LI Jinxiang | 上海金融学院讲师 | Lecturer, Department of Social Science, Shanghai Financial University |
| 李威<br>LI Wei | 华东政法大学国际法研究中心研究员 | Associate Professor and Senior Fellow of the Center of International Law at the East China University of Political Science and Law |
| 李因才<br>LI Yincai | 上海社会科学院助理研究员 | Research Fellow, Shanghai Academy of Social Sciences (SASS) |
| 林健<br>LIN Jian | 南南技术产权交易所总裁 | President, South-South Global Assets and Technology Exchange (SS-GATE) |
| 刘鸣<br>LIU Ming | 上海社会科学院国际关系研究所常务副所长 | Executive Director, Institute of International Relations, Shanghai Academy of Social Sciences (SASS) |
| 卢树民<br>LU Shumin | 中国联合国协会会长 | President, United Nations Association of China (UNA-China) |
| 潘光<br>PAN Guan | 上海联合国研究会会长 | President, Shanghai UN Research Association (SUNRA) |
| 潘辉<br>PAN Hui | 中国联合国协会项目主管 | Programme Manager, United Nations Association of China (UNA-China) |
| 彭斯震<br>PENG Sizhen | 中国21世纪议程管理中心副主任 | Deputy Director General, The Administrative Center for China's Agenda 21 (ACCA21) |
| 钱文荣<br>QIAN Wenrong | 新华社世界问题研究中心高级研究员 | Senior research fellow, Xinhua Center for World Affairs Studies |
| 仇华飞<br>QIU Huafei | 同济大学政治与国际关系学院副院长 | Deputy Dean, School of Political Science and International Relations |
| 任晓<br>REN Xiao | 复旦大学中国外交研究中心主任 | Director, Center for the Study of Chinese Foreign Policy, Fudan University |
| 沈丁立<br>SHEN Dingli | 复旦大学国际问题研究院副院长 | Associate Dean, Institute of International Studies, Fudan University |

| | | |
|---|---|---|
| 陈志敏<br>CHEN Zhimin | 复旦大学国际关系与公共事务学院院长 | Dean，School of International Relations and Public Affairs（SIRPA），Fudan University |
| 宋耿卿<br>SONG Gengqing | 华夏经纬信息科技有限公司总经理 | General Manager，Huaxia Jingwei Information Technology Co.，Ltd. |
| 孙新章<br>SUN Xinzhang | 中国 21 世纪议程管理中心研究员 | Senior Fellow，The Administrative Centre for China's Agenda 21（ACCA21） |
| 滕培顺<br>TENG Peishun | 中国发展研究院上海分院院长 | President，Shanghai Branch of China Development Research Institute（CDRI） |
| 田家<br>TIAN Jia | 沈阳市和平区区长 | Governor，Heping District，Shenyang City |
| 王传兴<br>WANG Chuanxing | 同济大学政治与国际关系学院教授 | Professor，School of Political Science and International Relations，Tongji University |
| 王戈<br>WANG Ge | 中国和文化研究院院长 | President，China Institute of Harmony Culture（CIFC） |
| 王刚毅<br>WANG Gangyi | 中国外文局副局长、北京周报社社长 | Vice President，China Foreign Languages Publishing Administration（CFLPA），President of Beijing Review |
| 王根祥<br>WANG Genxiang | 上海亚太地区经济和信息化人才培训中心主任 | Director，CIFAL Shanghai International Training Center |
| 吴力波<br>WU Libo | 复旦大学能源经济与战略研究中心常务副主任 | Executive Director，Center for Energy Economics and Strategy Studies，Fudan University |
| 吴玉刚<br>WU Yugang | 上海亚太地区经济和信息化人才培训中心副主任 | Deputy Director，CIFAL Shanghai International Training Center |
| 谢映东<br>XIE Yingdong | 四川博闻投资管理有限公司董事长 | President，Sichuan Bowen Investment Management Co. Ltd. |
| 徐德清<br>XU Deqing | 耶鲁大学访问学者 | Visiting Fellow，Department of Electrical Engineering，Yale University |
| 徐喆<br>XU Zhe | 中国外文局国际合作部干部 | Senior Assistant，China Foreign Languages Publishing Administration（CFLPA） |
| 杨永法<br>YANG Yongfa | 上海中导投资有限公司执行董事 | Executive Director，Shanghai Zhongdao Investment Co.，Ltd. |

| | | |
|---|---|---|
| 陈志敏<br>CHEN Zhimin | 复旦大学国际关系与公共事务学院院长 | Dean, School of International Relations and Public Affairs (SIRPA), Fudan University |
| 叶江<br>YE Jiang | 上海国际问题研究院全球治理研究所执行所长 | Executive Director, Institute for Global Governance Studies, Shanghai Institutes for International Studies (SIIS) |
| 叶宗鏊<br>YE Zongtang | 上海凯大工众集团有限公司董事长 | President, Shanghai Kaida Gongzhong Group Co., Ltd. |
| 于宏源<br>YU Hongyuan | 上海国际问题研究院研究员 | Senior Research Fellow, Shanghai Institutes for International Studies (SIIS) |
| 余耀胜<br>YU Yaosheng | 广东珠江投资有限公司董事长 | President Guangdong Zhujiang Investment Co. Ltd. |
| 翟斌<br>ZHAI Bin | 中国和文化研究院院长助理 | President Assistant, China Institute of Harmony Culture (CIFC) |
| 张贵洪<br>ZHANG Guihong | 复旦大学联合国研究中心执行主任 | Executive Director, Center for UN Studies, Fudan University |
| 章琦<br>ZHANG Qi | 中国发展研究院执行院长 | Executive President, China Development Research Institute (CDRI) |
| 张小安<br>ZHANG Xiaoan | 中国联合国协会副会长兼总干事 | Vice President and Director General, United Nations Association of China (UNA-China) |
| 郑启荣<br>ZHENG Qirong | 外交学院副院长 | Vice President, China Foreign Affairs University (CFAU) |
| 周余云<br>ZHOU Yuyun | 中联部研究室副主任 | Deputy Director, Research Office, International Department, Central Committee of CPC |
| 朱帅<br>ZHU Shuai | 外交部国际司官员 | official, The Department of International Organizations and Conferences, Ministry of Foreign Affairs, China |

## （二）国际嘉宾

| | | |
|---|---|---|
| Rajesh Aggarwal | 国际贸易中心商业和贸易发展主管 | Chief Business and Trade Development, International Trade Centre (ITC) |

| | | |
|---|---|---|
| Rajesh Aggarwal | 国际贸易中心商业和贸易发展主管 | Chief Business and Trade Development，International Trade Centre（ITC） |
| Philippe Aubert | 联合国训练研究所多边外交项目官员 | Consultant，Multilateral Diplomacy Programme，United Nations Institute for Training and Research（UNITAR） |
| Christophe Bahuet | 联合国开发计划署驻华办事处国别主任 | Country Director，United Nations Development Programme（UNDP） in China |
| Sergio Balibrea | 世界知识产权组织总干事办公室会议部主任 | Director，Assemblies Division，Office of the Director General，World Intellectual Property Organization（WIPO） |
| Miguel R. Bautista | 联合国贸发会议政府间支持服务处团体联络主管 | Chief，Group Liaison Unit，Intergovernmental Support Service，United Nations Conference on Trade and Development（UNCTAD） |
| Richard Black | 伦敦大学东方和非洲研究院院长 | Pro-Director，School of Oriental and African Studies，University of London |
| FAN Shenggen 樊胜根 | 国际粮食政策研究所所长 | Director General of the International Food Policy Research Institute（IFPRI） |
| Jeffrey Feltman | 联合国副秘书长（政治事务） | UNUnder-Secretary-General for Political Affairs |
| Emily Jane Fraser | 联合国训练研究所多边外交项目专家 | Specialist，Multilateral Diplomacy Programme，United Nations Institute for Training and Research（UNITAR） |
| Dan Hamza-Goodacre | 气候与发展知识网络首席运行官 | Chief Operating Officer，The Climate and Development Knowledge Network |
| Rabih El Haddad | 联合国训练研究所多边外交项目主管 | Manager，Multilateral Diplomacy Programme，United Nations Institute for Training and Research（UNITAR） |
| Inyang Ebong-Harstrup | 联合国开发计划署南南合作特设局副局长 | Deputy Director of the Special Unit for South-South Cooperation，United Nations Development Programme（UNDP） |
| Alice Hecht | 联合国前礼宾处处长 | Former Chief of Protocol of the United Nations |

| | | |
|---|---|---|
| Rajesh Aggarwal | 国际贸易中心商业和贸易发展主管 | Chief Business and Trade Development, International Trade Centre (ITC) |
| Aleksandr Ilitchev | 联合国秘书处政治事务部亚太处东北亚小组主管 | Northeast Asia Team Leader, Asia and the Pacific Division, Department of Political Affairs, United Nations |
| Idriss Jazaïry | 阿尔及利亚前常驻日内瓦代表 | Former Permanent Representative of Algeria tothe United Nations Office at Geneva |
| Bruce Jenks | 联合国前助理秘书长、联合国开发计划署伙伴关系局局长 | Former Assistant Secretary-General and Director of the Partnerships Bureau, United Nations Development Program (UNDP) |
| Martin Khor | 南方中心执行主任 | Executive Director of the South Centre |
| Kim Won-Soo | 联合国秘书长特别顾问 | Special Advisor to the Secretary-General on Change Implementation |
| Sandra Coulibaly Leroy | 法语国家组织文化多样性发展部副部长 | Sous-Directrice de la diversité et du développement culturels, Organisation internationale de la Francophonie (OIF) |
| Chee Yoke Ling | 第三世界网络主任 | Director Third World Network |
| LIU Renfei<br>刘任飞 | 联合国开发计划署驻华代表处助理国别主任、联合国开发计划署驻华代表高级顾问 | Assistant Country Director of UNDP China, Senior Advisor to the UNDP Resident Representative |
| LIU Xueming<br>刘学明 | 联合国粮农组织高级官员 | Senior Investment Support Officer, Investment Center Division, the Food and Agriculture Organization of the United Nations (FAO) |
| Shantanu Mitra | 英国国际开发署中国办事处高级经济顾问 | Senior Economic Adviser, United Kingdom's Department for International Development (DFID) China |
| Amina J. Mohammed | 联合国秘书长 2015 年后发展规划特别顾问 | Secretary-General's Special Adviser on Post-2015 Development Planning |
| B. Lynn Pascoe | 联合国前副秘书长（政治事务） | Former Under-Secretary-General for Political Affairs |

| | | |
|---|---|---|
| Rajesh Aggarwal | 国际贸易中心商业和贸易发展主管 | Chief Business and Trade Development, International Trade Centre (ITC) |
| Vesselin Popovski | 联合国大学学术项目高级主管 | Senior Academic Programme Officer, United Nations University (UNU) |
| Kilaparti Ramakrishna | 联合国亚太经社理事会东亚和东北亚地区办公室主任 | Director, Subregional Office for East and North-East Asia, The United Nations Economic and Social Commission for Asia and the Pacific (UNESCAP) |
| Meenakshi Raman | 第三世界网络高级法律顾问 | Senior legal advisor, The Third World Network |
| Irene Giner-Reichl | 奥地利驻中国和蒙古国大使、可持续能源全球论坛主席 | Austrian Ambassador to China and Mongolia and President of the Global Forum on Sustainable Energy |
| Ali Al Sadig | 苏丹外交部训练和能力建设司司长、大使 | Ambassador, Director of Training and Capacity building Department, Ministry of Foreign Affairs of the Republic of the Sudan |
| Masoumeh Sahami | 联合国贸发会议秘书、政府间支持服务处主任 | Chief Intergovernmental Support Service (ISS), Secretary, the Trade and Development Board, United Nations Conference on Trade and Development (UNCTAD) |
| Annika Söder | 哈马舍尔德基金会执行主任、联合国粮农组织前助理总干事 | Executive Director, Dag Hammarskjöld Foundation, Former Assistant Director General, Food and Agriculture Organization of the United Nations (FAO) |
| Sally Fegan-Wyles | 联合国助理秘书长、联合国训练研究所执行所长 | UN Assistant Secretary-General, Acting Head and Executive Director, United Nations Institute for Training and Research (UNITAR) |
| XU Haoliang 徐浩良 | 联合国助理秘书长、联合国开发计划署亚太局局长 | Assistant Secretary-General, Assistant Administrator and Director of the Regional Bureau for Asia and the Pacific atthe United Nations Development Programme (UNDP) |

# 参考文献

## (一) 中文文献

敖云波主编：《全球治理的中国视角与外交对策》，中国书籍出版社 2011 年版。

蔡拓著：《全球问题与当代国际关系》，天津人民出版社 2002 年版。

陈东晓等主编：《联合国：新议程和新挑战》，时事出版社 2005 年版。

陈东晓主编：《全球安全治理与联合国安全机制改革》，时事出版社 2012 年版。

陈健主编：《中国的联合国外交》，世界知识出版社 2009 年版。

丁国光著：《联合国国际农业发展基金概况：全球农业发展和扶贫机制》，经济科学出版社 2008 年版。

郭隆隆等著：《联合国新论》，上海教育出版社 1995 年版。

国家环境保护总局国际合作司政策研究中心编：《联合国环境与可持续发展》，中国环境科学出版社 2004 年版。

国家气候变化对策协调小组办公室著：《全球气候变化——人类面临的挑战》，商务印书馆 2004 年版。

洪秀菊著：《21 世纪联合国与全球治理》，商鼎数位出版有限公司 2013 年版。

贾庆国主编：《全球治理与中国的作用》，新华出版社 2011 年版。

贾庆国主编：《全球治理：保护的责任》，新华出版社 2014 年版。

江启臣著：《国际组织与全球治理概论》，五南图书出版股份有限公司 2009 年版。

江广平主编：《联合国青年事务》，中央编译出版社 2008 年版。

俊平著：《历史时刻：中国恢复在联合国一切合法权利》，吉林出版集团 2010 年版。

李东燕著：《联合国》，社会科学文献出版社 2005 年版。

李慎明、王逸舟主编：《2009：全球政治与安全报告》，社会科学文献出版社 2006 年版。

李铁城主编：《联合国的历程》，北京语言文化出版社 1993 年版。

李铁城著：《联合国五十年》，中国书籍出版社 1995 年版。

李铁城主编：《走近联合国》，人民出版社 2008 年版。

联合国环境规划署编，国际环境保护总局国际司译：《全球环境展望年鉴 2007》，中国环境科学出版社 2007 年版。

联合国开发计划署著：《中国人类发展报告 2009/10（中文版）》，中国对外翻译出版公司 2010 年版。

联合国可持续发展大会中国筹委会编：《中华人民共和国可持续发展国家报告》，人民出版社 2012 年版。

联合国教科文组织著：《消除不平等治理缘何重要》，中国对外翻译出版公司 2009 年版。

联合国驻华机构协调代表办公室著：《中国实施千年发展目标进展情况：联合国驻华机构评估报告 2003》，2004 年。

蔺雪春著：《绿色治理全球环境事务与中国可持续发展》，齐鲁书社 2013 年版。

刘结一、张炎、刘振民等著：《1945—2005 中国与联合国：纪念联合国成立 60 周年》，世界知识出版社 2005 年版。

钮汉章主编：《世界的新民主治理——终结邪恶的战略选择》，世界知识出版社 2009 年版。

潘忠著：《国际多边发展援助与中国发展：以联合国开发计划署援助

为例》，经济科学出版社 2008 年版。

庞中英著：《全球治理与世界秩序》，北京大学出版社 2012 年版。

蒲傅著：《当代世界中的国际组织》，当代世界出版社 2002 年版。

秦亚青主编：《世界政治与全球治理：国际关系研究文集》，世界知识出版社 2014 年版。

饶戈平主编：《全球化进程中的国际组织》，北京大学出版社 2005 年版。

任治俊著：《国际问题与全球治理：新文献综述（2010—2011）》，西南交通大学出版社 2012 年版。

上海社会科学院世界经济与政治研究院编：《全球治理与中国的选择》，时事出版社 2010 年版。

上海市社会科学界联合会编：《全球治理：新认识与新实践》，上海人民出版社 2012 年版。

邵鹏著：《全球治理：理论与实践》，吉林出版集团有限责任公司 2010 年版。

盛红生、贺兵主编：《当代国际关系中的第三者：非政府组织问题研究》，时事出版社 2004 年版。

苏长和著：《全球公共问题与国际合作：一种制度分析》，上海人民出版社 2000 年版。

苏淑民著：《新中国民间外交研究》，中国经济出版社 2011 年版。

田进、余孟嘉等著：《中国在联合国——共同缔造更美好的未来》，世界知识出版社 1999 年版。

王杰等著：《全球治理中的国际非政府组织》，北京大学出版社 2004 年版。

王铁军著：《全球治理机构与跨国公民社会》，上海人民出版社 2011 年版。

王义桅著：《超越均势：全球治理与大国合作》，上海三联书店 2008 年版。

王逸舟著：《中国外交新高地》，中国社会科学出版社 2008 年版。

吴妙发著：《走进联合国》，中共中央党校出版社 2000 年版。

谢启美等编：《走向 21 世纪的联合国》，世界知识出版社 1996 年版。

熊文驰主编：《全球治理中的伦理》，上海人民出版社 2011 年版。

徐莹著：《当代国际政治中的非政府组织》，当代世界出版社 2006 年版。

杨洁勉主编：《世界气候外交和中国的应对》，时事出版社 2009 年版。

叶江著：《全球治理与中国的大国战略转型》，时事出版社 2010 年版。

余华川主编：《联合国改革与发展：欧亚视角国际会议论文集》，华东师范大学出版社 2009 年版。

俞可平主编：《全球化：全球治理》，社会科学文献出版社 2003 年版。

俞新天等：《国际体系中的中国角色》，中国大百科全书出版社 2008 年版

俞遵义著：《联合国：历史与现实》，云南教育出版社 1991 年版。

赵可金著：《全球公民社会与民族国家》，上海三联书店 2008 年版。

张贵洪主编：《联合国研究（第一辑）》，世界知识出版社 2012 年版。

张贵洪主编：《联合国研究（第二辑）》，世界知识出版社 2013 年版。

张贵洪主编：《联合国研究（第三辑）》，社会科学文献出版社 2014 年版。

张贵洪主编：《联合国发展报告 2012》，时事出版社 2013 年版。

张贵洪等主编：《联合国与文明对话》，时事出版社 2013 年版。

郑启荣主编：《为了一个共同的世界：外交学院联合国研究论文集》，世界知识出版社 2012 年版。

中国联合国协会：《联合国与和谐世界》，四川人民出版社 2008 年版。

周树春著：《“和谐世界”理论基础探析：全球治理和目标建构新范式》，中国社会科学出版社 2011 年版。

朱立群、[意] 富里奥·塞鲁蒂、卢静主编：《全球治理：挑战与趋势》，社会科学文献出版社 2014 年版。

[德] 弗里德里克·鲍尔著，沈锡良译：《科菲·安南》，金城出版社 2006 年版。

[韩] 李河源、安容均著，焦永科等译：《安静的热情：潘基文传》，春风文艺出版社 2007 年版。

[加] 安德鲁·库伯主编，史明等译：《全球治理中的新兴国家：来自海利根达姆进程的经验》，上海人民出版社 2009 年版。

[加] 彼得·哈吉纳尔著，薛舟等译：《八国集团体系与二十国集团：演进、角色与文献》，上海人民出版社 2010 年版。

[美] 阿尔瓦雷茨著，蔡从燕等译：《作为造法者的国际组织》，北京：法律出版社 2011 年版。

[美] 爱德华·勒克著，裘因等译：《美国政治与国际组织》，新华出版社 2001 年版。

[美] 奥兰·扬著，陈玉刚、薄燕译：《世界事务中的治理》，上海人民出版社 2007 年版。

[美] 保罗·肯尼迪著，卿劼译：《联合国：过去与未来》，海南出版社 2008 年版。

[美] 戴维·赫尔德、安东尼·麦克格鲁编，曹荣湘、龙虎等译：《治理全球化：权力、权威与全球治理》，社会科学文献出版社 2004 年版。

[美] 丹尼斯·密度士等著，李宝恒译：《增长的极限：罗马俱乐部关于人类困境的报告》，吉林人民出版社 1997 年版。

[美] 弗雷德里克·艾克哈德著，爱门森译：《为联合国发言》，浙江大学出版社 2011 年版。

[美] 弗雷德里克·艾克哈德著，爱门森译：《冷战后的联合国》，浙江大学出版社 2011 年版。

[美] 弗里德里克·克拉托赫维尔主编：《国际组织与全球治理读本》，北京大学出版社 2007 年版。

[美] 基欧汉著，门洪华译：《局部全球化世界中的自由主义、权力与

治理》，北京大学出版社 2004 年版。

［美］拉姆·达摩达兰主编：《联合国纪事》，中国财政经济出版社 2004 年版。

［美］莉萨·马丁、贝思·西蒙斯编，黄仁伟等译：《国际制度》，上海：上海人民出版社 2006 年版。

［美］凌节生著，许文青译：《怀念十二个难忘的人：一个在联合国工作了半个世纪的公务员的回忆录》，北京大学医学出版社 2010 年版。

［美］马格丽特·凯克、凯瑟琳·新金克著，韩召颖等译：《超越国界的活动家：国际政治中的倡议网络》，北京大学出版社 2005 年版。

［美］迈克尔·巴尼特、玛莎·芬妮莫儿著，薄燕译：《为世界定规则：全球政治中的国际组织》，上海人民出版社 2009 年版。

［美］入江昭著，刘青等译：《全球共同体：国际组织在当代世界形成中的角色》，社会科学文献出版社 2009 年版。

［美］小科尼利厄斯·墨菲著，王起亮等译：《世界治理：一种观念史的研究》，世界知识出版社 2007 年版。

［美］亚当·罗伯茨著，吴志成等译：《全球治理——分裂世界中的联合国》，中央编译出版社 2010 年版。

［美］约翰·唐纳胡、约瑟夫·奈著，王勇等译：《全球化世界的治理》，世界知识出版社 2003 年版。

［美］约瑟夫·奈、约翰·唐胡纳主编，王勇等译：《全球化世界的治理》，世界知识出版社 2003 年版。

［美］朱莉·费希尔著，邓国胜、赵秀梅译：《NGO 与第三世界的政治发展》，社会科学文献出版社 2002 年版。

［土］哈坎·奥尔地奈主编，金芮帆等译：《全球公民：相互依赖世界的责任与权利》，上海人民出版社 2012 年版。

［英］戴维·赫尔德等著，杨雪冬等译：《全球大变革—全球化时代的政治、经济与文化》，社会科学文献出版社 2001 年版。

［英］戴维·赫尔德著，周军华译：《全球盟约：华盛顿共识与社会民主》，社会科学文献出版社 2005 年版。

［英］马克·威廉姆斯著，张汉林译：《国际经济组织与第三世界》，经济科学出版社 2001 年版。

［英］尼古拉斯·惠勒著，张德生译：《拯救陌生人：国际社会中的人道主义干涉》，中央编译出版社 2011 年版。

［英］苏珊·斯特兰奇著，肖宏宇、耿协峰译：《权力流散：世界经济中的国家与非国家权威》，北京大学出版社 2005 年版。

### （二）英文文献

Alicia Barcena，The United Nations In Global Governance：A Latin American And Carribean Perspective，United Nations，2011.

Andreas Rasche，Georg Kell and Ban Ki-moon，The United Nations Global Compact：Achievements，Trends and Challenges，Cambridge University Press，2010.

Andrew Cooper，John English and Ramesh Thakur，Enhancing Global Governance：Towards a New Diplomacy，Tokyo：United Nations University Press，2002.

Andy Knight，A Changing United Nations：Multilateral Evolution and the Quest for Global Governance，Basingstoke：Palgrave Macmillan，2001.

Benedicte Bull and Desmond McNeill，Development Issues in Global Governance：Public-Private Partnerships and Market Multilateralism，Oxford：Routledge，2006.

Charlotte Dany，Global Governance and NGO Participation：Shaping the information society in the United Nations（Rethinking Globalizations），Oxford：Routledge，2012.

David Held，Global Covenant：The Social Democratic Alternative to the Washington Consensus，Cambridge：Polity Press，2004.

EsrefAksu and Joseph Camilleri，eds.，Democratizing Global Governance，New York：Palgrave Macmillan，2002.

Francis Adams，The United Nations in Latin America：Aiding Development，Oxford：Routledge，2009.

Frank Biermann and Philipp Pattberg，Global Environmental Governance Reconsidered，Cambridge：MIT Press，2012 .

Ian Taylor and Karen Smith，United Nations Conference on Trade and Development，Oxford：Routledge，2007.

James Muldoon Jr.，JoAnn Fagot Aviel，Richard Reitano and Earl Sullivan，The New Dynamics of Multilateralism：Diplomacy，International Organizations，and Global Governance，Boulder：Westview Press，2010.

JeanKrasno，the United Nations：Confronting the Challenging of A Global Society，Boulder：Lynne Rienner Publishers，2004.

Jeremy Youde，Global Health Governance，Cambridge：Polity Publisher，2012.

Joachim Muller，United Nations Reform：Some Reflections and the Bertrand Study，Create Space Independent Publishing Platform，2013.

John Trent and Monika Rahman，Modernizing the United Nations System：Civil Society's Role in Moving from International Relations to Global Governance，Leverkusen：Barbara Budrich Publisher，2007.

John Clark and Geoffrey Edwards，eds.，Global Governance in the Twenty First Century，New York：Palgrave Macmillan，2004.

KumiNaidoo and Rajesh Tandon，Civil Society at the Millennium，West Hartford：Kumarian Press，1999.

Kurt Campbell，eds.，Climatic Cataclysm：The Foreign Policy and National Security Implications of Climate Change，Washington D. C：Brookings Institution Press，2008.

Manuel Montes and Rob Vos，Retooling Global Development and Governance（United Nations Series on Development），New York：Bloomsbury Academic，2014.

Margaret Karns and Karen Mingst，International Organizations：The

Politics and Process of Global Governance, Boulder: Lynne Rienner Publishers, 2004.

Margaret Karns and Karen Mingst, International Organizations: The Politics and Processes of Global Governance, Boulder: Lynne Rienner Publishers, 2009.

Michael Barneet and Martha Finnemore, Rules for the World: International Organizations in Global Politics, Cornell University Press, 2004.

Michele Fratianni and John Kirton, eds., New Perspectives On Global Governance: Why America Needs the G8, Burlington: Ashgate Publishing Limited, 2005.

Mingjiang Li, Gerald Chan, Lai-Ha Chan and Yale H. Ferguson, China Joins Global Governance: Cooperation and Contentions, Lanham: Lexington Books, 2012.

Molly Ruhlman, Who Participates in Global Governance: States, Bureaucracies, and NGOs in the United Nations, Oxford: Routledge, 2014.

Nora McKeon, The United Nations and Civil Society: Legitimating Global Governance, London: Zed Books, 2009.

Norbert Götz, Deliberative Diplomacy: The Nordic Approach to Global Governance and Societal Representation at the United Nations, Dordrecht: Republic of Letters, 2011.

Oran Young, Governance in World Affairs, Cornell University Press, 1999.

Oran Young, International Cooperation: Building Regimes for Natural Resources and the Environment, Cornell University Press, 1989.

Oran Young, GeorceDemko and Kilaparti Ramakrishna, eds., Global Environmental Change and International Governance, London: University Press of New England, 1996.

Paul Diehl and Brian Frederking, The Politics of Global Governance:

International Organizations in an Interdependent World, Boulder: Lynne Rienner Publishers, 2010.

Peter Willetts, Non-Governmental Organizations in World Politics: The Construction of Global Governance, Oxford: Routledge, 2010.

Philippe De Lombaerde, Francis Baert and TâniaFelício, The United Nations and the Regions: Third World Report on Regional Integration (United Nations University Series on Regionalism), Springer, 2012.

Pierre de Senarclens, eds., Regulating Globalization: Critical Approaches to Global Governance, Tokyo: United Nations University Press, 2007.

Richard Jolly, United Nations Children's Fund: Global Governance That Works, Oxford: Routledge, 2014.

Robert O'Brien, Anne Marie Goetz, Jan AartScholte and Marc Williams, Contesting Global Governance: Multilateral Economic Institutions and Global Social Movements, Cambridge University Press, 2000.

RobertKeohane, After Hegemony: Cooperation and Discord in the World Political Economy, Princeton University Press, 1984.

Shapiro Decena, Theory and Practice (Avoidable Necessity: Global Warming, International Fairness, and Alternative Energy), New York University Press, 1994.

Simon Oerding, Global Governance and the United Nations, Munich: Grin VerlagGmbh, 2014.

Stephen Browne, eds., Post — 2015 UN Development: Making Change Happen, Oxford: Routledge, 2014.

Stephen Browne, United Nations Development Programme and System, Oxford: Routledge, 2011.

The Commission On Global Governance, Our Global Neighborhood: The Report of the Commission on Global Governance, Oxford University Press, 1995.

Thomas Weiss, Global Governance: Why What Whither, Cambridge: Polity Publisher, 2013.

Thomas Weiss and Ramesh Thakur, Global Governance and the UN: An Unfinished Journey, Indiana University Press, 2010.

Thomas Weiss and Rorden Wilkinson, International Organization and Global Governance, Oxford: Routledge, 2013.

Thomas Weiss, David P Forsythe, Roger A Coate and Kelly-Kate Pease, The United Nations and Changing World Politics, Boulder: Westview Press, 2013.

Thomas Weiss, Thinking about Global Governance Why People and Ideas Matter, Oxford: Routledge, 2011.

Thomas Weiss, What's Wrong with the United Nations and How to Fix it, Cambridge: Polity Publisher, 2012.

Timmons Roberts and Bradley Parks, A Climate of Injustice: Global Inequality, North-South Politics and Climate Policy, The MIT Press, 2007.

United Nations, Economic Development in Africa Report 2010: South-South Cooperation-Africa and the New Forms of Development Partnership, 2010.

United Nations, Least Developed Countries Report 2011: The Potential Role of South-South Cooperation for Inclusive and Sustainable Development, 2012.

United Nations: UNEP Year Book 2011: Emerging Issues in our Global Environment, United Nations Environment Programme, 2011.

Volker Rittberger, Global Governance and the United Nations System, Tokyo: United Nations University Press, 2002.

WarwickMcKibbin and Peter J. Wilcoxen, Climate Change Policy after Kyoto: Blueprint for a Realistic Approach, Washington, D.C: Brookings Institute Press, 2002.

Wolfgang Reinicke, eds., Critical Choices. The United Nations, Networks, and the Future of Global Governance, Ottawa: IDRC Books, 2013.

**图书在版编目（CIP）数据**

中国、联合国与全球治理/张贵洪，郭峰铖主编．—北京：时事出版社，2014.12
ISBN 978-7-80232-818-1

Ⅰ．①中…　Ⅱ．①张…②郭…　Ⅲ．①国际政治—研究
Ⅳ．①D5

中国版本图书馆 CIP 数据核字（2014）第 295470 号

出 版 发 行：时事出版社
地　　　址：北京市海淀区万寿寺甲 2 号
邮　　　编：100081
发 行 热 线：（010）88547590　88547591
读者服务部：（010）88547595
传　　　真：（010）88547592
电 子 邮 箱：shishichubanshe@sina. com
网　　　址：www. shishishe. com
印　　　刷：北京市昌平百善印刷厂

开本：787×1092　1/16　印张：22.25　彩页：10　字数：340 千字
2014 年 12 月第 1 版　2014 年 12 月第 1 次印刷
定价：96.00 元
（如有印装质量问题，请与本社发行部联系调换）